Hans Kyser
Lebenskampf der Ostmark
Rundfunkbeiträge über das Weichselland um 1932/33

SEVERUS Verlag

ISBN: 978-3-95801-549-4
Druck: SEVERUS Verlag, 2016

Nachdruck der Originalausgabe von 1934

Der SEVERUS Verlag ist ein Imprint der Diplomica Verlag GmbH.
Bibliografische Information der Deutschen Nationalbibliothek:
Die Deutsche Nationalbibliothek verzeichnet diese Publikation in der Deutschen National-
bibliografie; detaillierte bibliografische Daten sind im Internet über http://dnb.d-nb.de
abrufbar.

© SEVERUS Verlag, 2016
http://www.severus-verlag.de
Printed in Germany
Alle Rechte vorbehalten.
Der SEVERUS Verlag übernimmt keine juristische Verantwortung oder irgendeine Haftung
für evtl. fehlerhafte Angaben und deren Folgen.

Hans Kyser

Lebenskampf der Ostmark
Rundfunkbeiträge über das Weichselland um 1932/33

Inhalt

1. Sprache der Erde
   Von der deutschen Bauern Arbeit 5

2. Sprache der Burgen
   Von den Glaubensfesten deutscher Nation 19
   Von der Schutzmauer der Christenheit 30

3. Sprache der Städte
   Von der deutschen Bürgerkrone 45
   Bitt für das liebe Preußenland 60

4. Stimme Europas
   Von Friedrich des Großen Sendung 77
   Klage und Rettung Posens 92

5. Stimme des 19. Jahrhunderts
   Unter deutschem Recht und Schutz 107
   Bismarck spricht 127

6. Sprache von Versailles
   Amerikanisches Vorspiel 143
   Der Verrat an Posen 161
   Der blutige Schnitt 179

7. Sprache der Nationen
   Von der deutschen Treue 195
   So spricht Polen 208
   Im Geiste Arndts gesprochen 226

Meiner unverlierbaren Heimat, dem Deutschen Weichselland

„Sprechet den großen Grundsatz aus und lehret ihn euren Kindern und Kindeskindern als das heiligste Gebot eurer Größe und Sicherheit: dass ihr nie fremde Völker erobern wollet, dass ihr aber auch nimmer leiden wollet, dass man euch nur ein Dorf von euren Grenzen abreiße."

Ernst Moritz Arndt

Der Rhein Deutschlands Strom, nicht Deutschlands Grenze

Diese Schrift ist aus meinen Rundfunkvorträgen entstanden, die ich auf dem Deutschlandsender vom Oktober 1932 bis April 1933 gehalten habe.

1. Sprache der Erde

Von der deutschen Bauern Arbeit

Es ist im Leben eines Volkes nicht anders als im Ablauf der einzelnen menschlichen Existenz: wo tiefes Leid, ist tieferes Erkennen.

Hunderttausende deutsche Menschen hat das Versailler Kriegsdiktat, das sich „Der Friedensvertrag zwischen Deutschland und den Alliierten und Assoziierten Mächten" nennt, aus unserer deutschen Ostmark vertrieben. Sie haben Heimathaus, Heimathof, Heimaterde verlassen müssen. Viele mögen von der Geschichte dieser Heimat nichts gewusst, manche die Schönheiten dieser Landschaft kaum erkannt haben, ja, es gab auch solche, die sich in Stunden der Sorge und Bitterkeit hier wie verbannt vorkamen.

Nun hat diese Hunderttausende das deutsche Mutterland zu sich zurück genommen. Man findet sie überall in den großen und kleinen Städten aller Provinzen, aller Staaten unseres Reiches. Sie haben sich in Bünden zusammengeschlossen, nennen sich die *heimattreuen* Westpreußen und Ostpreußen und Posener und Oberschlesier. Gewiss, sie alle sind Norddeutsche, sind Preußen, aber sie wollen nicht, dass es vergessen werde: sie sind aus dem Osten dieses Preußens, aus dem abgetrennten und verlorenen Osten. Genauer: von der Weichsel, aus der Marthegegend, aus dem Uetzeland, von den oberschlesischen Hulden und Hütten. Und aus Leid und Not kommt nun das Erkennen der Heimat über sie. Sie sehen ihr Dorf am Deiche, ihre Stadt auf der Höhe, ihre Hügel, ihre Felder, ihren Fluss, ihren See.

Sie wissen es nun: das gibt es in Deutschland, ja auf der ganzen Welt nur ein einziges Mal. Dort, wo ihre Heimat ist. Sie haben ihre Heimat mit sich genommen. Irgendwo in ihren Stuben, auf ihren Werktischen steht ein Bild dieser Heimat. Sie brauchen es nicht erst anzusehen, um von ihr zu sprechen. Sie sprechen oft von ihr. Fremden erzählen sie von Wegen dort, auf denen sie zur Schule gegangen sind, von Menschen, die sie gekannt haben, vor zwanzig, vor vierzig Jahren, und die dort begraben sind. Sie erzählen die einfachsten, die gleichgültigsten Dinge. Sie wissen kaum, dass sie immer wieder dasselbe sagen: Schön, schön, schön ist dieses Land, denn es war unser Heimatland.

Kann sein, dass sich mancher von ihnen nun erst wie in der Verbannung fühlt. Sie sehnen sich mit den Jahren immer schmerzlicher nach diesem Land da im Osten zurück. Es verbindet sie alle ganz gleich welchen Berufes, welchen Standes, eine unzerstörbare innerste Gemeinschaft. Sie wissen, dass sie auf allen ihren Wegen von einer der großen Sachwalterinnen des menschlichen Fühlens und Denkens betreut sind, von der Heimat. Ob sie nun von ihr reden oder von ihr schweigen, die *Sprache der Erde* wird in ihnen nicht still. Aus einem solchen Gefühl unverlierbarer Nähe spreche ich hier zuerst und vor allem von meiner Heimat: dem *Weichselland*. Es ist zugleich das Kernstück des politischen Ostproblems.

Aus ihm wurde der sogenannte polnische Korridor geschaffen. Man stelle sich bei diesem Worte nicht etwa nur einen schmalen Streifen Landes vor, der – als polnischer Zugang zum Meer – einige Güterzüge bequem aneinander vorbeifahren lässt. Dieser „Korridor" reißt von unserer alten deutschen Provinz Westpreußen fünfzehntausendachthundertdreiundfünfzig Quadratkilometer mit fast einer Million Einwohnern an sich. Dazu einen Fetzen von Pommern, einen Fetzen von Brandenburg, einen Zipfel von Ostpreußen. Dazu fast die ganze deutsche Provinz Posen. Dieser Korridor ist fünfhundertfünfzig Kilometer lang und durchschnittlich hundert Kilometer breit. Er umfasst ein Land, das größer ist als die Schweiz, als Belgien, als der neugegründete Staat Estland und fast so groß wie Litauen, das uns das Memelland rauben durfte. Viereinhalb Millionen deutscher Staatsbürger lebten in ihm. Sie wurden trotz des feierlichen Versprechens des Selbstbestimmungsrechtes der Völker nicht gefragt, ob sie es für ihre Selbstbestimmung halten, künftighin mit ihrem Gut und Blut diesen polnischen Korridor zu bilden.

Recht und Unrecht der Völker liegen immer in ihren Taten. So will ich nichts als die Taten sprechen lassen. Sie zeugen so unerschütterlich für das Deutschtum dieser zerstückelten Ostmark, dass man hier erst jeden Stein abtragen und den letzten Deutschen von seiner Scholle vertreiben muss, damit Erde und Mensch aufhören, den gegenwärtigen und kommenden Geschlechtern das Hohelied von deutschem Opfermut, deutscher Arbeit, deutscher Kultur zu künden.

Gern möchte ich meine Leser auf einen der mächtigen Dämme der Weichsel führen, damit sie selbst über das meilenweite Niederungsland dort hinwegschauen könnten. Aber an die deutsche Weichsel kommt heute ein Deutscher nicht mehr heran. Nicht von Preußen her, das sechs gewaltige Brücken, Wunderwerke der deutschen Technik, bei Thorn, bei Fordon, bei Graudenz, bei Münsterwalde und zwei bei Dirschau über diesen Strom gebaut hat, und nicht von der „Insel Ostpreußen", die, von der slawischen Flut umbrandet, nun keine Strombrücke und keine Landbrücke zu ihrem deutschen Mutterlande hat.

Wie liest man im Artikel 97 des von Frankreich heiliggesprochenen Versailler Diktates? „Die alliierten und assoziierten Hauptmächte erlassen gleichzeitig Vorschriften, die der ostpreußischen Bevölkerung den Zugang zur Weichsel und die Benutzung des Stromes für sie selbst, für ihre Waren und Schiffe unter billigen Bedingungen und unter vollster Rücksichtnahme auf ihre Interessen sichern."

Für diese Provinz Ostpreußen, für seine Zweieinhalbmillionen Bevölkerung, für seine hunderttausend gewerblichen und industriellen Betriebe, für seine Land- und Forstwirtschaft von über dreieinhalb Millionen Hektar, für dieses wirtschaftlich und kulturell stärkste Zentrum des deutschen Nordostens ist der einzige Zugang zur Weichsel eine vier Meter breite Landstraße im Dörfchen Kurzebrack bei Marienwerder. Erinnern wir uns, dass der polnische Zugang zur Ostsee durchschnittlich hundert Kilometer breit ist. Vier Meter Zugang zur Weichsel genügen für Ostpreußen, für seine Waren und Schiffe „unter billigen Bedingungen und unter vollster Rücksichtnahme auf seine Interessen". Diesen Zugang sperrt ein polnischer Schlagbaum. Vor ihm befindet sich eine Tafel mit einer polnischen Aufschrift. Man spricht im Lande Kants und Herders nicht polnisch. So muss sich die ostpreußische Bevölkerung diese polnische Aufschrift erst übersetzen lassen. Sie lautet: „Zugang zur Weichsel für die Bevölkerung Ostpreußens. Der Zugang ist gestattet auf Grund eines vorschriftsmäßigen Ausweises in der Zeit vom 1.4. bis 30.9. von 6 Uhr vormittags bis 8 Uhr abends und vom 1.10. bis 31.3. von 7 Uhr vormittags bis 7 Uhr abends. Staatliches Wasserbauamt Dirschau."

Diese alte deutsche Ordensstadt Dirschau, die heute als polnische Stadt einen polnischen Namen trägt, ist etwa fünfundfünfzig Kilometer von dieser Tafel entfernt. Unsere ostpreußische Bevölkerung muss sich erst eine polnische Einreiseerlaubnis besorgen, die viel Zeit und viel Geld kostet, um von dieser polnischen Tafel nach dem polnischen Dirschau zu kommen, vielleicht zu einer Stunde, in der das polnische Staatliche Wasserbauamt für den vorschriftsmäßigen Ausweis einer Benutzung dieses freien Zugangs Ostpreußens zur Weichsel für sie selbst, für ihre Waren und Schiffe unter billigen Bedingungen und unter vollster Rücksichtnahme aus ihre Interessen geschlossen ist.

Diese Tafel steht heute noch dort. Jeder Bürger der siebenundzwanzig alliierten und assoziierten Mächte, deren fünfundsechzig Staatsmänner die Unverletzlichkeit des Versailler „Friedensvertrages" unterzeichnet haben, kann diesen polnischen freien Zugang zur Weichsel, diesen polnischen gesperrten Schlagbaum, diese polnische Warnungstafel mit eigenen Augen sehen.

Wandern wir, von unserer deutschen Weichsel so gänzlich abgetrennt, also im Geist in unser altes deutsches Weichselland. Ja, wir wollen auf die Schlossberghöhe meines Geburtsortes, der über sechshundertjährigen Ordensstadt Grauden steigen. Sie trägt heute einen polnischen Namen, obwohl fünfundachtzig Prozent ihrer Bevölkerung rein deutsch waren.

Hier ragt als letzter Rest der Komturei des deutschen Ritterordens der Schlossturm, im Volksmunde Klimek genannt. Es ist noch kaum eine Generation her, da leuchteten zum Geburtstag unseres Reichsgründers Bismarck von diesem wachsamen Bergfried die Freudenfeuer zu den anderen Ordensstädten des Weichsellandes, zum ehrwürdigen deutschen Kulm, zur deutschen Hansastadt Thorn, zu Schwetz und Neuenburg und Rehden, zu den Domkirchen von Kulmsee und Mewe, zur Engelsburg und Burg Roggenhausen, zu den Schlossruinen von Strasburg und Gollub und durch das ganze westpreußische Land von der alten deutschen Bischofsstadt Löbau bis zum „allezeit getreuen" Konitz. Verlorene Städte, verpolnisierte Namen heute!

Von dieser Höhe aus sehen wir, meilenweit überschaubar, die Weichsel in gewaltigem, nach Osten ausgeschwungenem Bogen, ein halbes Tausend Meter breit herströmen. Von beiden Ufern stoßen unzählige weidendurchflochtene Schutzbauten, die Buhnen, in das Strombett vor, und bis zum fernsten Horizont breitet sich flach wie eine Tafel voll fruchtbarster Nahrung die Niederung hin. Es gibt solche Niederungen am westlichen wie am östlichen Ufer, zum Teil bis zu vierzig Kilometer Länge, in weit ausgerollte Acker- und Wiesenstreifen abgetrennt, von einem riesigen Netz von Entwässerungsgräben durchzogen, besiedelt mit unzähligen Bauernhöfen und Dörfern, die in Obstgärten wie eingebettet liegen. Land und Gärten, Gehöfte Und Dörfer, Mensch und Vieh, alles findet seinen Schutz gegen den Strom hinter den gewaltigen Deichbauten.

So, in einem einzigen Blick erfassen wir, noch ohne jede Kenntnis der geschichtlichen Zusammenhänge und aufopferungsvollen Kämpfe, die *Großtat des mittelalterlichen Deutschland*: die Zurückgewinnung des urältesten germanischen Bodens durch die deutsche Bauernbesiedlung des Ostens.

Denn alles, was wir, soweit unser Auge reicht, erblicken, ist deutscher Menschen Werk und Fleiß. Dieser Turm, auf dem wir stehen, diese Stadt zu unsern Füßen, dieser gebändigte Strom, diese schon von Ordensritterzeiten her aufgerichteten Dämme, diese festen, breiten Landstraßen, diese Niederungen, jeder Ackerstreifen, jeder Wiesengrund dort, diese schmücken Gehöfte, diese weitausgestreckten Reihendörfer, jeder Entwässerungsgraben, jede Schöpfmühle, jeder Baum an den Wegen, jede Obstpflanzung, jeder Blumengarten: alles haben deutsche Menschen in Jahrhundertmühen geschaffen.

Hier war die deutsche Kolonisation zugleich Ursiedlung. Jeder grub sich sein Heimatrecht mit Spaten und Pflug in dieses Land selbst hinein. Keine anderen als deutsche Menschen haben im Kampf um jeden Quadratmeter dieser fruchtbaren Erde mit dem Strom gerungen, haben erst einzeln ihre hochgelegenen Gehöfte mit einem Wall umfriedet, sind näher und tiefer zur Weichsel hinabgestiegen, haben in gemeinsamer Bauernnot die neue Erde mit neuen gemeinsamen Wällen geschützt, bis der Ordensstaat selbst mit starker Hand das Werk der Dammbauten unter seinen einheitlichen Bauwillen stellte. Heute erheben sich diese Weichseldämme in vierfacher Manneshöhe. Auf ihren Kronen fahren die breitgeladenen Heuwagen der Niederungsbauern aneinander vorbei.

Schon um das Jahr 1288 wird der Weichselarm der Nogat eingedämmt, nicht viel später beginnt die Eindeichung der Marienwerder Niederung. Hier, wo die Polen heute den Damm mit ihrer Souveränität siebenmal durchschnitten haben, werden vor sechshundert Jahren unter dem fördernden Schutz der Marienwerder Domherren von niedersächsischen und holländischen Bauern fast tausend Quadratkilometer Siedlungserde gewonnen. Am Ende des vierzehnten Jahrhunderts ist auch die Sumpfwildnis des Weichseldeltas eingedeicht, um in der Arbeit holländischer und niederdeutscher Bauern zu einer der fruchtbarsten Landschaften Deutschlands zu werden. Auch sie, die größte zusammenhängende Flussniederung des preußischen Staates, wird in Versailles zerrissen, zerstückelt, von Deutschland abgetrennt werden.

Wer diese Landschaft nicht kennt, mag meinen, sie biete dem Beschauer mit ihren Gärten, Feldern, Wiesen, Bauerndörfern ein anmutig-liebliches Bild. Aber die Weichsel ist ihr Strom, von dem sie ihren Charakter bekommen hat. Man kann ihn nur als heroisch bezeichnen.

Seht diese Weichsel, wenn die Eisschollen, gestaut, getürmt, sich mit ungeheurem Druck gegen die Deiche dehnen. Seht sie, wenn das Frühlingshochwasser ihres tausend Kilometer langen Laufes niederbricht. Da hebt sich der Strom mit seiner urhaften Gewalt auf, als will er das ganze ihm entrungene Niederungsland wieder in seine Eiszeitarme zurückreißen, reckt sich über die Vorkämpen immer furchtbarer wachsend an den Deichen empor, frisst mit schäumenden Strudeln an ihrer Grasnarbe, durchspült den sandigen Untergrund, und der Zusammenbruch dieser ungeheuren, aber doch nur von Menschenhand mit Menschenkraft aufgetürmten Erdmauer steht bevor. Wie zu meiner Zeit haben in all den Jahrhunderten die deutschen Niederungsbauern als Deichgenossen unter ihrem Deichhauptmann mit Pfählen und Strauchwerk und Dünger auf den bedrohten Dämmen gestanden: Alle für einen, einer für alle! Haben ihre und ihrer Väter und Urväter Lebensarbeit als Helden dieser Erde gegen die Urgewalt des Stromes verteidigt: „Wat nit will dieken, dat mut wieken!" Sie haben gedeicht, aber sie mussten weichen. Gegen die Gewalt der Menschen, die ihnen Strom und Deich und Land geraubt haben, durften sie sich nicht einmal mit dem Stimmzettel der Volksbefragung verteidigen. Unsere erdgeschichtlichen Forscher behaupten, dass die gestaltenden Urkräfte, die zur Eiszeit hier am Werk waren, ein Beispiel ihres gigantischen Ausmaßes nur in den Jahrtausende tiefen Eisströmen Grönlands finden. Solche Kräfte schufen das mythische Gesicht dieser Landschaft, das nur dem forschenden oder dem dichterischen Schauen wieder gegenwärtig wird.

Sie formten die *Naturlandschaft*. Was wir aber heute dort erblicken, Land und Strom, Dörfer und Städte, das ist eine vom härtesten Fleiß unzähliger Generationen, vom stärksten Willen eines schöpferischen Volkstums geformte *Kulturlandschaft*. Das ist Menschenwerk. Das ist menschlicher Heroismus. Jede echte Kultur ist heroisch. Hier ist der deutsche Heroismus zum Kulturgesicht der Landschaft selbst geworden.

In diesem Sinne hat auch die deutsche Weichsel ihr Kulturgesicht gewonnen. Noch bis in die letzte Zeit vor dem Weltkrieg hat der preußische Staat jenes Stromregulierungswerk fortgesetzt, das schon die Ordensregierung begonnen hatte. Er schrieb dem Strom seinen festumgrenzten Lauf vor, verlegte, wo es aus Schutzgründen geschehen musste, sein Bett, beseitigte die lästigsten „Kämpen", wie der Volksmund mit einem niederdeutschen Wort dort die so romantisch mit Auwäldern durchwachsenen Schwemminseln bezeichnet. Um der Schifffahrt eine sichere Fahrtrinne zu schaffen, wurden unzählige Bühnen in den Strom vorgebaut, mit festem Deckwerk die abbröckelnden Uferhänge geschützt, die verlassenen Stromrinnen zu Altwassern eingedämmt, wurde ihm endlich eine gerade künstliche Meermündung geschaffen.

Wenn es überhaupt ein Menschenrecht an einem Strom gibt, so gibt es das Recht der deutschen Menschen auf ihre deutsche Weichsel. Man braucht ja nur wenige Meilen über die frühere deutsche Reichsgrenze unweit Thorn nach Polen hineinzufahren, dort über die polnische Weichsel und das polnische Weichselland hinzuschauen: da gibt es auch heute noch keine Deiche, kein dem Strom abgewonnenes Siedlungsland. Jahrhundertelang saßen da in schmutzigen Lehmhütten die polnischen Bauern, ritzten ihre Erde kaum auf mit dem slawischen Holzhaken und scharwerkten für die Schlachtschitzen. Wie in seinem

Urzustand fließt der Strom in ungehemmter Breite hin, krümmt sich mit reißendem Gefälle an angeschwemmten Sandbänken vorüber, und im verwucherten und verschlammten Vorland stehen mit unfruchtbarem Schilf bewachsene Kolke und Tümpel. Ein Jahrhundert neuer polnischer Herrschaft über dem alten deutschen Weichselstrom, und er wird, wenn der letzte deutsche Niederungsbauer von seiner Scholle vertrieben ist, zusammen mit der deutschen Niederung sein Kulturgesicht verloren haben.

Dann erst wird er polnisch geworden sein. Schon beginnt dieser Prozess. Anstatt die Weichsel als einzigen Zugang zum Meer zu einer Großschifffahrtsstraße auszubauen, lässt Polen sie versanden. Es gibt keine Schifffahrt, die diesen Namen verdient. Und zum Zeichen, dass kein deutscher Stromanwohner, kein ostpreußischer, kein westpreußischer Mensch ein Recht mehr an seinem Strom hat, zum offenbaren Zeichen, dass jede natürliche Verbindung der Anwohner beider Ufer zerrissen ist, zum drohenden Zeichen, dass dieser Strom kein polnischer Zugang zum Meer, sondern ein polnischer Riegel gegen das noch übriggebliebene deutsche Land im Osten, gegen Ostpreußen ist, zum aller Welt offenbaren Zeichen, dass hier die neue Versailler Rechtsordnung zwischen den Völkern festgelegt ist, – nein, man kann nicht spotten: zum höhnenden Zeichen, dass hier das ungeheuerlichste Unrecht an deutschem Land und deutschen Menschen geschehen ist, haben die Polen die einzige Weichselbrücke, die noch vom polnischen zum deutschen Ufer ging, eine der gewaltigsten des Kontinents, von Preußen erst im Jahre 1909 mit einem Kostenaufwand von siebenundzwanzig Millionen Mark erbaut, diese Brücke von Münsterwalde bei Marienwerder haben die Polen in die Luft gesprengt. Nur noch zwei Pfeiler ragen aus dem versandeten Weichselbett.

Die Weichsel aber, wie jeder Strom zur göttlichen und menschlichen Aufgabe berufen, eine der Wohlfahrt und dem Völkerfrieden dienende länderverbindende Verkehrsstraße zu werden, ist zu einem toten Grenzgraben geworden. Ihrer zerstörenden Naturgewalt stellt sich die Menschengewalt einer jeder wirtschaftlichen Vernunft, jeder kulturellen Verpflichtung baren polnischen Machtpolitik an die Seite. Diese hat sich nur die eine Aufgabe gesetzt, das Jahrtausendwerk des deutschen Menschen in diesem Land zu vernichten, um ihr Dreimonatswerk von Versailles vor den richterlichen Augen des erwachenden Weltgewissens behaupten zu können. Aus Westpreußen soll Kongress-Polen werden. Das wird den Polen gelingen. Und wie sie in Versailles deutsche Geschichte, deutsche Karten, deutsche Statistiken gefälscht haben, wollen sie nun auch die deutsche Sprache dieser Erde fälschen. Das aber wird ihnen nicht gelingen. Denn diese Sprache redet in den Menschengeschlechtern fort, in den gegenwärtigen und in den kommenden. Sie redet auch aus den vergangenen und urvergangenen. Die Kirchhöfe in Stadt und Lands die Grabsteine und Grabmonumente der Jahrhunderte stimmen in dieses deutsche Zeugnis mit ein.

Und aus Zeiten, von denen uns noch keine Geschichte kündet, öffnen sich die Gräber und erschließen mit ihren Urnen dem vorgeschichtlich geschulten Blick einen germanischen Kulturkreis, der Jahrtausende zurückliegt. Hier im Weichselland will die neuere Spatenwissenschaft die Urheimat der Germanen finden. Es gibt jedenfalls keine anderen Träger der nordischen Stein- und Bronzekultur als die Germanen, deren hier hinübergedrängten Teilstrom die Geschichte als Ostgermanen bezeichnet. In allen Museen der Ostmark kann man die Zeugnisse dieser ersten germanischen Siedlung handgreiflich betrachten. Neben den Schmuckbeigaben die Aschenurnen in Topfform, deren Oberfläche die Darstellung eines Gesichtes trägt. Man weiß, dass sich die Ostgermanen solcher Urnen bedienten, sie in Steinkisten in den Hügeln des Landes oder auch in flacher Erde beisetzten. Aus der Fülle solcher Gräberfunde lässt sich auf eine starke germanische Siedlung schließen, die sich vom heutigen Freistaat Danzig durch das ganze Weichselland bis nach Polen und Schlesien erstreckte.

Die polnische Wissenschaft stellt für ihre Forschungsarbeit neuerdings den Grundsatz auf, „man müsse endlich zum Angriff übergehen, denn Polen habe nicht nur nichts, was es den Deutschen abgeben könne, sondern müsse ihm noch Gebiete rein polnischen Landes abnehmen". Die europäische Wissenschaft ist der Ansicht, dass für die Archäologie der Spaten das wesentlichste Forschungsinstrument ist, und nicht die Politik. Die polnische Wissenschaft hält es für ihre vornehmste Aufgabe, aus der Stein- und Bronzezeit die Berechtigung des Versailler Kriegsdiktates nachzuweisen.

Die europäische Wissenschaft ist der Meinung, dass sich die staatlichen Besitzverhältnisse Europas im Ablauf der letzten sechs Jahrtausende wiederholt verschoben haben, so dass Rückschlüsse aus der Steinzeit auf die Gebietsabtretungen von 1919 nicht gemacht werden können. Die polnische Wissenschaft stellt die Urheimat der Polen überall dort fest, wo sich für den heutigen polnischen Staat strategische Stützpunkte oder wirtschaftliche Produktionsstätten annektieren ließen. Die europäische Wissenschaft findet die Urheimat der slawischen Stämme im Raum um die Rokitnosümpfe. Die polnische Wissenschaft sucht noch immer vergeblich nach antiken Zeugnissen für die kulturschöpferischen Qualitäten der Chorwaten und Polanen, aus denen das Mischvolk der Polen entstanden ist. Die europäische Wissenschaft schlägt den Diodor und Plinius und Strabo und Tacitus auf, um die Weichsel als germanischen Fluss festzustellen.

Bleiben wir bei der europäischen Wissenschaft. Sie findet kurz vor Beginn unserer christlichen Zeitrechnung im Weichselland und im Brahegebiet den germanischen Stamm der Goten, zwischen Netze und Warthe die Burgunden, im südlichen Posen die Vandalen. Hochgerühmt in Sage und Geschichte werden diese Stämme die alte Welt erobern, werden am Rhein und an der Rhone, in Italien und Spanien, am Schwarzen Meer und unter der Sonne Afrikas ihre neuen Volkssitze finden. Langsam fließen sie in wiederholten Wanderungen ab. Ihr altes Siedlungsland wird das „Land wildwuchernder Grasnarbe", wird das Maurunga-Land. Von Osten, von Russland her schieben sich slawische Völkerscharen vor, nehmen kampflos ein, was ihnen der vorwärtsdrängende Germanengeist übriggelassen hat. Diese neuen Gäste besitzen keinerlei formende Kulturkräfte.

Die Erde verstummt mit ihren Zeugnissen vor diesen Fischern und Jägern. Die Tapfersten von ihnen scheinen die Pomoranen, die sich westlich der Weichsel bis zur Ostsee vorschieben. Sie werden unsere späteren Pommern und Kaschuben, die Erbfeinde der späteren Polen. Diese haben als Polanen ihre Sitze in der Warthe-Netze-Niederung genommen. Als erster stellt sie der sächsische Chronist Widukind fest. Ihr Herzog Misaka (Mieszko) lässt sich taufen und wird dem deutschen Kaiser lehenspflichtig. Ihr erster König Boleslaus, den der Beiname Chobry, der Kühne, schmückt, träumt mit kühnem Gedankenflug, dem kühne Taten folgen, von der staatlichen Zusammenfassung aller slawischen Völker in einem großpolnischen Reich. Was er im Fluge gewonnen, fällt, wie auf Flugsand gebaut, auseinander. Es ist der polnische Traum „*od morza do morza*" (von Meer zu Meer), der noch heute in der chauvinistischen Propaganda des polnischen Westmarkenvereins herumspukt. Fester bauen die zurückflutenden Deutschen ihr Ostreich. Kämpfen und siedeln zugleich. Suchen einen ewigen Schatz in der christlichen Mission, suchen einen irdischen im Bauernland.

Ihre Volkskraft ist gewaltig. Sie wirft die slawische Flut, die schon über die Elbe vorgedrungen ist und die ganze Ostseeküste umgreift, mit Kreuz und Schwert und Pflug wieder zurück.

Der deutsche Osten wird das Ziel kraftvoller deutscher Landesfürsten. Albrecht der Bär gewinnt als Herr der sächsischen Nordmark das Havelland mit zerstörender Gewalt den Wenden ab, nennt sich künftig Markgraf von Brandenburg. Graf Adolf von Holstein-Schauenburg packt das Land der slawischen Wagrier an der Ostküste von Holstein an – es ist das Jahr 1140 – und sein aufbauender Ruf nach deutschen Bauern erschallt durch alle Lande. So schreibt der zeitgenössische Geschichtsschreiber Pfarrer Helmold von Bosau:

„Weil aber das Land menschenleer war, sandte der Graf Boten aus in alle Lande, nach Flandern und Holland, nach Utrecht, Westfalen und Friesland, auf dass alle, die von der Landnot bedrückt wurden, mit ihren Hausgenossen kämen, um schönsten Boden, weiten Raum, reich an Früchten, überreich an Fischen und Fleisch und einladend durch üppige Wiesen, zu empfangen..."

Auf diesen Ruf erhob sich eine ungezählte Menge von verschiedenen Stämmen, nahm sein Gesinde mit und seine Habe, und kamen in das Land der Wagrier, um den Boden zu empfangen, den er ihnen versprochen – So beginnt die europäische Großtat der mittelalterlichen deutschen Kolonisation.

Nicht anders ist das kulturschöpferische koloniale Werk des deutschen Ordensstaates im Weichselland ein Jahrhundert später zu denken. Wohl gibt es hier keinen schönsten Boden, reich an Früchten, und keine üppigen Wiesen. Der erste deutsche Weichselbezwinger, der märkisch entsprossene Ordensmeister Hermann Balk, muss noch die schützenden Waldsperren der heidnischen Preußen umgehen, um gegen Osten weiter vorzudringen. Die deutschen Kolonisten kommen mit den fürstlichen Kreuzfahrern, den Markgrafen von Meißen; den Herzögen von Braunschweig, den Landgrafen von Thüringen, den Markgrafen von Brandenburg. Man muss – will man sich ein Bild dieser Wanderungen machen – an jene erschütternd einfachen Filme denken, die Amerika, nicht Deutschland, von der Kolonisation seines Landes einst hergestellt hat.

Da ziehen diese Scharen zu Fuß und zu Wagen, Männer und Frauen und Kinder, mit Wagen, Vieh und Hausrat, Adlige neben Knechten, freie Bauern neben Lehensleuten, durch die deutschen Lande. Es sind wetterharte Männer und gesunde Weiber. *Preußen* heißt das Land ihrer Sehnsucht. Sie suchen das Gold der schwarzen Weichselerde, von deren Fruchtbarkeit Mären durch die Lande ziehen. Bringen das Zaubermittel, dieses Gold aus dem Boden zu heben, selbst mit: den deutschen eisernen Pflug. Kennen auch schon die geheime Wissenschaft, dieses Gold dem Lande zu erhalten: den Dreifelderbetrieb. So tragen sie, Männer aller Stämme und Stände, ihr deutsches Wissen und deutsches Können, sie tragen Deutschland in das Preußenland hinein. Auch die großen Kolonisatoren des deutschen Mönchtums, die Zisterzienser, sind unter ihnen. Und wenn die Mühen des Weges zu schwer, wenn die Füße dieser Wanderscharen schon vor dem abendlichen Ziel zu müde werden, stimmen sie alle das alte Kolonistenlied an, das von den deutschen Niederlanden zuerst erschollen:

> *Naer Oostland willen wy rijden*
> *Naer Oostland willen wy mee*
> *Al over die groene heiden*
> *Frisch over die beiden*
> *Daer ist een betere stee.*

Die ersten deutschen Bauernhöfe werden von dem Ordenslandmeister Ludwig von Baldersheim um die Mitte des dreizehnten Jahrhunderts angelegt, nachdem die deutschen Ordensburgen schon rings im Lande erbaut, die ersten deutschen Städte gegründet sind. Das Landschaftsbild bekommt eine neue Linie. Aus der lastenden Schwere der weiten Horizonte heben sich die Senkrechten der Burgen und Kirchen und

Städte empor. Es vergehen nicht zwei Jahrhunderte, und dreiundneunzig deutsche Städte, vierzehnhundert deutsche Bauerndörfer sind in den gerodeten, entwässerten, durchpflügten Wildnissen und hinter den dammgeschützten Niederungen erstanden.

Landschaft um Landschaft, das Kulmerland, Pomesanien, Ermland, Pogesanien, Warmland, Natangen, das Samland wird der bäuerischen Siedlung erschlossen. Westlich der Weichsel, in Pommerellen, haben die deutschen Mönche von Oliva und Pelplin mit deutschen Dörfern schon deutsches Kulturland geschaffen, bevor es der Deutsche Orden erwirbt. Im Samland ersteht 1268 das erste deutsche Dorf bei Fischhausen. Um die Marienburg beginnt die Besiedelung gegen 1275.

Was deutsche Bauern hier zuerst geschaffen haben, halten deutsche Bauern jahrhundertelang als ihrer Urväter errungenen Besitz in treuen Arbeitshänden fest. Man hat sie zu Tausenden und Abertausenden nun von Haus und Hof und Scholle vertrieben.

Aber es spricht die unzerstörbare, unverfälschbare, dem deutschen Menschen unverlierbare Sprache der Erde fort. Es rauscht ihr deutsches Schicksalslied die Weichsel, die, wie es in alter Schrift heißt, „dieses Landes sonderlich Kleinod" ist. Es sprechen von ihrem Deutschtum die Acker und Wiesen und Wälder und Dörfer. Wo Erde aus solcher Menschenkraft fruchtbar geworden, wo Menschen aus solcher Erdenkraft in Generationen gewachsen, da kann keine Gewalt der Welt sie für immer voneinander scheiden. Die Menschen rufen nach ihrer Erde, die Erde ruft nach ihren Menschen. Es geht eine Gottesstimme zwischen ihnen her und hin, die da spricht:

Gottes Wort bindet fester denn Menschenwort!

2. Sprache der Burgen

Von den Glaubensfesten deutscher Nation

Wir hörten die Sprache der Erde. Was sich uns als eine von deutschem Kulturwillen schöpferisch zusammengefasste Einheit dargestellt hat, bezeugen, über sieben Jahrhunderte hinwegragend, die deutschen Burgen des Ostens auch als eine *geschichtliche* Einheit.

Sie stehen in ihrer keuschen Backsteinschönheit wie aus dem Land selbst emporgewachsen da. Ihre Balken sind aus seinen Wäldern geschlagen, ihre Steine von seinen Feldern zusammengeschleppt, ihre Ziegel aus diesem preußischen Lehmboden gebrannt. Die „Kronike von Pruzinlant" des Nicolas von Jeroschin erzählt von der ersten ordensritterlichen Wachfestung, die in eine riesige Eiche eingebaut war, als sprossten die Wehrgänge aus ihren Ästen. So der Landschaft verbunden, erheben sich diese Burgen, zunächst aus Holz erbaut, auf den uralten Heidenwällen, bis die wachsende Kraft des Deutschen Ordens sie in jene ganz einzigartigen Steinbauten umwandelt, die Kloster und Festung in gleich hervorragender Gestaltung in sich vereinigen. Sie folgen den aufgeschlossenen Wasserwegen, türmen sich an beiden Ufern der Weichsel empor, an der Nogat und der Drewenz, an der Sorge und der Elbing, an der Alle, der Deime, der Neide, am Memel- und am Pregelstrom, an den westpreußischen und den masurischen Seen, am Frischen und am Kurischen Hoff. Sie sichern die Handelsstraßen, sperren die Walddickichte, schützen die Niederungen, wachen über den Siedlerstädten, bilden ein einheitlich planvolles Verteidigungssystem. Gegen hundertfünfzig solcher Burgen zählt die kunsthistorische Forschung. Das Glanzbild deutscher Ordensritterkunst, der steinerne Traum der Marienburg, hat sie alle in den Schatten einer für den deutschen Osten tragischen Vergessenheit gerückt.

Viele sind unter den Stürmen der Geschichte vom Erdboden verschwunden, andere vom Zweckgeist der Zeiten umgestaltet, von manchen ragen nur die kolossalen Bergfriede. Noch aus den Ruinen spricht die trotzige Gewalt des deutschen Gottesstreitertums, dem das ewige Seelenheil statt im bethlehemitischen Sternenglanz des verlorenen Jerusalem nun im Morgenrot des wiedergewonnenen germanischen Ostens ausging.

Diese Burgen umrauscht nicht der Ruhm jahrhundertealter Geschlechter, noch umdämmert sie die fragwürdige Romantik des Raubrittertums. Kein Sängerwettstreit, kein Minnelied erscholl in ihren Hallen, keine goldene Flachsspindel summte ihr fleißiges Lied in fraulichen Kemenaten. Solche Räume gibt es nicht. Es gibt gemeinsame Wachkastelle, gemeinsame Speisesäle, gemeinsame Ratshallen, gemeinsame Schlafräume, gemeinsame Betkapellen. Um Gott und Staat kreisen hier die Gedanken. Man liest beim gemeinsamen Mittagsmahl das streitbare Buch der Makkabäer, lauscht den Mären von alten Glaubenshelden. Gleich der Doppelgestalt dieser Burgen als Gottes- und Staatskastelle blüht hier nur die geistliche und geschichtliche Dichtung. Im Gegensatz zum internationalen Latein der Priestersprache pflegen diese deutschen Menschen ihre deutsche Sprache. Man beginnt schon mit den ersten gereimten und prosaischen deutschen Bibelübersetzungen. Nikolaus von Jeroschin übersetzt und vollendet die lateinische Chronik des Peter von Dusberg in siebenundzwanzigtausend deutschen Versen. Die deutsche Amtssprache des Ordens hilft die deutsche Schriftsprache mitschaffen. Gar lieblich muss in dieser Fremde den deutschen Rittern ihre Muttersprache geklungen haben, die man den deutschen Kindern heute hier verweigert.

So sind diese Burgen Männerburgen, aus christlich wehrhaftem Gemeinschaftsgeist entstanden, von einem zentralen Willen unter zuchtvoller Verwaltung gehalten. Sie empfangen ihren Adel von der Majestät des Staates selbst, den sie verkörpern. Sie sind die Glaubensfesten der deutschen Nation. Von der Marienburg spricht der Volksmund, sie wurzele mit ihren Kellergewölben so tief in der Erde, wie sie sich mit ihren Zinnen in die Lüfte erhebt. Man kann dieses Wort in einem übertragenen Sinne auf alle diese Burgen anwenden: ihre Kraft wurzelt so tief in diesem Preußenland, wie sich ihr Geist zur Höhe des deutschen Nationalgedankens erhebt. Über dem Remtereingang der samländischen Ordensburg Lochstädt liest man in alter Majuskelschrift die Worte: MAZE IST ZU ALLEN DINGEN GUT.

Auch dieses Maßhalten ist preußische Wesensart. Es ist wahrlich kein geringes Maß, nach dem die deutsche Ordenskultur gemessen sein will. Ihre Tiefe ruht in dem mittelalterlichen irdischen Gottesstaat Augustins, ihre Höhe strebt nach einem neuzeitlich völkischen Staatsideal.

Nur im Zusammenhang mit den politischen und geistigen Strömungen jener Zeit kann die Gründung des deutschen Ordensstaates recht gewürdigt werden. Die Geschichte wiederholt sich nicht, aber sie bietet immer Analogien. Die mittelalterliche Welt ist von zwei kulturschöpferischen Idealen ergriffen: Mönchstum und Rittertum. Sie entringen sich den Mächten der damaligen Zeit: Kirche und Staat. Das Mönchstum predigt Armut, Keuschheit und Gehorsam im Dienste Gottes, das Rittertum fordert kameradschaftliche letzte Opferbereitschaft im Dienste der Welt. Zwei Kraftströme, die scheinbar auseinanderstreben. Es sind die Ritterorden, die sie zusammenbinden im Sinne des großen Kreuzzugspredigers Bernhard von Clairvaux, der ihr Wesen so gekennzeichnet hat: „Eine neue Art des Kriegertums, der Welt noch unbekannt, ein Kriegertum, das im doppelten Kampf unermüdlich streitet zugleich gegen Fleisch und Blut wie gegen den Geist der Ruchlosigkeit im Himmlischen."

In die Begriffe unserer Tage übersetzt, was heißt das anderes als: Kampf gegen einen zügellosen Individualismus und gegen den Bolschewismus, den Geist der Ruchlosigkeit im Himmlischen.

Das organisatorische Genie des deutschen Menschen gibt dieser neuen Art des Kriegertums damals eine über Jahrhunderte dauernde Gestaltung: *den deutschen Ordensstaat des Ostens*. Wenn wir auf diese Staatsgründung zurückblicken, hebt sich vor unseren Augen der Vorhang von der erhabensten und erschütterndsten Epoche unserer deutschen Geschichte.

Drei Stauferkaiser, die bedeutendsten dieses tragischen Geschlechts, stehen an seiner Wiege Paten: *Friedrich Barbarossa*, der Genius der erwachenden Nation, der Deutscheste der Deutschen, noch als Siebzigjähriger die Idealgestalt der ritterlichen Christenheit Europas. Sein Sohn, der *Sechste Heinrich*, berufen und begabt, ein deutsches Weltreich zu beherrschen und zweiunddreißigjährig wie Alexander der Große aus seiner erträumten Sternenbahn gerissen, so dass der Chronist mit Recht schreiben kann: „Sein vorzeitiger Tod muss von dem Volk der Deutschen und von allen Männern Germaniens in Ewigkeit beklagt werden." Sein Enkel, der *Zweite* des Namens *Friedrich*, sizilianischer Monarch, kaum der deutschen Sprache mächtig, als Staatsmann, Denker und Wissenschaftler schon auf dem unsichtbaren Geistespfad zur Renaissance wandelnd. Diese kaiserliche Hohenstaufendreiheit hinterlässt unserer Geschichte einen verlöschenden Ruhm, eine sehnsüchtig dichtende Legende und den deutschen Ordensstaat im Preußenland. Sie haben ihn nicht gegründet. Das deutsche Schicksal, das des Reiches alte Herrlichkeit versinken sieht, schafft ihn für des Reiches neue Herrlichkeit.

Auf seiner zweiten Kreuzzugsfahrt ertrinkt Friedrich Barbarossa in den Wildwassern des Salef. Gleichsam in seiner Sterbestunde wird auf dem Berg Akkon von Bremer und Lübecker Kaufleuten das Hospital der „Brüder des deutschen Hauses" errichtet. Eben zu seiner Kreuzzugsfahrt ins Heilige Land aufbrechend, stirbt in Messina Heinrich VI. Die in Akkon versammelten Fürsten, von der Todesnachricht erschüttert, erheben die Brüder des deutschen Hauses zu einem „Orden der Ritter des Hospitals St. Marien der Deutschen zu Jerusalem". Kaiser Friedrich II. lässt im selben Jahre, in dem er Lübeck zur freien Reichsstadt erhebt (1226), von Rimini eine goldene Bulle ausgehen. Sie tut im Namen der heiligen und unteilbaren Dreieinigkeit kund, dass „unser Getreuer, der Bruder Hermann, der hochwürdige Meister des Heiligen Marien-Hospitals der Deutsch-Brüder in Jerusalem, vor uns seine Gemütsmeinung sorgfältig eröffnet und uns berichtet hat, dass unser treuer Konrad, Herzog von Masovien und Kujavien, ihm angetragen und versprochen hat, ihm und seinen Ordensbrüdern das Kulmische Land, sowie das andere zwischen seinen Grenzen und denjenigen der Preußen gelegene Land zu übergeben, so jedoch, dass sie die Mühe auf sich nähmen und nach Gelegenheit dahin trachteten, das Land Preußen zu erwerben und zu behaupten zur Ehre und zum Ruhme Gottes...Wir also erteilen dem Meister die Vollmacht, mit den Kräften seines Hauses das Land Preußen sich zu eigen zu machen, und bestätigen ihm, seinen Nachfolgern im Meisteramt und dem Orden für alle Zeiten sowohl dasjenige Land, welches er von dem Herzog nach dessen Versprechen empfangen, als auch das gesamte Gebiet, welches er, so Gott will, in Preußen erwerben wird, wie ein altes gebührendes Recht des Reiches, dass sie es frei von jeder Dienstbarkeit und jeglicher Anforderung ohne alle Belastung besitzen und niemanden dafür verantwortlich sein sollen."

Das ist in ihren Grundzügen die denkwürdige Urkunde von der Gründung des deutschen Ordensstaates und ist zugleich die älteste Bestätigung des historischen deutschen Rechtes an diesem Kulmerland und an dem Land Preußen, ein von einem polnischen Fürsten selbst angetragenes und feierlich zugesagtes Recht.

Der getreue Konrad, Herzog von Masovien und Kujawien, hat bei den Einfällen der heidnischen Preußen ins Kulmer Land kaum das nackte Leben gerettet. Es fehlen den Polen schon damals wie in allen Jahrhunderten die staatsbildenden Kräfte. Teilfürsten herrschen über das zerfallene Reich, das nur noch mit deutscher Kraft gegen die Einbrüche der wilden Preußen, der begehrlichen Litauer, der tapferen Pommern gestützt werden kann. Das ist kein ungewöhnlicher Vorgang in jenen Zeiten, in denen mit deutschem Blut und Kolonisationsgenie fast der gesamte europäische Osten, Ungarn, Mähren, Böhmen, Polen gedüngt und der westlichen Kultur gewonnen wird. Es wird auch damals dem deutschen Volke schlecht gedankt. Ist doch der Deutsche Orden wenige Jahre vor diesem polnischen Hilfegesuch auch nach Ungarn berufen worden, um dort in blutiger Grenzwacht gegen die heidnischen Kumanen zu stehen. Er tut seine Schuldigkeit und kann gehen. Mit den Polen sieht sich der deutsche Hochmeister besser vor. Er lässt sich die nötigen Rechtsgarantien geben, lässt sie sich durch kaiserliche Urkunde und päpstlichen Schutzbrief bestätigen. Dann erst geht dieser hochwürdige Meister, der große deutsche Staatsmann *Hermann von Salza*, ans Werk.

Aus einem kaum bekannten thüringischen Geschlecht entsprossen, ist er im meteorgleichen Aufstieg seines politischen Genies das Zünglein an der Waage der ringenden Weltmächte seiner Zeit: des römischen Kaisertums und der römischen Kirche. Er erkennt mit den Augen Heinrichs des Löwen das Ziel der deutschen Politik im Osten, schafft sich im Ritterorden das Machtinstrument, es zu verwirklichen.

Von der neuen freien Reichsstadt Lübeck bis zum deutschen Riga sieht er die Sehne des Bogens gespannt, den er zu führen Kraft und Willen in sich spürt. Er gründet einen neuen Staat mit deutschen Menschen für deutsche Menschen. Nur Söhne deutscher Zunge dürfen in den Kreis des Ordens aufgenommen werden. Alle tragen das gleiche Gewand: den weißen Mantel mit dem schwarzen Kreuz. Sie ziehen nicht als Thüringer, Rheinländer, Franken, Schwaben, sondern als deutsche Männer im „Ritterdienst Christi" nach jenem Lande, das sich Preußen nennt, um ihm deutschen Glauben, deutsche Sitte, deutschen Geist und die Kraft des deutschen Bauerntums für alle Zeiten einzupflanzen. Ihr Meister bedingt sich vom Kaiser das Recht aus, den schwarzen einköpfigen Adler des Reiches ins Herzschild seines Hochmeisterkreuzes fügen zu dürfen. So fliegt denn zum ersten Mal der deutsche Reichsadler an und über die Weichsel ins Preußenland hinein, um später, als des Reiches Kraft verfallen ist und sein Schild zerbrochen am Boden liegt, mit dem neuen Preußen ins Wappenschild des neuen Deutschen Reiches überzugehen. Welch ein über die Jahrhunderte weghallendes Bekenntnis der unzerstörbaren Einheit West- und Ostpreußens mit ganz Deutschland!

Das ist im Frühjahr 1231. Als erster „Meister von Preußen" führt Hermann Balk seine neunundzwanzig Ordensritter, hundert Reisige und eine gewiss auch nicht große Zahl von Kreuzfahrern über die Weichsel. Sie kommen meist aus Thüringen und Niedersachsen.

Und sungen da vil notin manc
Nicht der nachtegalin klanc
Sundir manchin jammersanc
So der swane singit,
So in sin sterbin twingit...

So liest man in der Chronik des Jeroschin und liest weiter: „Sie haben das süße, fruchtbare, freundliche Land ihrer Geburt verloren, haben sich ferne in ein fremdes Land verfahren, in ein Land des Kummers und Grauens, wild und wüst, haben Freiheit, Würden und der Welt Wonne gelassen, um sich einem kümmerlichen Leben voll Hunger, Ungemach, Armut und Niedrigkeit in Demut zu ergeben." Als erste Burg gründen sie auf dem rechten Weichselufer Thorun, in ihrem Namen an das deutsche Bürgerhospital auf dem Berg Toron bei Akkon im Heiligen Lande, den Ursitz des Ordens, erinnernd. Als älteste deutsche Weichselstadt ersteht um dieses Thorun das spätere Thorn – heute polnischer Besitz. In harten Kämpfen, Burgwall um Burgwall, wird das Kulmerland den Preußen wieder abgewonnen – heute polnischer Besitz. Das alte Heidenlager zu Colmen wird erstürmt, Burg und Stadt Kulm gegründet – heute polnischer Besitz. Die Wasserstraße der Weichsel wird mit deutschem Blut erstritten – heute polnischer Besitz. Als Landesfestungen erstehen die Burgen von Graudenz, Roggenhausen, die Engelsburg – heute polnischer Besitz. Aus den Sumpfniederungen der Drewenz wächst das herrliche Ordensschloss Rehden empor – heute polnischer Besitz. Die Landschaft der Löbau, altpreußisch Lubowa, wird kämpfend genommen –heute polnischer Besitz. Es wird die Burg und Komturei Schönsee, die Bischofsstadt Kulmsee gegründet – heute polnischer Besitz.

Mit der rechtmäßigen Erwerbung von Kleinpommern, Pommerellen genannt, erstehen auf dem linken Weichselufer die deutschen Ordensburgen Schwetz, Neuenburg, Mewe – heute polnischer Besitz. Ganz Westpreußen von Konitz, der „Pforte des Ordens gen Deutschland", bis ostwärts Strasburg und Gollub wird mit neuen Burgen gesichert – heute polnischer Besitz. Ein Markgraf aus Meißen lässt die Elbingburg errichten. Kaufleute aus Lübeck, der neuen freien Reichsstadt, siedeln sich an. Die Stadt Elbing ersteht. Das Frische Haff ist gewonnen. Die gewaltige Preußenfestung Wuntenowe wird niedergezwungen. Gewaltiger wächst die Ordensburg Balga empor. Die alten Preußengaue Natangen, Barten, Pogesanien werden durch die Burgen von Braunsberg, Kreuzburg, Bartenstein, Rössel, Heilsberg gesichert. In Winterstürmen geht es über das Eis nach dem Bernsteinland, nach der samländischen Küste. Der Komtur Heinrich Stange von Christburg fällt mit seinem Bruder unter den Schwertern der Samländer. Im äußersten Norden ersteht, von den deutschen Schwertbrüdern Livlands gegründet, Burg und Stadt Memel, die älteste deutsche Stadt auf ostpreußischem Boden. Auch sie ist heute Deutschland entrissen. Ein neues Kreuzzugsheer unter König Ottokar von Böhmen und Markgraf Otto von Brandenburg zieht zur Unterwerfung des inneren Preußenlandes heran. Auf der alten Preußenfestung Twangste wird die Königsburg errichtet. Sie wird die spätere Krönungsstadt der preußischen Könige: Königsberg. Das gewonnene Samland wird im Osten durch die Burgen von Wehlau, Tapiau, Labiau, im Süden durch Königsberg, Fischhausen, Lochstädt abgeriegelt. Es geht in die schier undringlichen Waldsperren gegen Litauen, in die „Wildnis". Hier hausen die kriegerischen Nadrauer und Schalauer und Sudauer, die bis an die Weichsel immer wieder vorbrechen. Ihre Schanzen, Wallburgen, Fliehhäuser werden zerstört. An dem Pregel, an der Angerapp, an der Tilsit wächst Ordensburg bei Ordensburg: Landeshut, Ragnit, Tilsit, Georgenburg. Als letzte werden die südlichsten Landschaften Galinden und Sassen aufgeschlossen. Sensburg, Johannisburg, Rhein, Eckersberg, Lyck, die Neidenburg, der Hohenstein, die Gilgenburg stehen als Grenzfesten da.

Man möge nur nicht glauben, dass diese alten Preußen leicht unter das christliche Gottesjoch zu beugen sind. Sie haben die gleichen harten Nacken und Köpfe, wie sie heute noch in der Mehrzahl in West- und Ostpreußen zu finden sind. Es glüht in ihren Herzen derselbe Freiheitswille, der dort nie zu glühen aufgehört. Sie lieben ihre Ströme und Wälder und Seen und ihr Bernsteinmeer mit der gleichen Heimatliebe wie jene, die sie heute verloren haben.

Ein in seinen Ursprüngen, seiner Sprache, seinem Glauben, seinem Wesen schwer erforschbares Volk, diese alten Preußen, die sich Brusen nennen. Die Wissenschaft rechnet sie der urbaltischen Völkergruppe zu. Der lebendige Quellstrom ihrer Sprache ist längst versiegt. Man kennt aus Übersetzungen und Vokabularien noch gegen zwölfhundert Worte. Diese sind schon vom christlichen, ja lutherischen Geist überprägt, künden nichts mehr von den Heldenliedern, die ihre Seher und Sänger, die Ligaschonen und Tulissonen, vor den Scheiterhaufen ihrer gefallenen Krieger sangen. Nur in den alten Gau- und Flur- und Ortsnamen tönt noch heute der vollvokalische Klang ihrer Sprache wie das götterdurchwobene Rauschen ihrer Wälder nach.

Dort in heiligen Eichenhainen, den Romowe, lebt, unsichtbar jedem Fremden, der zaubergewaltige Griwe. Er mag der Oberste ihrer Opferpriester gewesen sein. „Verlogene Gaukler" nennt diese die christliche Chronik. Sie haben keine Vorstellung von Gott, nicht einmal den Teufel kennen sie. „Darum verehren sie in ihrem Irrtum" – so erzählt die älteste Ordenschronik des Peter von Dusburg – „die ganze Schöpfung als Gott: Sonne, Mond und Sterne, den Donner und die Vögel, auch vierfüßige Tiere, selbst die Kröte. Sie haben auch heilige Haine, Felder und Gewässer, so dass sie nicht wagen, darin Holz zu fällen, zu ackern oder zu fischen." Auch die Feldbestellung, die Jagd, das Weben und Spinnen sind ihnen heilige Handlungen. Ihr Glaube wächst aus ihrer Scholle wie der abendliche Nebelrauch über ihren Wiesen und Mooren. Er ist gegenwärtiges Geheimnis, ohne Bild noch Gestalt, göttlicher Schauder voll. Diese Gläubigen dulden keine anderen Glaubensboten. Den ersten Christenprediger, den später heiliggesprochenen Adalbert von Prog, trifft das Messer ihrer Priester mitten ins Herz. Seinem Nachfolger, dem heiligen Brun, legen sie seinen Kopf und die seiner sechzehn Gefährten vor die Füße.

Sie sind ein freies Volk. Germanisches Blut von den uransässigen Goten und von den nordischen Wikingern her mag in manchem ihrer Gauedlen geflossen sein. Diese nennen sich *konagis*, – die Ordenschronisten sprechen von den „preußischen Königen". Sie sind die Führer des Kriegerstandes. Von der allgemeinen christlichen Gleichheit vor Gott will kein Preuße etwas wissen. Ihre göttliche Ordnung schreibt jedem Stand seine unverrückbaren Grenzen vor. Der Krieger ist Krieger, der Handwerker Handwerker, der Händler Händler, der Fischer Fischer, der Knecht ist Knecht. So ist jeder geboren, so geht jeder in die Unsterblichkeit ein. Denn alles Lebendige ist ihnen ewig. Jeder Besitz Eigentum. Die Flammen ihrer Scheiterhaufen verzehren Tod und Leben zugleich, denn beides ist eines. Die Krieger nehmen ihre Waffen mit, die Jäger ihre Falken und Hunde, die Edelsten Knechte und Mägde. So mancher der gefangenen christlichen Ritter aus dem schönen Franken und vom Rhein muss, bei lebendigem Leib von den Opferflammen verzehrt, ihnen auf ihrer Sonnenbahn in das Jenseits folgen, das ein ewiges Diesseits bleibt. Auch ihr Ruhm, auch ihre Schande ist ewig.

Sie sind ein männliches Volk. Sie kaufen oder rauben die Weiber. Nur die Söhne erben. Von den Töchtern lassen sie nur die kräftigsten zum künftigen Mutterberuf leben. Als der angesehenste Handwerker gilt der Waffenschmied. Ihre Waffen sind ihre Eisenbräute. Diese schmücken sie mit ihrer Tapferkeit. Sie trinken die Milch ihrer Stuten und den kräftigen Honigmet der wilden Bienen. Sie tun gewaltige Züge, wenn es gilt, auch im Wetttrinken ihren Mann zu stehen. Es gibt keine Bettler unter ihnen. Sie sind gastfreundlich wie die Natur. Sie denken zu hoch von der Freiheit, als dass sie sich einem einzigen Herrn beugen. Kein Arminius ersteht aus ihren Gauen, sie bleiben in Stämme zerfallen. Sie sind ein Volk ohne Staat. Daran gehen sie zugrunde. Aber man baut keine so wehrhaften Steinburgen, wie es die Ordensritter getan, gegen ein Volk von Jägern und Fischern. Wie in jedem der christlichen Kämpfer nur die gewaltige Losung der Zeit lebt: Taufe oder Tod! – so in jedem dieser preußischen Krieger die Lösung: Tod oder Freiheit!

Wohl sitzen auf der hohen Schule zu Magdeburg mit den jungen deutschen Edlen auch junge preußische Edle. Aber kaum in die alte Heimat zurückgekehrt, überwältigt sie wieder ihr Bluterbe. Sie werfen den neuen Kreuzschild weg, kämpfen auf den alten Heidenwällen, mit den alten Waffen der Freiheit. Generationen verbluten. Der Härtere zwingt den Harten, der Stärkere den Starken. Ihre heiligen Eichen fallen unter den Axtschlägen der heldischen deutschen Missionare, ihre zaubergewaltigen Priester fliehen in die Wildnisse Litauens. Durch die Nebel der Sümpfe blitzt die eiserne Pflugschar in der Faust der deutschen Bauern. Deutsche Manneszucht der Ritterschaft wird die staatsbildende Kraft des neuen Preußengeistes.

Fast sechs Jahrzehnte geht dieses Heldenringen, dem das Roden und Graben, das Pfluganfetzen und Deichebauen, das Städtegründen und Städteverwalten jahrhundertlang folgt. Dieser mächtige Glaubenswille und ebenso starke Staatswille ist als deutsches Werk die stärkste Ausstrahlung der zivilisatorischen Fähigkeiten des damaligen Europa. Unsere Geschichtsbücher melden unserer deutschen Jugend von diesem deutschen Kulturwerk bisher so gut wie nichts. Umso höher steht das Beispiel der deutschen Stadt Christburg im Stuhmerland. Auf ihrem Schlossberg hat vorbildliche Heimatliebe eine Tafel aufgestellt, die zur Nacheiferung in ihrem vollen Wortlaut hier mitgeteilt sei:

„Gib Acht! Du stehst auf geschichtlichem Boden!

Auf diesem Berg erhob sich, von dem Landmeister Heinrich von Wida im Jahre 1248 angelegt, die Christburg, eine der Hauptburgen des deutschen Ritterordens, der von hier aus Pomesanien im Zaume gehalten und Samland unterworfen hat. Am 7. Februar 1249 schloss der Orden auf dieser Burg einen Frieden mit den tapferen Preußen, in welchem viele ihrer Stämme sich der deutschen Herrschaft unterwarfen und den christlichen Glauben anzunehmen gelobten. Im Schutz dieser Burg, auf der ein Komtur gelebt, erstand, von deutschen Kreuzfahrern erbaut, an den Ufern der Sirgune die Stadt Christburg. Heidnische Preußen und Christen aus allerlei Völkern, trotzige Krieger und fromme Mönche, die Ritter und fleißigen Bürger, Bischöfe, deutsche Fürstensöhne, ein polnischer König, sie haben alle im Laufe der Jahrhunderte auf der Christburg geweilt. Um diesen Berg hier ist im heißen Kampf das Blut treuer deutscher Männer geflossen. Hier haben zwei Preußen, der tapfere Syrene und der edle Samile für des Deutschen Ordens Sache heldenmütig ihr Leben gewagt. Hier sind deutsche Helden, preußische und polnische Streiter, Soldaten des schwedischen und kaiserlichen Heeres in einen blutigen Tod gegangen. Zwei Jahrhunderte haben auf diesem Berg edle Männer gesessen, die Verbreiter des christlichen Glaubens, Träger deutscher Kultur, die Begründer unserer Stadt gewesen sind. Für eine hohe, heilige Sache haben sie die Freuden des Lebens dahingegeben und ihr Leben selbst zum Opfer gebracht.

Drum ehre diesen Boden allezeit!"

Hätten solche Ehrentafeln in ganz Ost- und Westpreußen, im Netze- und Wartheland gestanden, um Jung und Alt, Einheimischen und Fremden, die Geschichte dieser deutschen Ostmark zu künden, es wäre nicht möglich gewesen, sie zugunsten der Machtansprüche eines stamm- und landesfremden Volkes durch einen polnischen Korridor zu zerreißen. Es ist auch heute noch nicht zu spät für solche Tafeln der deutschen Ehre! Schon vor anderthalb Jahrtausenden hat der Geschichtsschreiber Cassiodor, der Staatsmann Theoderichs, des großen Königs der hier im Weichselland ureingesessenen Ostgoten, gelehrt, was wir Deutschen bis heute nicht gelernt haben:

> *„Tag und Nacht lies in den Denkschriften der Väter, durchforsche die ältesten Aufzeichnungen deines Volkes, beachte die Geschichte der Denkmäler und Jahrbücher, denn es ist schimpflich, im Vaterland wie ein Fremdling umherzuwandeln."*

Von der Schutzmauer der Christenheit

„Des Christentums Mehrung, Mauer und starker Friedensschild" – so preisen den Deutschen Orden seine Zeitgenossen. Er wurde zugleich Deutschlands Mehrung und Mauer im Osten. Kaum eines der großen deutschen Fürsten- und Adelsgeschlechter, das nicht unter den alten Kreuzfahrernamen zu finden ist. Da sind die Fürsten von Bayern, von Anhalt, von Braunschweig von Geldern, von Holland, von Lothringen, von Österreich, von Schlesien. Da sind die Burggrafen und Landgrafen und Pfalzgrafen von Nürnberg, Baden, Brandenburg, Hessen, Thüringen, Meißen, Mähren, vom Rhein. Da ist auf den Ordensburgen im Amte der Hochmeister, Landmeister, Komture, Vögte, Pfleger der ganze deutsche Adel versammelt. Im Schutze des deutschen Ritterschwertes erobert sich das deutsche Gotteswort, der deutsche Handelsgeist, der deutsche Bauernpflug das alte Preußenland. Es wird das neue Germanien. Im Zeitalter nationaler Staatsgründungen ersteht hier an der Weichsel der erste, nach modernen Verwaltungsgrundsätzen geleitete deutsche Nationalstaat.

Auch damals ist die deutsche Volkskraft überschüssig geworden und braucht Kolonien. Den Bauer ernährt die angestammte Scholle nicht mehr. Der Handelsgeist der aufblühenden Städte strebt nach neuen Märkten. Das absterbende Rittertum dürstet nach Taten. Die Kreuzzugspolitik der Päpste hat die ferne und fremde Welt des Morgenlandes aufgeschlossen, aber sie geht verloren. Die Mittelmeerpolitik der Hohenstaufen als letzte Träger deutscher Reichsherrlichkeit findet nicht mehr die Kraft, im allgemeinen Umbruch der neuen sozialen und kapitalistischen Ideen Wurzel zu fassen. Der Westen und Süden Europas bleibt dem vordringenden deutschen Geist verschlossen.

Heinrich des Löwen gewaltiges, gegen die Mächte seiner Zeit gestelltes deutsches Kolonisationswerk, an dem er selbst und seines Hauses Kraft tragisch zerbrach, weiß die staatsmännische Klugheit des Hermann von Salza mit den Mächten seiner Zeit fortzusetzen. Der Osten, von deutschen Handelsfahrern bis Livland aufgesegelt, wird wiederum das Ziel deutscher Kolonialpolitik. Schon durch den Namen ihrer Träger als „Deutscher Ritterorden" und „Deutsche Hansa" bekennt sie sich als national. Aus neuem Wirtschaftsraum wird neuer Staatsboden, der sich schon im Laufe der Ordensherrschaft völlig in deutschen Volksboden umwandelt.

Heidenland gilt zu allen Zeiten als herrenloses Land. Nach keinem anderen Grundsatz haben die europäischen Staaten ihren heutigen Kolonialbesitz an sich gebracht, ist das europäisch besiedelte Amerika gewonnen. Im Preußenland hat dieser Besitz nur in einem siebzigjährigen Heldenkampf errungen werden können.

Man hört in diesem Kämpfen von den Polen so gut wie gar nichts. Sie treten mit ihren politischen Besitzansprüchen erst hervor, als die deutschen Ritter, Mönche, Bauern, Kaufleute, „die Mühe auf sich genommen hatten, das Land Preußen zu erwerben und zu behaupten". So verlangt es ausdrücklich die kaiserliche Bestätigung der neuen deutschen Oststaatgründung, so lautet ausdrücklich die Bedingung des polnischen Herzogs von Masovien für seinen Verzicht auf das Kulmer Land, das er verloren hat, auf das Preußenland, von dem er nicht einen Quadratkilometer gewinnen kann.

Nur Spezialforscher wissen heute noch etwas von der ersten Preußenschlacht an der Sirgune, aus der die siegreichen Christpilger in großer Freude und dem Heiland Lob und Dank singend zurückkehren. Von den blutigen Preußensiegen bei Kreuzburg, am Rensensee, bei Pokarben, bei Löbau, die ganze Ordensheere aufreiben. Von den zwei furchtbaren Preußenaufständen, die mit der Gewalt von Naturkatastrophen im Laufe einer einzigen Generation das gesamte Missions- und Kolonisationswerk des Ordens zweimal vernichten. Burgen, Kirchen, Hospitäler, Siedlerstädte und Siedlerdörfer gehen in Flammen auf. Acker und Felder werden verwüstet, die Kolonisten mit Frauen und Kindern niedergemacht oder in die Sklaverei verkauft, die gefangenen Ritter nach qualvollen Martern lebend auf den Scheiterhaufen verbrannt. Auf allen Kanzeln Deutschlands, vom Rhein bis zur Oder, von Salzburg bis an die Ostsee, erschallt mit päpstlichen Hirtenbriefen und Ablässen der neue Kreuzzugsruf nach Osten.

Nirgends liest man, dass Polen dieses Preußenland der abendländischen Kultur wieder zurückgewannen. Wohl aber kann man noch heute den Brief nachlesen, den der ebenso gelehrte wie gerechte Papst Innozenz VI. an den Deutschen Kaiser Karl IV. später gerichtet hat, in dem es heißt: „Welche Liebe, welche Huld und Geneigtheit der Deutsche Orden, diese sicherste Schutzmauer der Christenheit, diese bewunderungswürdige Pflanzung des christlichen Glaubens, dieser glänzende Bekämpfer der Ungläubigen in den Augen der Fürsten und der ganzen christlichen Welt verdient, das erkennt Deine Herrlichkeit aus der Kunde der großen Taten der Mitglieder dieses Ordens". Bis zum heutigen Tag hat das polnische Volk von dieser Kulturtätigkeit des Deutschen Ordens nur höchsten Segen empfangen. Es hat seinem Wohltäter mit unwürdigen Schmähungen des Hasses gedankt.

Diesen Hass als nationales Kampfmittel gibt es zu Beginn der Ordenszeit nicht. Konrad von Masowien kämpft noch in den Reihen der deutschen Ritter. Der Nationalitätenkampf setzt erst ein, als es der stärkeren Kraft, der geordneteren Verwaltung dem staatsbildenden Willen des Ordens gelingt, sich die Verbindung mit dem deutschen Mutterland durch die Erwerbung von *Pommerellen* zu sichern.

Der heutige polnische Staat benennt unser deutsches Weichselland als Wojewodschaft Pommerellen. Er will mit diesem Namen jene Geschichtslüge der polnischen Vertreter bei den Pariser Verhandlungen behaupten, dass Polen auf dieses Pommerellen „als uralten polnischen Landesteil unverjährbare Rechte" habe. In Wahrheit war dieses Pommerellen nie polnischer Besitz. Es umfasste damals das Land westlich der Weichsel von der Ostsee bis über die Warthe und Netze und war ein selbständiges Fürstentum der Dynastie der Samboriden. Dort wohnten auf uraltem germanischen Boden die „Küstenbewohner", die Pomoranen, nach denen sich unsere heutigen Pommern nennen.

Sie sind ein slawischer Stamm. Als Westpommern schon von den Zeiten Heinrichs des Löwen her völlig eingedeutscht, als Ostpommern – die späteren Kaschuben –, die geschworenen Feinde der Polen. Die polnische Wissenschaft bemüht sich, „den lechitischen, das heißt urpolnischen Charakter aller Gebiete östlich der Elbe nachzuweisen und den deutschen Pommern beizubringen, dass sie eines Stammes mit den polnischen Pommern sind". Die europäische Wissenschaft kann nur feststellen, dass die sogenannten Kaschuben wohl Slawen, aber keine Polen sind. Das Kaschubische, das sie sprechen, ist kein polnischer Dialekt, sondern eine dem Polnischen gleichberechtigte, selbständige Sprache. Die alten Pomoranen haben sich nie für Polen gehalten, die Kaschuben tun es heute noch nicht. Damals schlug der tapfere pomoranische Herzog Swantopolk die polnischen Eroberungsgelüste mit den Waffen nieder. Im Abstimmungsjahr 1920 hätten die Kaschuben mit dem Stimmzettel die polnischen Lügen von Versailles ebenso niedergeschlagen, wie es die „polnischen" Masuren getan haben. Sie wurden nur nicht gefragt, ob sie Polen werden wollten.

Schon vor der Ordenszeit hat sich dieses Pomoranenland, dieses Pommerellen, freiwillig der deutschen Kultur und Siedlung erschlossen. Unter dem Herzog Sambor gründen 1178 die Zisterzienser vom deutschen Kloster Kolbaz bei Stettin das Musterkloster von Oliva. Deutsche Nonnenklöster erstehen in Zuckau und Zarnowitz. Der deutsche Johanniterorden erwirbt Besitzungen bei Preußisch-Stargard. Der Deutsche Orden der „Brüder von Kalatrava" siedelt sich bei Thymau an. Deutsche Bauern besiedeln die Weichselniederung um Dirschau.

Erst der Zerfall des Pomoranischen Staates durch die Erbstreitigkeiten seiner Herzöge gibt den vom Meer abgeschlossenen Ostmächten die erwünschte politische Zielrichtung zur Ostsee. Polen greift ein. Brandenburg greift ein. Böhmen greift ein. Dem Deutschen Orden erwächst aus der Landschaft selbst die geschichtliche Aufgabe, sich durch den Gewinn von Pommerellen die Landbrücke zu Deutschland, die Schlüsselstellung des deutschen Ostens zu sichern. Auch Polen will diese Stellung. Auch Brandenburg sucht seinen Zugang zum Meer. Es ist ein Kampf dreier Staatswesen um einen Einsatz, der höchste Kraftanstrengung erfordert und belohnen wird. Wer diesen Kampf gewinnt, wird Herr des Landes sein.

Es gibt ein Gewirr von Testamenten, Tauschverträgen, Erbansprüchen, Pfandsetzungen, Käufen. Polen, das weder kämpft noch zahlt, läuft zum Kadi, zum Papst. Der sitzt in Avignon, ist ein Franzose, Johann XXII., einer der gefährlichsten Gegner des Deutschen Ordens. Er tritt in eine genaue Prüfung der Rechtslage ein. Er muss den Schiedsspruch fällen: „Er sei zu der Einsicht gekommen, dass Pommerellen dem Orden von Rechts wegen gehört, und dass König Wladislaus von Polen mit seinen entgegengesetzten Behauptungen der Wahrheit widerspräche."

Noch im Jahre 1784 lesen wir ein französisches Zeugnis in der in Paris veröffentlichten, von de Wal geschriebenen Geschichte des

Ordensstaates, „dass der Orden Pommerellen rechtmäßig sich angeeignet habe und dass die Polen dort nur Usurpatoren wären."

Es ist nicht bekannt geworden, dass während der Pariser Verhandlungen im Jahre 1919 jener päpstliche Schiedsspruch oder dieses französische Zeugnis von der polnischen „Territorialkommission" herangezogen wurde, um die ältesten Besitzrechte auf dieses Pommerellen zu klären. Aber das hätte auch bei flüchtigster Prüfung einer „Spezial-Sachverständigenkommission für polnische Fragen" bekannt sein müssen, dass der polnische König *Kasimir der Große* selbst das souveräne Recht des Ordens auf Pommerellen mit Danzig, mit dem Kulmerland, mit der Michelau bestätigt hat, wofür ihm der Deutsche Orden das Land Kujavien und Dobrin zurückgab. Wir wollen die Szene dieses Friedensschlusses von Kalisch nach alter Schilderung ins Gedächtnis der Völker zurückrufen, auch wenn solches Gedächtnis manchen Völkern zu manchen Zeiten recht unbequem gewesen ist.

Es ist ein festlich heiterer und freudenvoller Tag, dieser 23. Juli des Jahres 1343, als sich auf der schönen Aue zwischen Neu-Neßlau und Morin der deutsche Hochmeister Ludolf König und der König Großpolens mit ihrem glänzenden Gefolge treffen. Jeder tritt aus seinem prächtigen Zelt, sie umarmen sich und küssen sich, und der Erzbischof von Gnesen segnet sie. Nun erhebt dieser die nach langen Verhandlungen gegenseitig festgesetzte Friedensurkunde und verliest sie feierlich den Fürsten, ihrem Gefolge und allem Volke:

„Friede und Eintracht zwischen Kasimir dem Polenkönig und Ludolf König, Hochmeister des Deutschen Ordens, wodurch Pommern und Kulmerland den Kreuzrittern überlassen werden. Es wisse das gegenwärtige Geschlecht und die künftige Nachkommenschaft, dass wir im Namen unserer Erben und Nachfolger sowie aller und jeder Eingesessenen Unseres Reiches, so der höchsten als der übrigen hiermit einen dauernden Frieden, Ende, Vergebung und Eintracht für alle Folgezeit unverbrüchlich und festzuhalten abschließen. Der König hält heilig die Schenkung des Kulmerlandes mit allem Zubehör und den anderen Besitzungen, welche der Hochmeister und die Brüder vor dem Kriege förmlich und regelmäßig besessen. Auf dass jede Gelegenheit zur Beschwerde aufhöre, verzichtet er für sich und seine Nachfolger auf den Besitz und den Titel des Herzogtums Pommern, welcher bisher noch im größeren Reichssiegel ausgedrückt ist, und verspricht diesen Titel in Ansehung des Herzogtums Pommern in dem gedachten Siegel abzulegen und niemals wieder anzulegen..."

Das spricht der Erzbischof. Und der König von Polen und der Hochmeister tauschen zum zweiten Mal den Friedenskuss. Jener schwört auf seine Krone, dieser auf sein Ordenskreuz, den Vertrag in allen seinen Punkten unverbrüchlich zu halten. Sie hielten ihren Schwur. Die Polen nennen diesen König heute noch den Großen.

So ist das Kulmerland zum zweiten Mal von polnischer Seite als deutscher Besitz anerkannt, und mit ihm das deutsche Danzig, das alte Pomoranenland links der Weichsel von Thorn bis zur Küste, das Drewenzland von Michelau. Schon vor sechshundert Jahren verlaufen die Grenzen, wie sie noch im Jahre 1919 bestanden haben.

Heute steht an der Montauer Spitze dort, wo die Nogat sich von der Weichsel abzweigt, ein Grenzstein mit der Aufschrift: *Traité de Versailles, 28 Juillet 1919*. Man nennt ihn auch den Dreiländerstein. Hier stoßen Deutschland, der Freistaat Danzig und Polen zusammen. Das wisse das gegenwärtige Geschlecht und die künftige Nachkommenschaft!

Mit der Grenzziehung des Friedens von Kalisch, der die vorangegangenen Ergebnisse des Vertrages von Soldin auch von polnischer Seite endgültig anerkennt, ist das große Einheitswerk der deutschen Staatsgründung im Osten vollendet. Dieses neue deutsche Ostreich erstreckt sich durch die Einbeziehung des Deutschen Schwertbrüderordens von der pommerschen Küste bis nach Kurland, Livland und Estland, wo die Städte und Burgen von Riga, Bauske, Dorpat, Reval, Narva noch heute vom deutschen Geist ihrer Schöpfer und Gründer Zeugnis ablegen. Das Weichselland bildet die tragende Mitte dieses deutschen Staates, der an Umfang fast ein Drittel unseres Vorkriegsdeutschland umfasst. Er beginnt sich Preußenland, Preußen zu nennen. Die Städte diesseits und jenseits der Weichsel nennen sich *preußische* Städte, es gilt bei ihnen die *preußische* Münze.

So ist der große historische Augenblick gekommen, dass dieser autonome Staat zum Zeichen seiner Vollendung einen Mittelpunkt seiner Herrschaft erhält. Im selben Jahr 1309, in dem durch den Vertrag zu Soldin die Verbindung zu ganz Deutschland hergestellt ist, verlegt der Ordenshochmeister Siegfried von Feuchtwangen seine Residenz von der Lagunenstadt Venedig nach der Nogatstadt Marienburg. Akkon, Venedig, Marienburg sind die drei Stationen mittelalterlicher deutscher Kolonialpolitik. Das Morgenland, das Mittelmeer, der europäische Osten: Traum der Sehnsucht, tragischer Irrtum, zweckmäßige Notwendigkeit. Hier im Osten setzt die deutsche Realpolitik ein.

Mit des Hochmeisters Einzug in die glanzvoll ausgebaute Marienburg als das „Haupthaus des ganzen Deutschen Ordens" vollendet sich auch die äußere und innere Wandlung des Ordens. Das Amt des Meisters von Preußen wird zum Deutschmeister. Die Ordensballeien von Thüringen, Sachsen, Hessen, Franken, am Rhein, in Lothringen, in Österreich, in Elsass-Burgund, in Bozen, ja selbst die ausländischen in Spanien, in der Lombardei, in Sizilien und Apulien, hier vom „Roten Haus der Marienburg" empfangen sie ihre Befehle. Hier wird zugleich die neue preußische Ordensregierung geschaffen, die in ihrem Geist und Wesen das Vorbild des zukünftigen preußischen Staates ist.

Was aus deutschem Geist gebildet, behält für uns seine Gültigkeit über den Wandel der Zeiten und den Tagesablauf der Meinungen hinaus. Auch hier bietet die Geschichte keine Parallelen, wohl aber lehrreichsten Vergleich. Die innere Form des Ordensstaates ist aus seiner Kampfstellung und seinem konstruktiven Aufbauwillen eigen und organisch erwachsen. Seine Beschränkung auf den Stand des ritterlichen Adels entspricht nur der Wertung jener Zeiten. Der Ritter führt das Schwert. Der Ritterschlag „Lieber Ritter als Knecht" gibt die Würde des der kämpferischen Idee verpflichteten freien Mannes.

Oberster Führer im deutschen Ordensstaat ist der auf Lebenszeit erwählte Hochmeister. „Des Obersten Entbieten und Heischen soll Gebotes Kraft haben ... alle Ehre des Ordens und der Seelen Heil und der Weg der Gerechtigkeit und die Hut der Zucht hanget an einem guten Hirten und an eines Ordens Haupt ...", steht in den Bestimmungen. Das Amt des Hochmeisters ist ja aus der Idee des Ordens selbst emporgewachsen. Er ist eins mit den Brüdern, in Pflichten und Ämtern erprobt, hat wie diese als Knecht und Knappe begonnen und die großen Gelübde des Gehorsams, der Armut und der Keuschheit abgelegt. Wer keinen Willen von sich aus will im Dienste des selbsterwählten Führers – Gehorsam – wer keinen Gewinn zum eigenen Gewinn erstrebt im Dienste der gemeinsamen Idee – Armut – wer das irdische Glück seines Menschentums opfert im Dienste des himmlischen Glückes der Nachfolge Christi – Keuschheit– wer auf solchem Läuterungsweg Bruder unter Brüdern, Kämpfer unter Kämpfern gewesen, der hat auch gelernt, Meister und Führer zu sein. Als der Gehorsamste der religiösen und ritterlichen Idee steht der Hochmeister nun über den Gesetzen des Konventes, ist der bevollmächtigte Vollstrecker des Gesamtwillens des Ordens. Er hält „in der einen Hand die Rute der Züchtigung gegen die Trägen in heiliger Pflicht, gegen die Ungehorsamen gegen Regel und Gebot, in der anderen den Stab väterlicher Sorgfalt und des Mitleides für die, welche der Tröstung und Erhebung bedurften". Seine Verantwortlichkeit vor dem General-Ordenskapitel ist keine parlamentarische. Sie ist nur die Bestätigung der unzerbrechlichen Einheit der Idee.

Seinen Führerstab, die fünf Großgebietiger, ernennt der Hochmeister selbst. Diese sind der Großkomtur als sein Vertreter und als Verwaltungschef des Hauses der Marienburg, der Oberst-Marschall als Stabschef der gesamten Ritterschaft, der Oberst-Spittler als Chef der sozialen Fürsorge und des Sanitätswesens, der Oberst-Trapier als Chef der Feldzeugmeisterei, der Oberst-Treßler als Schatzmeister und oberster Wirtschaftsführer. Mit der wachsenden Handelskraft des Ordens kommt der Oberst-Scheffler als Handelsminister hinzu. Alle sind in ihrem Verwaltungskreis selbständig, unterstehen aber in ihrer Verantwortlichkeit dem Hochmeister. Dieser ernennt auch die Statthalter der Landesgebiete, die Komturen. Sie sind in ihren Gauen die obersten Träger der Landesgewalt, die obersten Beamten der Landesverwaltung, der Zivilbehörde, der Justiz, des Finanzwesens, und zugleich die oberste Aufsichtsbehörde der Städte und ihrer Verwaltungen. Sie haben die Führung der Gauritterschaft und des Arbeitsdienstes zur Kultivierung des Landes. Auch hier gilt das Führerprinzip der Auslese und der bedingungslosen Unterordnung.

Selbst das Wort eines Königs verschafft keine Beförderung. Der Hochmeister Konrad von Jungingen kann an den König von England, der sich bei ihm für einen Komtur verwendet, schreiben: „Wäre es, dass in diesem heiligen Orden jeder Mann nach seines Willens Wohlbehagen zu dem oder diesem Amte sollte genommen werden, es würde folgen, dass die Zucht, die Meisterin des Gehorsams, verschwände." Es gibt keine Korruption. Der höchste Ruhm, den ein Dichter der Zeit der Ordensverwaltung zollt, ist das Wort, das er den Pfennig sprechen lässt: „Zu Marienburg, da bin ich Wirt und wohlbehaust." Wir besitzen die genauen Rechnungsablegungen der Ordensverwaltungen aus zwei Jahrhunderten. Es findet sich keine Spur von Unterschleifen. Sie wären mit dem Tode bestraft. Die Straffheit und zentrale Kontrolle dieses preußischen Systems wird die wertvollste Erbschaft an den neuen Preußenstaat. Hier wurzelt das vorbildliche preußische Beamtentum.

Und hier im Lande der Marienburg wurzeln auch zugleich die beiden anderen Grundkräfte des neuen preußischen Staates, der das neue Deutschland geschaffen hat: die preußische Landeskirche und die allgemeine Wehrpflicht.

Von einer Zeit, in der sich das deutsche Kaisertum im Kampf mit der römischen Kirche zerrieb, möchte man nicht glauben, dass es der Führung dieses Ordensstaates möglich war, sich den Klerus unterzuordnen. Aber im Preußenland gibt es keine Hierarchie, keine ultramontane Politik auf dem Umweg über das religiöse Gewissen. Die Bischöfe und Klosterverwaltungen stehen unter derselben strengen Staatskontrolle wie die Komture. Es ist den Städten verboten, ohne ausdrückliche Genehmigung des Hochmeisters an die Klöster irgendwelchen Besitz an Land oder irgendwelche Rechte abzutreten. Der gewaltige Eichbaum, in den die erste deutsche Ordensburg einst eingebaut war, dieses Symbol der landesverwurzelten Kraft, duldet keine Schlingpflanzen. Selbst päpstliche Bannstrahlen zerbrechen kläglich an den Mauern der Marienburg. Die höchste Staatsautorität, der Hochmeister, setzt die Landesbischöfe ein. Er entnimmt sie der Ordensbrüderschaft selbst. So sind ihnen die Gesetze und Regeln des Staates in Fleisch und Blut übergegangen. Diese Gleichschaltung des staatlichen und kirchlichen Lebens erstreckt sich selbst bis auf die Pflicht der Bistümer zur allgemeinen Landesverteidigung.

Denn hier in diesem Preußenland, wo heute Versailles seinen Bewohnern im Angesicht der polnischen Grenzarmeen die Waffe der Verteidigung aus der Hand geschlagen hat, gibt es schon vor siebenhundert Jahren die *allgemeine Wehrpflicht* im Sinne Scharnhorsts, dass alle Bewohner des Staates auch seine geborenen Verteidiger sind. Es gibt Landwehr und Landsturm. Wir dürfen in diesem Jahre ihr siebenhundertjähriges Gründungsjubiläum feiern. Die „Kulmische Handfeste" vom 28. Dezember 1233 bestimmt, dass der angesiedelte Besitzer von vierzig und mehr Hufen Landes in voller Rüstung mit „einem bedeckten, der Rüstung angemessenen Rosse und mit wenigstens zwei anderen Reitern" zum Kriegsdienst zu erscheinen hat, die kleineren Gutsbesitzer mit einem „paßlichen" Pferde, mit Schild, Helm, Harnisch oder Lanze. Hier stehen schon die deutschen Männer zu ihrer Pflicht, als von den Burgen noch die Flammenzeichen gegen die heidnischen Preußen rauchen.

Dreiundzwanzig deutsche Hochmeister, meist aus thüringischem, fränkischem, rheinischem Geblüt haben auf der Martenburg residiert. Von sanftem Bühel schaut sie weithin über die Fruchtgefilde des Werders, jener Nogat- und Weichselniederung, die deutscher Kulturwille aus Sumpf und Wildnis geschaffen hat. Auch ihr leuchtendes Ziegelwerk, Stein für Stein, ist aus diesem preußischen Lehmboden geformt. Ein Jahrhundert streitbaren Glaubens, wachsender Größe, gefestigter Macht hat an ihrer Wehr und Wucht, ihrer Schönheit und Kraft, ihrem Glanz und ihrer Lieblichkeit mitgebaut. Aus ihren Hallen und der Gruft ihrer Sankt-Annen-Kapelle klingen uns die Namen ihrer Bauherren, des siegreichen Landmeisters Konrad von Thierberg, des künstereichen Welfenhochmeisters Luther von Braunschweig, des sinnreichen greisen Dietrich von Altenburg und endlich des höchsten Ruhmes reichen Winrich von Kniprode entgegen. Sie wird das steinerne Palladium des deutschen Gotteswillens und des deutschen Staatswillens. In ihren Kreuzgängen und Sterngewölben, ihrem Hochschloss und der goldenen Pforte ihrer Hochkirche, in des „Meisters großem Remter" und des „Meisters Sommerremter" vollendet sich die gotische Inbrunst der weltzugewandten Ordensbaukunst.

Nach Westen, nach Deutschland, stellt sich die wehrhafte Fassade des Schlosses wie die wehrhafte Majestät des Staates selbst. Nach Osten, von der Morgensonne zu funkelnder Pracht geweckt, grüßt das Riesenmosaikbild der heiligen Gottesmutter, der Schirmherrin des christlichen Gottesstaates. Ein einziger schlanker Granitpfeiler trägt das Gewölbe von Meisters Sommerremter, dessen feine Rippen sich wie die Blätter eines Palmbaums spreiten. Hier träumt noch das ferne verlorene Morgenland unter der steinernen, aus eines rheinischen

Künstlers Hand gewachsenen Palmenkrone. Auf drei solchen Pfeilern mit schön verzierten Basen und Kapitälen ruht das Sternengewölbe des großen Festremters, in dem Königen und Fürsten und den tapfersten Rittern, der Blüte von Europas Adel, der „Ehrentisch" gedeckt wird: „Die ausgesuchtesten Gerichte, welscher und griechischer Wein, klarer Rheinfall in goldenen und silbernen, mit Edelsteinen gezierten Bechern, Musik und Posaunenschall, alles lud zu Heiterkeit und Freude ein, und ehe das Mahl ein Ende nahm, ließ der Hochmeister goldene und silberne Ehrengeschenke herbeibringen, um sie den tapfersten und tadellosesten Rittern des Heeres zu überreichen." Die selbstlose Größe des christlichen Gottesstreitertums ist schon vom „Ruhm der Welt" abgelöst.

Auf sieben Pfeiler stützt sich der große Kapitelsaal der feierlichen Konvente und Meisterküren. Hier versammelt am Kreuzerhöhungstag der Hochmeister zum großen Generalordenskapitel die obersten Gebietiger, die Landeskomture, die ordensbrüderlichen Bischöfe, um Rechenschaft zu fordern und Rechenschaft abzulegen. Mit „geschriebener Rechnung der Gulde und Schulde". Hier wird nach feierlicher Messe „mit lauterem Herzen sonder Hass noch Minne" der neue Meister erkoren, der, wie das Gesetz sagt, „unter den Seinen die Statt hält unseres Herrn Jesu Christi". Ein Ordenspriester, acht Ordensritter, vier dienende Ordensbrüder bilden das Wahlkapitel. Kein Fremder, und sei er von höchstem Rang, wird zugelassen. Die Verschwiegenheit ist eines der obersten Gelübde. Vor dem Altar der Hochkirche empfängt zum Glockenschall, der von Stadt zu Stadt weiterhallt, der Erwählte den Meisterring und das Ordenssiegel. Einer kaiserlichen und päpstlichen Bestätigung bedarf es nicht. Der Orden ist souverän.

Drei Hochmeistergestalten sehe ich in diesem feierlichen Siebenpfeilersaal vor meinen Blicken aufsteigen: Ruhelos schreitet, von tragischer Geistesverwirrung umnachtet, der Hochmeister *Ludolph König von Weizau*. Er hat Großes für den Orden geleistet. Er hat den Vertrag über den ewigen Besitz von Pommerellen mit Kasimir, dem Polenkönig, abgeschlossen. Aber im Osten wütet der Litauer. Der Meister blickt von einem der hohen Fenster in die wolkenverhangene Nacht. Immer nach Osten. Feuerbrände flammen da auf. Die Scharen des furchtbaren Kynstutte jagen heran. Sie sengen in Livland, sie rauben in Kurland, sie morden in Samland. Greise, Frauen, Kinder würgen sie mit nackten Händen. Sieglos, ruhmlos, ein schweigend Verhöhnter, von allen Blicken Verfemter ist er, der Hochmeister, der Hort des christlichen Glaubens, von der letzten Litauerfahrt heimgekehrt. Jäh greift er zum Schwert, sich selbst zu töten. Ein Bruder fällt ihm in den Arm. Er ringt mit dem Bruder, hält ihn für den furchtbaren Kynstutte, stößt ihm das Schwert in die Seite. Man muss den Rasenden fesseln. Die obersten Gebietiger treten in diesem Saal zusammen. Sie können den auf Lebenszeit Erwählten nicht absetzen. Sie bitten und ermahnen, sie schweigen und warten. Die Schwermut des Meisters schattet über allen Gesichtern. Da hebt sich der Schweigende vom Meisterstuhl auf. Er zieht den Meisterring vom Finger. Der rollt auf den Boden. Schweigend verlässt er den Kapitelsaal.

Auf demselben Meisterstuhl sitzt der greise *Heinrich Dusemer* von Arffberg, sein Nachfolger. Sein Ruhm ist groß. Er hat die Litauerscharen am Strebefluss geschlagen, dass Mann und Ross in den Eisfluten umgekommen, sechstausend an Zahl. Er hat dem Handel des Ordens neue Wege über Polen bis nach Ungarn und Wolhynien aufgeschlossen. Man nennt ihn den Gerechten. Aber furchtbarer als Kynstuttes und Olgierds Scharen wütet der Würgeengel der Pest durch die Ordenslande.

Die Städte sind entvölkert. Viertausend sterben in Thorn, in Elbing sechstausend, in Königsberg achttausend, dreizehntausend in Danzig, Die Dörfer liegen verlassen da, die Äcker sind verödet, die Sitten verwildert. Hier schamlose Üppigkeit und Schwelgerei, dort Raub, Mord, bübische Gewalttat. Selbst das gottesstille Kloster Oliva ist ein Raub der Flammen geworden. Seine Hand, stark, gerecht und immer offen den Armen, ist zu alt, zu schwach für das Werk des Wiederaufbaus. Ein Jüngerer, Mächtigerer, sein Ordensmarschall, der ihm schon fünf Jahre in unwandelbarer Treue zur Seite gestanden, Komtur von Danzig und Balga, wird es schaffen. Heinrich Dusemer erhebt sich vom Meisterstuhl. Er legt den Meisterring in die Hand dieses Mannes, der hier wieder an seiner Seite steht, hochgewachsenen, fürstlichen Ansehens, der an Frömmigkeit und ritterlicher Zucht Vorbildliche, der Würdigste: *Winrich von Kniprode.* Am 14. September 1351 wird dieser einstimmig zum Hochmeister erkürt. Unbekannten Adelsgeschlechtes wie Hermann von Salza, wie Bismarck. Er ist vom Rhein zur Weichsel gekommen. Als er nach drei Jahrzehnten kraftvoll gesegneter Führung die Augen schließt, steht der germanische Geist auf diesem uralt germanischen Boden des deutschen Ordenslandes in seiner strahlendsten Blüte.

Im Auf und Ab des historischen Entwicklungsprozesses führt eine aufsteigende Linie von Hermann von Salza über Winrich von Kniprode zu dem großen Preußenkönig Friedrich. So verschieden jeder als Persönlichkeit wie alle großen Männer, die Geschichte machen, so einig alle drei, hier im Osten, im Preußenland, deutsche Geschichte zu machen. „Seines Namens Ruhm ging durch die ganze Welt" – schreibt von Winrich ein Zeitgenosse. Bewundernd sehen die Blicke Europas nach der Marienburg. Sie umleuchten die letzten Strahlen sterbender Romantik.

Deutscher, französischer, englischer, nordischer Adel empfängt hier den Ritterschlag. Der Staatsmann Winrich braucht diesen Glanz, um die immer bedenklicher stockende Ostwanderung deutscher Bauern und Bürger zu beleben. Ihr Siedlungswerk gilt es, gegen das geschlossener denn je andrängende Slawentum zu schützen. Von Litauen her will sich schon die polnische Zange um das deutsche Ordensland schließen. Das große opfervolle Werk der deutschen Mission und Kolonisation ist getan. Die Nutznießer, die das Schwert und den Pflug nicht geführt haben, lauern an den Grenzen. Der erste polnische Raub bereitet sich vor.

Winrich hält sein Schwert scharf. Er stählt den Bürgergeist, erlässt strenge Gesetze gegen den Kleiderluxus, gegen die Üppigkeit, setzt Preise für die besten Armbrustschützen in den bürgerlichen Schießgärten aus. Wer Land baut, muss Land verteidigen. Er bestellt ritterliche Gutsbesitzer. Das „Rittergut" gilt als verstärkte Wehrverpflichtung. Er braucht die bäurische Kraft, setzt neue Kolonisten in den verödeten Dörfern an, erleichtert ihre Abgaben und Dienste, hilft ihnen mit Feldgerät und Saatgetreide. Wie später Friedrich der Große, reist auch er unermüdlich im Lande umher, überzeugt sich durch Augenschein vom Wiederaufbau. Seine Kontrollbeamten und Bücherrevisoren sind ständige Gäste auf den Komtureien. Aus der gekräftigten Landwirtschaft gewinnen die Städte neue Wirtschaftskräfte. Schon damals sind die großen preußischen Städte der seemächtigen Deutschen Hansa angeschlossen. Winrich erweitert die Handelsbeziehungen zu England, wohin er Getreide gegen englisches Tuch ausführt; zu Flandern, das

Bernstein, Wachs und Honig abnimmt; zu Frankreich, dessen König, ihn bewundernd, Handelsdifferenzen mit der Schenkung einer kostbaren Reliquie beilegt. König Kasimir von Polen ist ein geehrter Gast auf der Marienburg; König Waldemar von Dänemark erscheint als Schutzflehender vor des Hochmeisters Stuhl.

Winrich gibt jedem das Seine, lasst eine Münze schlagen mit dem Wahlspruch: *„Die Ehre des Meisters liebt Gerechtigkeit."* Er wird ein Hort dieses deutschen Rechtes. Sorgt für die deutschen Stadtschulen. Sorgt auch für die höhere Bildung der Ritterbrüder. Er bestimmt, dass künftighin jeder Konvent zwei gelehrte Ordensbrüder aufzunehmen hat. Seine Tatkraft und seine Geistesbildung beseelt bald den ganzen Orden bis in seine untersten Glieder. Der Chronist darf schreiben: „Zu Winrichs Zeiten war der Orden geziert mit viel edlen und weisen Brüdern, also dass er stand wie eine Blüte an Weisheit, an Rat, an Zucht, an Ehre, an Reichtum." Das höchste Lob aber spendet ein Dichter seiner Zeit, der die Verdienste seines Helden Winrich aufzählt:

„Und sonderlich den Bauersmann
Hat er gehalten lobesan."

In der Epoche der ausgedehntesten und stärksten deutschen Ostkolonisation ist die Zeit Winrichs das goldene Zeitalter des deutschen Ordensstaates und die Marienburg seine glanzvollste Stätte. Auch heute noch gilt sie als das Volksheiligtum aller Grenzdeutschen des Ostens. Das Diktat von Versailles hat selbst diese Stadt in zwei Teile zerschnitten. Ein Drittel des alten Stadtgebietes und der größte Teil ihres Hinterlandes ist für den „Freistaat Danzig" der deutschen Staatshoheit entzogen. Die wehrhafte Fassade des Hochschlosses wendet sich nun dem polnischen Korridor zu, dessen Höhen über dem Werder im Horizont verschwimmen. Aber mit allen Burgen des abgetrennten deutschen Weichsellandes spricht die Marienburg dieselbe Sprache ihres unzerstörbaren Deutschtums fort. Man hat sie in Worte des deutschen Dichters Conrad Ferdinand Meyer gefasst. Vom jenseitigen Nogatufer kann man dort am neuen Rathaus seinen Hüttenspruch lesen:

*Es kommt der Tag, da wird gespannt
ein einig Zelt ob allem deutschen Land.*

3. Sprache der Städte

Von der deutschen Bürgerkrone

Erde und Burgen haben uns die natürliche und geschichtliche Einheit des deutschen Weichsellandes vor Augen gestellt. Die Städte dort, ehrwürdige, über ein halbes Jahrtausend alte Zeugen, bekunden auch seine kulturelle und wirtschaftliche Einheit. Aus deutscher Volkskraft erwachsen, von deutschem Bürgerleben durchpulst, in deutschem Rechtssinn verwaltet, bleiben sie des deutschen Menschen unverlierbares Eigentum.

Es gibt keine Städte, kein Bürgertum weder im Lande der alten Preußen noch in dem der alten Pommern. Nicht hüben und nicht drüben der Weichsel. Es gibt auch nicht Städte noch Bürgertum in den polnischen Landen. Beide sind ausschließlich Schöpfungen der deutschen Ostkolonisation. Was diese kraftvollsten Jahrhunderte des mittelalterlichen Deutschland in ganz Osteuropa an Städten erstehen sehen, in Ungarn, in Böhmen, in Mähren, an der Elbe, der Oder, der Weichsel, der Memel, der Düna, die ganze Ostseeküste entlang von Lübeck bis Danzig, bis Königsberg, bis Riga, bis Reval, bis Narva, alle sind Gründungen deutscher Menschen zu deutschem Recht.

Gewaltige Zeiten deutscher Organisationskraft, die freilich unserem Volke nicht mehr den ganzen Lebensraum zurückzugewinnen vermögen, den die jugendliche Unrast des Germanentums im Fluten, Verströmen und Niederbrechen seiner Stammwanderungen verloren hat. Denn die Träger dieser deutschen Bauern- und Bürgerpolitik sind zum Teil auch magyarische und slawische Fürstengeschlechter. Diese brauchen die deutsche Arbeitskraft und das deutsche Genie, nicht den deutschen Menschen. Den verbrauchen sie nur.

Umso rühmenswerter jene Ostkolonisation, die von deutschen Fürsten und Staatsmännern selbst in die Wege geleitet wird. Im glücklichsten zeitgeschichtlichen Augenblick, da sich mit der Ablösung der Naturalwirtschaft durch die neue Geldwirtschaft dem deutschen Unternehmergeist die lohnendsten Aufgaben bieten. Auch diese moderne, von der italienischen Städtepolitik her beispielgebende Entwicklung für den neuen Kolonialstaat Preußen festgelegt zu haben, ist das Verdienst seines Gründers Hermann von Salza.

Männer seines besonderen Vertrauens schickt er in das Weichselland, um dort die strategischen Angriffspunkte festzulegen und genaue Erkundigungen über die volkswirtschaftlichen Aussichten des neuen Unternehmens einzuziehen. Auch die christlichsten Staatsmänner des dreizehnten Jahrhunderts unterscheiden sich als Realpolitiker wenig von den unchristlichsten des zwanzigsten Jahrhunderts. Baumwollmärkte, Ölquellen, Kohlengruben, Diamantenfelder sind der christlichen Mission heutiger europäischer Völker auch nicht unwillkommen. Hermann von Salzas östliche Forschungsexpedition unter Konrad von Landsberg und Otto von Saleiden findet nicht schwarze und nicht weiße Diamanten, aber schwere, schwarze Niederungserde für den deutschen Bauernpflug und die Weichsel als mächtigen Verkehrsstrom für die deutsche Handelsschifffahrt. Schon ist die Ostsee bis nach Livland von kühnen Lübeckischen Handelsfahrern aufgesegelt. Dort hat der große Bischof Albert von Bremen sein deutsches Missionswerk eingesetzt, zur kolonialen Sicherung die Schutztruppe des deutschen Schwertbrüderordens geschaffen. Als erste Stadt wird Riga von Bremer Kaufleuten und Reedern gegründet. Auch in Ostpommern dringt schon die deutsche Besiedelung der Kolonisationsmönche, der Zisterzienser, vor. Lübeckische Kaufleute gründen die Stadt Danzig.

Hermann von Salza sucht keine Kolonien, sondern einen Staat. Er braucht eine gesicherte Ostseeflanke. Wir erinnern uns, dass im selben Jahre der Erhebung Lübecks zur Freien Reichsstadt (1226) die kaiserliche Bestätigung der Gründung des deutschen Ordensstaates im Preußenland erfolgte. Man wird zugestehen müssen, dass hier ein großes europäisches Werk deutscher Politik aus einer großen einheitlichen staatsmännischen Planung erstand.

Gleich mit dem Weichselübergang, ein Jahr nach der Ankunft der ersten ritterlichen Vortruppen, wird die erste deutsche Stadt Thorn gegründet. Im nächsten Jahr Kulm. Im dritten Marienwerder. Mit der

Lübeckischen Gründung der Stadt Elbing hat der Deutsche Orden die Verbindung mit der deutschen Ostseekolonisation gewonnen. Man hat diese Städtegründungen mit den nordamerikanischen des vorigen Jahrhunderts verglichen. Gleich diesen seien sie bestimmt „die Knotenpunkte eines Verkehrs zu bilden, den sie in der Hauptsache erst schaffen sollen." Der Vergleich, der sich auf die ähnlich gelagerte naturalwirtschaftliche Umwelt dieser Städtegründungen stützt, erfasst nicht ihr kolonisatorisches Heldentum. Die deutschen Oststädte sind unter dem Schutze ihrer Burgen christliche Wehrstädte zugleich.

Kaum ein Jahrhundert vergeht, seit sich das deutsche Schwert den Korridor durch die Sumpfwildnisse und Waldsperren der heidnischen Preußenstämme geschlagen hat: sechsundzwanzig deutsche Städte sind im östlichen Weichselland, fünfzehn im westlichen emporgeblüht. Die meisten von ihnen haben schon damals einen Umfang, den sie bis in das Jahrhundert der Eisenbahnen und der Fabriken behalten. Aus seinem eigenen Kraftgefühl baut der deutsche Mensch schon die Zukunft seiner Städte in ihre Mauern hinein.

Man nehme eine Landkarte zur Hand, folge mit dem Finger Stadt für Stadt, und bei jeder erinnere man sich, dass es unsere deutschen Vorfahren waren, die ihren Aufriss geschaffen, mit ihrer Hände Arbeit die Häuser da aufgerichtet und, wenn sie abgebrannt, wieder aufgerichtet und, wenn Kriegsnot die ganze Stadt in Trümmern gelegt, die ganze Stadt wieder von neuem aufgebaut haben. Vergessen wir es nie: es waren Westfalen und Thüringer, Brandenburger und Lübecker und Schlesier und Rheinländer und Holländer, es war ganz Deutschland, das an diesen Städten des alten West- und Ostpreußen mitgebaut hat.

Da ist die älteste, Thorn, dort, wo nicht fern die riesige Burgeiche der ersten deutschen Ritter gewurzelt, das deutsche Tor des Ostens, wie es sein dreitürmiges Mauerwappen mit der halbgeöffneten Pforte zeigt. Von Niedersachsen und Westfalen zuerst besiedelt, noch von Hermann von Salza mit deutschem Stadtrecht begabt, mit Wällen und Gräben, mächtigen Toren und Türmen, mit ihrem Ordensschloss und ihren künstlichen Stauwassern wohlbefestigt, unter Winrich von Kniprode als Mitglied der Deutschen Hansa „die Königin der Weichsel" genannt. Die Stadt der St. Jakobskirche, deren Grundstein der deutsche Bischof Hermann von Kulm 1309 gelegt, eines der erhabensten Werke deutschen Ritter- und Bürgergeistes, die man erst mit der Marienkirche und der Johanniskirche und dem gewaltigen hochgetürmten Rathaus bis auf die Grundmauern niederreißen muss, damit sie aufhören von ihrem Deutschtum zu zeugen. In allen Anfechtungen und schwersten Schicksalsschlägen bleibt dieses Thorn während der polnischen Gewaltherrschaft deutsch. Für ihr Deutschtum besteigt der Bürgermeister Gottfried Roesner mit seinen neun Getreuen das Schafott des „Thorner Blutgerichtes". Die Wappenfriese an ihren ältesten Toren bezeugen, dass hier deutscher Boden ist, die Glocke ihrer Marienkirche, die gewaltigste aller hier im Lande gegossenen Glocken, verkündet noch heute den Lobgesang der deutschen Arbeit. Versailles spricht dieses Thorn den Polen zu.

Da ist ihre Schwesterstadt Kulm, die hochragende, als ältester preußischer Bischofssitz einst das regierende Haupt des ganzen Kulmerlandes. Durch ihre berühmte Handfeste wird sie die deutsche Städtegesetzgeberin des Ostens, prangt als Mitglied der Deutschen Hanse in so hoher Kulturblüte, dass sie der Hochmeister Konrad Zöllner im Gründungsjahr der Universität Heidelberg (1386) zum Sitz der ersten preußischen Universität nach dem Muster der hochberühmten Bologna ausersehen hat. Polnische Misswirtschaft verwandelt sie in einen Trümmer- und Schmutzhaufen. Wohl ragen auch dann noch ihre deutschen Wehrmauern, türmt sich die alte deutsche Marienkirche mit ihren Apostelfiguren, beglückt der köstliche Westgiebel ihrer deutschen Peter-Paulkirche, aber ganze Straßen bestehen nur aus Kellerräumen, in denen elende Bewohner hausen, von den vierzig Häusern des großen Marktplatzes haben, achtundzwanzig keine Türen, keine Dächer, keine Fenster und keine Eigentümer. Erst Friedrich der Große baut die ehrwürdige Stadt wieder auf, gründet dort eine preußische Kadettenschule. Ihr Schüler ist der spätere preußische Kriegsminister von Roon, der Waffenschmied des neuen Deutschland. Das älteste Stadtwappen zeigt auf vorwärtsschreitendem schweren Streitross einen Ordensritter mit Kreuzschild und Ordensbannen. Versailles spricht dieses Kulm den Polen zu.

Da liegt ihr gegenüber das deutsche Schwetz, die wandernde Stadt, von der Weichselhöhe in die Flussniederung herabgebaut und wieder zur Höhe emporgeführt. Der Hochmeister Dietrich von Altenburg gibt ihr das deutsche Stadtrecht. Noch heute ragt von der alten Wasserburg der zinnengekrönte gewaltige Bergfried neben den Ruinen des Ordensschlosses, von dem Held Heinrich von Plauen nach der Schlacht von Tannenberg zur Rettung der Marienburg ausgezogen ist. Versailles spricht dieses Schwetz den Polen zu.

Und wieder sehe ich meine Heimatstadt Graudenz. In ihrem Namen klingt das älteste Germanentum dieses Landes, der Stamm der Greutinger, nach. Auf ihrem Schlossberg steigt als einsamer Wächter der Klimek empor, zur Weichselhöhe wachsen, eine einzige geschlossene steinerne Abwehrfront, sieben- und achtstöckig die pfeilergestützten Verteidigungsspeicher auf. Überragt von dem Turmklotz der Nikolaikirche, wird alles in eine einzige, meilenweit durch die Niederung grüßende Silhouette zusammengefasst: eines der schönsten und kraftvollsten deutschen Städtebilder des Ostens. Ihr Ordensbanner und späteres Stadtwappen zeigt einen schwarzen Büffelkopf auf weißem Grund. Um dieses Banner geschart, fallen die Graudenzer Hartköpfe mit ihrem greisen Komtur Wilhelm von Helfenstein in der Unglücksschlacht von Tannenberg (1410) bis auf den letzten Mann. Auf ihrem Markt wird der Hochverräter Renys hingerichtet, der das Kulmerland dem polnischen Erbfeind in die Hand spielen will. Ihre Festung, eine Lieblingsschöpfung des Großen Friedrich, erringt sich mit Kolberg unvergänglichen Ruhm in jenen Tagen, als sich fast alle Festungen Preußens den napoleonischen Generälen ergeben. „Solange noch ein Tropfen Blut in meinem Körper ist, wird die Feste Graudenz nicht übergeben" – so hat es ihr greiser Kommandant Courbiere seinem König damals in die Hand gelobt. Von einer blühenden Handelsstadt des Ordens kommt auch sie unter der polnischen Starostenwirtschaft zu einem armseligen Nest von vierzehnhundert Einwohnern herab. Wieder mit Preußen vereint, wächst sie zur viertgrößten Handelsstadt der Provinz mit über vierzigtausend Einwohnern empor. Vierunddreißigtausendneunhundertsiebenundvierzig sind Deutsche. Versailles spricht dieses Graudenz den Polen zu.

So reiht sich deutsche Weichselstadt an deutsche Weichselstadt. Von der jenseitigen Höhe grüßt *Neuenburg*, deutsche Siedlerstadt schon unter pomeranischer Herrschaft, vom Hochmeister Heinrich Dusemer mit deutschem Stadtrecht begabt; geschmückt mit drei deutschen Ordens- und Klosterkirchen so treu deutsch bleibend, dass trotz aller späteren polnischen Bedrückungen ihre Gerichtsbücher noch bis ins achtzehnte Jahrhundert ihre deutsche Sprache sprechen. Nach Marienwerder hin grüßt *Mewe*, dessen Land die deutschen Mönche des Klosters Oliva zuerst besiedeln, dessen Stadtrecht sie wie Graudenz aus den Händen des Landmeisters Meinhard von Querfurt empfängt; dessen viertürmiges Ordensschloss, dessen St. Nikolauskirche, dessen spitzbogige Laubengänge noch heute an ihre deutsche Blütezeit als eine der stärksten Burgen Pommerellens erinnern.

Und als erste im großen Danziger Werder zeigt sich *Dirschau*, immer wieder unter polnischer Kriegsherrschaft zerstört, ausgeplündert, niedergebrannt, immer wieder unter deutscher Friedensherrschaft aufblühend. Mit ihrer gewaltigen von deutschen Ingenieuren gebauten doppelten Weichselbrücke ist sie der wichtigste Eisenbahnknotenpunkt der Provinz.

Dieses deutsche Dirschau, dieses deutsche Mewe, dieses deutsche Neuenburg, diese deutsche Weichsel, das Ganze in siebenhundertjähriger deutscher Arbeit abgerungene Niederungsland, die Thorner Niederung, die Kulmer Amtsniederung, die Kulmer Stadtniederung, ja selbst noch einen Teil der Marienwerder Niederung, alle Vorländereien der deutschen Deichbauern am ganzen Strom, alle die deutschen Dörfer hier mit ihren alteingesessenen deutschen Familien spricht Versailles den Polen zu.

Hören wir weiter geduldig der Sprache der verlorenen deutschen Städte des Weichsellandes zu. Im Kulmerland, dem feierlich – von wem doch –abgetretenen, liegt das Städtchen Kulmsee. Deutsche Bischofsstadt einst, vom Bischof Heidenreich begründet, der im selben Jahr 1251 den Grundstein zu ihrem herrlichen deutschen Dom legt. In ihm finden ihre letzte Ruhestätte die deutschen Landmeister Helmerich und Ludwig von Schippen und Konrad Sack und der erste Hochmeister der Marienburg Siegfried von Feuchtwangen. Alle Angriffe der heidnischen Preußen schlägt die tapfere Gottesstreiterbesatzung ab, aber dem Angriff der mit den Polen verbündeten heidnischen Tataren muss sie erliegen. Die Gräber der deutschen Meister werden geschändet, die Grabplatten zerschlagen, die Gebeine zerstreut, der Dom in Flammen gesteckt, die blühende Stadt bis auf den Grund zerstört, so dass der Chronist berichten muss: „Colmensee die stat ist wüste." Nie hat sie sich von dieser grauenvollen Verwüstung erholt. Das ist das polnische Recht auf diese Stadt Culmsee. Oder ist es die Zuckerfabrik, die dort im neuen Deutschland geschaffen und zur größten und ertragreichsten des ganzen Deutschen Reiches ausgebaut wird?

Im Kulmerland, dem feierlich – von wem doch – als Eigentum des Deutschen Ordens bestätigten, liegt die deutsche Stadt *Strasburg*. Auch in diesem Strasburg auf der Schanz fängt für deutsche Männer ihres Volkstums Leiden an. Heldenmütig hält sie nach der Tannenberger Schlacht, als fast alle Burgen sich ergeben, die deutsche Wacht an der Drewenz. Wird später während der blutigen polnischen Religionsverfolgung eine gleich heldenmütige Dulderin ihres deutsch-evangelischen Glaubens. Jubelnd empfängt sie den nordischen Retter Gustav Adolf in ihren Mauern, vor ihren Toren schlägt sein Feldherr Wrangel die Polen aufs Haupt. Auf demselben Feld kämpft sein Nachfahre, der spätere preußische Generalfeldmarschall Wrangel, als junger Leutnant gegen die Franzosen. Der mächtige, mit doppeltem Zinnkranz geschmückte Schlossturm ihrer einstigen Ordenskomturei, ihr Masurenturm, ihr Steintor, ihre Katharinenkirche mit dem hohen zierlichen Thorgiebel, der Glockenturm ihres Rathauses: alle zeugen von ihrem deutschen Sinn und Wesen. Nichts als eine offene Rechthand erhebt sich in ihrem alten Wappen. Diese ist heute unter polnischer Herrschaft zur Faust geballt.

Im Kulmerland an der ehemaligen deutsch-russischen Grenze liegt das deutsche Städtchen *Gollub*. Mit seinem rechtwinkligen, weiträumigen, von Laubengängen geschmückten Markt, feinen von den vier Toren zustoßenden Straßen, mit seiner an einer Ecke der Stadtmauer stehenden Kirche so recht das Musterbeispiel einer ordensdeutschen Kolonialstadt. Hoch thront auf steilem Burghügel über der Drewenz die stolze Schlossruine des einstigen Komtursitzes. In ihren Hallen habe ich als Kind oft geweilt, im Garten des deutschen Schulhauses gespielt, in der deutschen Kirche den Klängen der Orgel gelauscht, die mein Großvater, deutscher Lehrer und Kantor dort, gespielt hat. Er war ein wortkarger Mann, trieb auf seine Weise praktische deutsche Heimatkunde. Er nahm mich, den Knaben, bei der Hand und ging mit mir über die Grenze in die gegenüberliegende polnische Stadt Dobrzyn.

Dort verfallene, strohgedeckte Häuser, vor denen die Frauen ihre Kinder lausend saßen, die Wege zum Versinken, die Straßen starrend von Schmutz, die Menschen herumlungernd und bettelnd, ein fremdes, wie durch Jahrhunderte getrenntes Volk. Ich weiß nicht, wie meine Enkel das so saubere, schmucke, nun *zwangsweise* polnisch gewordene Gollub wiedersehen werden, wenn sie Lust verspüren sollten, die Tafel aufzusuchen, die die deutschen Bürger meinem Vater, dem Schöpfer des deutschen Weichselgausängerbundes, an seinem ersten Schulhaus aufgerichtet haben?

Und was wird dann aus dem *zwangsweise* polonisierten deutschen Städtchen *Neumark* geworden sein, das einst der Hochmeister Werner von Orselen gegründet hat? Was aus dem *zwangsweise* polonisierten deutschen Städtchen *Rehden*, das noch heute in seinem Wappen ein Rad nach dem Namen eines deutschen Adelsgeschlechtes zeigt und mit seiner erhabenen Schlossruine unentwegt von seiner einstigen deutschen Macht und Größe Kunde gibt? Was aus dem *zwangsweise* polonisierten deutschen Städtchen *Briesen*, wo sich auf der Landzunge des Fridecksee die deutsche Bischofsburg Haus Frideck erhob? Was aus dem *zwangsweise* polonisierten deutschen *Löbau*, einst gleichfalls eine deutsche Bischofsstadt, vor deren Mauern der gewaltige Heidenpreuße Herkus Monte den deutschen Landmeister Helmerich von Rechenberg und seine Ritter so niedergeschlagen, dass keiner lebend den Kampfplatz verlässt? Was aus dem *zwangsweise* polonisierten deutschen *Schönsee*, das als Sitz eines Ordenskomturs zweimal die polnischen Belagerungen abgewehrt hat, bis unter der polnischen Kulturherrschaft der Chronist nur die drei Worte berichten kann: „Schönsee ist verbrannt."

Das ist das deutsche Städteblühen im gerecht gewonnenen, gerecht beschworenen deutschen Kulmerland. Und im gerecht gewonnenen, gerecht beschworenen deutschen Pommerellen?

Mit einem Versailler Federzug kommt an Polen das deutsche Städtchen *Putzig*, dessen stumpfer Glockenturm schon zur Ordenszeit eine Seemerke der hanseatischen Schiffer ist. Mit einem Versailler Federzug kommt an Polen *Neustadt*, die jüngste deutsche Gründung, 1643 von dem deutschen Edelmann Jakob Weiher als deutsche Stadt Weihersfrey geschaffen. Mit einem Versailler Federzug kommt an Polen

Karthaus, dessen Kloster, das berühmte Marien-Paradies, aus Mitteln des Deutschen Ordens reichlich dotiert, von dem ersten Abt, dem Sachsen Johann Deterhus (1384) eingeweiht wird. Nur Deutsche werden dort als Mönche aufgenommen, nur Deutsche als Bauern auf den Klosterdörfern angesiedelt. Mit einem Versailler Federzug kommt an Polen das Kloster *Pelplin*, mit Oliva an Ruhm wetteifernd, eine Pflanzstätte der deutschen Landeskultur Pommerellens, so im Kern deutsch, dass seine Mönche jede Zwangspolonisierung schon vor Jahrhunderten mit dem schriftlichen Bekenntnis ablehnen: „Sie werden lieber das Kloster verlassen, als den Anmaßungen der Feinde nachgeben." Mit einem Versailler Federzug kommt an Polen das Städtchen *Stargard*, das sich schon in seinem Namen als Preußisch-Stargard bekennt und seine Handfeste zu kulmischem Rechte vom Hochmeister Heinrich Dusemer empfängt. Kommt an Polen das deutsche Städtchen *Berent*, wo sich einst das deutsche Ordensschloss von Alt-Kischau erhob. Kommt an Polen *Schöneck*, ältester Ostsitz des Deutschen Johanniterordens. Kommt an Polen *Tuchel*, der Sitz des deutschen Komturs Dietrich von Lichtenstein. Und *Konitz*. Unter der spendenden Hand Winrichs von Kniprode blüht diese deutsche Stadt zu einer der ersten Städte Pommerellens auf. Sie sichert mit ihrem von zweiundzwanzig festen Türmen bewehrten Mauerring die „Pforte des Ordens gegen Deutschland". Vor ihr zerbrechen die Stürme der Hussiten, versinken die polnischen Söldnerscharen unter den Fluten der von den deutschen Bürgern geöffneten Schleusen und zerstochenen Dämme. Hier am Heerbruch schlägt fast fünfzig Jahre nach der Schlacht von Tannenberg der Deutsche Orden mit der tapferen Bürgerschaft die Polen und die rebellierenden Städte so vernichtend, dass der Hochmeister Herzog Friedrich von Sachsen diesem Kolberg des Ordens das Zeugnis ausstellen kann: „Die Konitzer Bürger verdienen, dass man sie alle zu Rittern schlage, da sie allein, als Land und Leute abfielen, dem Orden treu geblieben sind." Auch diese Ehrenstadt deutschen Bürgertums kommt an Polen – mit einem Versailler Federzug.

Und abgerissen vom Deutschen Reiche – mit einem Versailler Federzug – wird auch die Krone des Weichsellandes, die stolzeste und streitbarste seiner Städte in Zeiten deutscher Kraft, die sorgendste und treueste in Zeiten deutscher Schwäche: das *„trutzige Danzig"*. Uralte germanische Klänge tönen in ihrem Namen Gyddanyzc nach, mit dem sie, eine ärmliche Siedlung von einheimischen Fischern und Bernsteinhändlern, zum ersten Mal in einem Bericht über die unglückliche Mission des heiligen Adalbert von Prag in der Geschichte auftaucht. Pommersche Fürstengeschlechter bauen sich hier „am brausenden Wasser" ihre Burg. Lübische Kaufleute, die vom deutschen Handelsgeist beflügelt das Ostmeer bis nach Reval und Riga aufsegeln, finden Tor und Weg ins Weichselland. Sie gründen 1235 den Stadtstaat Danczik. Man kennt nur deutsche Schultheißen, deutsche Ratmannen, deutsche Bürger. Älteste Urkunden sprechen von einem Heinrich Balke, Winand Unger, Winand Belter, Dietrich Euro, Heinrich Pape, Hermann Slichting, Johann Brakle, Johann Rapesilver, Gottfried von Wirceburg. Als sich am 14. November 1308 Danzigs Tore dem preußischen Landmeister Heinrich von Plotzke öffnen müssen, zieht mit den deutschen Ordensrittern des Deutschen Reiches starker Adler ein. Wehrhaft horstet er auf ihrem neuen Schloss des Hochmeisters Dietrich von Altenburg, auf ihren Mauern, die sie in dreifacher Mannshöhe rings umschließen, auf dem Kranz ihrer Türme, dem Stockturm, dem Strohturm, dem Kick in de Kök, und wie sie sonst heißen mögen. Schon um die Mitte des vierzehnten Jahrhunderts hat sich die „Rechtsstadt" ihren Raum abgesteckt, der mit seinen erhabenen Bauwerken bis heute Zeuge ihrer Herrlichkeit und ihres Niederganges bleibt. Dort wurzelt der himmelstrebende Turmklotz der St. Marien-Kirche, der die Seefahrer aus allen Welten schon von Hela her mit dem allezeit starken deutschen Glaubensgruß dieser *„Königin der Ostsee und Weichsel"* grüßt. Dort reckt sich in spielerisch kühner Schlankheit der Turm des Rathauses auf, von dessen Glockenspiel die Siegeslieder des deutschen Luthertums erschallen. Dort wölbt sich die festliche Halle des Artushofes, der an bürgerlicher Kraft und stolzer Schönheit nicht seinesgleichen hat. Noch heute tragen viele der köstlichen Gassen und Plätze und Brücken die alten Namen der Ordenszeit. Ein starkbordiges Schiff segelt mit festem Mast über ein stürmisches Meer einem in der Ferne leuchtenden Gestirn zu: das ist Danzigs Ordenssiegel.

Nur die Städte Westpreußens, und nicht mal alle, habe ich hier genannt, die mit einem Versailler Federzug von Deutschland losgerissen werden. Sie gleichen sich alle wie die Angehörigen einer einzigen großen deutschen Volksfamilie. Jede mit ihrer landschaftlichen Eigenart, ihrem besonderen Raum- und Baucharakter ein persönliches Gemeinwesen für sich, alle aber unverkennbar dem offenen Blick im äußeren Gesamtbild, im inneren Rhythmus des bürgerlichen Lebens der ostdeutschen Volksgemeinschaft unablösbar verbunden. Diese greift über unsere alten Provinzen West- und Ostpreußen weit hinaus bis nach Brandenburg, Posen und Schlesien, reicht von der Lübecker Bucht bis zum Finnischen Meerbusen. Sie schließt den hanseatischen Geist in sich ein.

Dieser „Deutschen Hansa", dem gewaltigsten städtischen Handelsbund des Mittelalters, sind als „preußische Städte" angeschlossen: Danzig, Elbing, Kulm, Thorn, Braunsberg, Königsberg. Aber alle deutschen Bürger des Preußenlandes besitzen das Hanserecht. Mit den märkischen, pommerschen, mecklenburgischen, holsteinischen, baltischen Städten schaffen sie aus gemeinsamem niederdeutschem Stammesgefühl eine gemeinsame deutsche Ostseekultur. Wenn es von Lübeck, dem Haupt der Hansa, damals heißt, „Lübeck aller stede schone van richer ere dragestu die krone", so tragen alle diese Städte solcher reichen Ehre deutsche Bürgerkrone.

Von allen Künsten ist die Architektur der sinnfälligste Ausdruck völkischer Kräfte. Sie zeugt wenig für die Persönlichkeit ihres Schöpfers, alles für den schöpferischen Geist der Gemeinschaft. Am stärksten dort, wo sie zugleich aus den Kräften eines wesensverwandten Staates gespeist wird. Das geschieht im deutschen Ordensstaat. Man fahre zu diesen Städten des Weichsel- und Pregel-, des Warthe- und Netzelandes, man betrachte ihre Grundrisse, durchwandere ihre Straßen und Plätze, verweile aufmerksamen Blickes vor ihren ältesten Bauten, ihren Burgen und Wehrmauern, ihren Toren und Türmen, ihren Kirchen und Rathäusern, man spreche auch mit den Menschen dort, die im Lande gewachsen sind. Wahrlich, es bedarf keiner Bücher und keiner Geschichte, um zu wissen, welcher Art dieser Gemeinschaftsgeist ist. Er ist *Grenzlandgeist*. Grenzland ist gespannter Wille zu Abwehr und Aufbau, Grenzland schafft eine besondere Lebens- und Schicksalsgemeinschaft, Grenzland kämpft auch im Frieden fort, Grenzland will immer wieder neu gewonnen sein. Heute hat dieser Geist ganz Deutschland ergriffen. Er ist – es muss gesagt sein – bis zum übermenschlichen

Maß des Ertragenwollens und Ertragenkönnens unserer Grenzlandnot erfüllt. Er ist zum Geist der deutschen Nation selbst geworden.

Seht euch unser abgerissenes, gevierteiltes, zwangsweise eigenverstaatlichtes. Verlorenes Ostland nur an! Seht das Gesicht dieser Städte dort! Mächtig und in geschlossener Wucht, Mauerwerk und Dach aus demselben Stoff, dem Backstein dieses niederdeutschen Schwemmlandes, mit wenig gegliederten kubischen Bauformen, speerhaft hochschießenden Linien, in ihren Giebeln mehr Wehrwände als Schauwände, so stehen ihre Kirchen in den Niederungen und auf den Höhen. Meisterwerke der deutschen Gotik. Reine unverspielte Architektur. Nie Unrast, wenig Anmut, immer Wille, ganz Abwehr. Die Linien kantig und scharf, die Flächen geschlossen, die Türme bergende Zuflucht und meilenweite Wachschau. Aus demselben Baustoff in gleich zusammengehaltener Formkraft die Stadttore. Sie können die Eingangspforten zu den Sterngewölben der Kirchenschiffe sein. Noch aus den getürmten Rathäusern spricht der Geist wehrhafter deutscher Bürgertugend.

Hätten die Versailler Staatsbaukünstler auch nur die bescheidensten städtebaulichen Kenntnisse besessen, es hätte ein Fotografiealbum genügt, um vom völkischen Standpunkt her die Besitzverhältnisse an Westpreußen und Posen zu klären. Das polnische Land, das sie so sehnsüchtig mit der Seele auf ihren Karten gesucht haben, liegt ebenso wenig in Schleswig, Brandenburg oder Pommern wie in den deutschen Ostprovinzen Westpreußen, Ostpreußen, Posen oder Schlesien. Ob man die Grundrisse dieser Städte betrachtet oder auch nur die Form ihrer Marktplätze: hier der einfache geräumige freie Platz wie etwa in Stargard, Rostock, Bromberg, dort der um den Mittelblock des Rathauses geschlossene, oft mit Laubengängen geschmückte Ringplatz wie in Prenzlau, Posen, Thorn, Mewe, oder die verlängerte Marktstraße wie in Marienburg, Danzig, Elbing, Königsberg, Memel, Dorpat, Mitau; ob man die machtvolle Gestaltung der Rathäuser, den Schmuck der Giebelfassaden der Kirchen, die zweckmäßige Form der Flussspeicher ansieht, alle diese Städte sind aus dem gleichen *Geist der deutschen Ordnung in der Freiheit* gestaltet.

Auch ihr geistiges Gesicht zeigt keinen anderen Charakter. Mit der freien Wahl ihrer Magistrate gehen sie allen deutschen Städten voran.

Was diese sich erst in langen erbitterten Kämpfen erringen, die Ordensstädte, nur gegen den äußeren Feind gestellt, empfangen diese Freiheit aus der Hand des Staates selbst. Er behält sich für die erwählten Bürgermeister und Ratmannen nur das Bestätigungsrecht vor, macht hierbei keinen Unterschied, ob die Städte freie oder zinsbare sind. Fast alle diese Städte sind ja in staatlichem Auftrag gegründet. Ein Städtebauunternehmer, der Lokator, wird bestellt, der die Kolonistenscharen zusammenzieht, die Baupläne entwirft, die Grundstücke austeilt, das Gemeindeland vergibt und zumeist als erblicher Schultheiß über die Einhaltung der bürgerlichen Ordnung wacht.

Diese ist in dem Städtegesetzbuch, der „Kulmischen Handfeste", noch von Hermann von Salza selbst festgelegt. Es grenzt die Befugnisse der Landesverwaltung ab, sichert die städtischen Freiheiten, stellt die bürgerlichen Pflichten fest, gibt die Norm für die Austuung des ländlichen Grundbesitzes, führt das Gerichtswesen nach magdeburgischem Rechte ein. Einige von der seefahrenden Kaufmannschaft gegründeten Städte wie Elbing, Braunsberg, Danzig, Dirschau erhalten zunächst lübisches Recht. Aber deutsches Recht ist beides.

Nur an Deutsche wird das Bürgerrecht dieser deutschen Städte verliehen. Polen gelten als Ausländer. Auch in den Klosterverwaltungen gibt es keine Polen. Wie alle Landesfremden unterstehen diese einer eigenen Gerichtsbarkeit unter dem Vorsitz der Komturen. Um 1450 zählt die Grenzstadt Thorn kaum fünf Prozent polnischer Einwohner. Noch um 1480 hält die Bürgerschaft von Marienwerder den städtischen Grundsatz fest: „Es darf kein rechter gebotener pole Bürger werden noch Bürgernahrung treiben."

Deutsch ist der Adel, deutsch Priester und Mönch, deutsch der Bauer, deutsch jeder Bürger. Deutsch ist das Maß, nach dem auf allen Märkten gemessen, das Gewicht, das in allen Kaufhäusern, Marktbuden und Bänken gilt, deutsch die Münze, die der Orden durch seinen Münzmeister schlagen lässt. Deutsch sind die Zünfte und Gilden. Wohl sitzen auf den Bruderschaftsbänken der Artushöfe zu Thorn und Danzig, zu Elbing und Kulm und Marienberg und Königsberg die Besitzstände schmausend und zechend getrennt, auf der Georgenbank das Patriziat, auf der Marienbank die kleineren Kaufleute, auf der Reinholdsbank die deutschen Schiffer, – aber Polen sitzen da nicht.

Was haben die Polen auch für ein Recht zu einer solchen Landsmannschaft in einem Lande, in dem man diesseits und jenseits der Weichsel nur eine Sprache spricht, die deutsche? So tief wurzelt sie in den Menschen dort, dass noch nach über zwei Jahrhunderten polnischer Gewaltherrschaft die Stadtbücher, die Gerichtsbücher, die Innungsbücher nur deutsch reden. Heute müssen sie polnisch sprechen. Was haben die Polen für ein Recht zu solcher Bürgergemeinschaft in einem Lande, dessen deutsche Stadtverwaltungen hundertfünfzig gewaltige Stadtkirchen und über siebenhundert Landkirchen geschaffen? Heute muss da in den meisten von ihnen polnisch gebetet werden. Was haben die Polen für ein Recht zu solcher Bildungsgemeinschaft in einem Lande, in dem mit seiner fortschreitenden Blüte nur deutsche Bürgerschulen erstehen? Heute sind diese Schulen polnische Schulen, und die Studenten – viertausend aus Preußenland zählen uns die Matrikeln der deutschen Universitäten von 1335-1535 auf – müssen heute polnische Wissenschaft auf polnischen Universitäten lernen. Wo gibt es im damaligen Polen, ja im damaligen Deutschland einen Landfrieden, wie ihn der Ordensstaat mit seinem strengen Straßenrecht sichert? Wo gibt es in Polen ständige Landgerichte, die jedem sein unparteiisches Recht sprechen? Wo gibt es in Polen eine Ordnungs- und Sitten- und Gesundheitspolizei? Wo gibt es in Polen eine staatlich und städtisch geregelte Armenpflege? Wo gibt es in Polen auch nur Ansätze zu einem so großartigen sozialen Hilfswerk, wie es die Heiligen-Geist-Hospitäler, die Altersversorgungsstätten der Firmarien, die Elisabeth-Elendhöfe des Ordens darstellen, getreu seinem Grundsatz: „Dir ist befohlen der arme Mann"? Wo gibt es in Polen den freien Menschengeist deutscher Bürgerkultur?

Unzerstörbar lebt dieser Geist noch heute in allen ostdeutschen Menschen diesseits und jenseits der neudeutschen Grenzpfähle fort. Man stehe nur einmal dort auf den Weichselhöhen, folge diesem gewaltigen Strom mit seinen Blicken, wie er sich aus dämmernder Ferne verliert, schaue über die endlos gebreiteten Niederungen, deren äußerste Linien zuweilen zu schweben scheinen. Freiheit! Freiheit! überwältigt es das Herz. Hat dieses übermächtige Gefühl einst den deutschen Untergang dieses Landes mitverschuldet, so bringt es auch jene Morgenröte der Freiheit herauf, die ein Ernst Moritz Arndt miterleben darf und die ihm das Recht gibt, dieses Preußen „den ersten Ritter und Helden des deutschen Vaterlandes" zu nennen.

So lange die deutschen Städte mit ihren Burgen, ihren Kirchen, ihren Rathäusern in diesem Lande noch stehen, so lange schlägt sein Herz deutsch. Diese Städte tragen heute polnische Namen, dass man sie in Deutschland vergessen möge. Umso lebendiger haltet, ihr Deutschen, in eurem Herzen die Mahnung:

Vergesst den Helden und Ritter des deutschen Vaterlandes, das alte Preußen, nicht!

Bitt für das liebe Preußenland

„Bitt für das liebe Preußenland"... singt ein altes ermländisches Lied. Prussia, Preußenland, Preußen wird nun die deutsche Landschaft westlich und östlich der Weichsel von Thorn bis Danzig, von der pommerschen Küste bis hinauf zur Kurischen Nehrung genannt. Es gibt keinen einheitlichen polnischen Namen für dieses Land. Man spricht hier nicht polnisch.

In siebzigjährigen härtesten Kämpfen ist aus Heidenland Christenland geworden, in zweihundertjährigem mühevollen Ringen deutscher Bauern aus Sumpf, Steppe, Wald und Wildnis fruchtbaren mit unzähligen Bauernhöfen und -dörfern besiedelter Kulturboden. Wo ein primitiver Tauschverkehr geherrscht, sind aus deutschem Unternehmergeist blühende Städte erstanden, die den Gewerbefleiß ihrer Bürger auf eigenen Handelsschiffen aus gesicherten Häfen nach den deutschen Hansastädten, nach den Niederlanden, nach Frankreich und England verfrachten und ihre Warenkontore in allen Handelszentralen Europas bis tief hinein nach Russland haben. Ein deutscher Staat schützt sie, stark in seiner Wehrmacht, vorbildlich in seiner Verwaltung, einheitlich in seiner Führung. Jenen gefährlichen Gegensatz staatlicher und bürgerlicher Kräfte, der im übrigen Deutschland durch die Bildung von Städtebündnissen zur Sprengung der Landeshoheit führt, gibt es hier noch nicht. Von einer polnischen Einflusssphäre, geschweige denn von einer polnischen Herrschaft ist nirgends die Rede.

Feierlich geschlossene Friedensverträge, deren Unverletzlichkeit auch für die künftige Nachkommenschaft beschworen ist, haben die letzten Streitpunkte mit dem polnischen Nachbarreich weggeräumt. Dieses hat sich endlich unter böhmischer Hilfe und deutscher Lehnsherrlichkeit zu staatlicher Festigung durchgerungen. Sein König Kasimir der Große stößt völkische Fremdkörper ab. Im Norden durch den Vertrag von Kalisch das deutsch besiedelte Pommerellen, im Süden durch den Vertrag von Trentschin die schlesischen Herzogtümer, die schon längst deutsches Kulturland geworden sind. Kasimir braucht die deutsche Kultur, um seine junge Nation in europäischem Sinn zu zivilisieren. Er weiß schon damals, was noch fünfhundert Jahre später der französische Staatsmann Talleyrand zu Savary sagt: „Diese Nation taugt zu nichts; man kann mit ihr nur die Unordnung organisieren." König Kasimir braucht die Ordnung. Er lässt deutsche Bauern sein Land besiedeln, lässt die deutschen Bürger seine Städte gründen. In der von Deutschen erbauten und nach deutschem Recht verwalteten polnischen Krönungsstadt Krakau errichtet er eine Universität, die eine Hochschule deutscher Bildung wird. In den Kirchen wird deutsch gepredigt, die städtischen Behörden verkehren in deutscher Sprache. Ein hölzernes Reich hat er bei seinem Regierungsantritt vorgefunden; als er die Augen schließt, hat er es mit deutscher Kraft zu einem steinernen umgeschaffen. Es ist nun stark genug in der Hand des ehrgeizigen polnischen Adels zu einem Bollwerk gegen das Deutschtum zu werden.

„Bitt für das liebe Preußenland"...

„Welch Jammer und Weinen bei König Kasimirs Bestattung sich kundgab, lässt sich mit Menschenzungen nicht wiedergeben", schreibt der zeitgenössische Chronist Johann Czarnkowski. Wenige Jahre später muss er berichten: „Ein allgemeines Plündern, Rauben und Raffen ging durch das polnische Land." Polens staatsbildende Kräfte sind schon wieder erlahmt. Wieder muss eine fremde stärkere Hand das zerfallende Reich vor dem Untergang retten.

Es ist der große Augenblick der polnischen Geschichte, in dem sich diese Nation endgültig zu entscheiden hat, ob sie künftighin dem zivilisierten Westen oder dem barbarischen Osten angehören will. Die Tochter Ludwigs, des Königs von Ungarn und Polen, das Mägdlein Hedwig, schon als Dreizehnjährige zum „König von Polen" gekrönt, verlobt mit Friedrich von Österreich, wird vom polnischen Großadel gezwungen, den Heidenfürsten Jagiel zu heiraten. Dieser nennt sich Großfürst von Litauen und Erbherr von Russland. Drei Tage vor seiner Hochzeit lässt er sich und sein Land taufen. Zwölf Tage später setzt er sich als Wladislaus II. Jagiello die polnische Königskrone aufs Haupt. Er muss zuvor noch einen feierlichen Schwur den versammelten Großwürdenträgern Polens schwören. Auf „eigene Kosten" soll er alle „ehemals polnischen" Gebiete zurückerobern. Gemeint ist der deutsche Ordensstaat, wo es niemals eine polnische Herrschaft gegeben hat.

„Bitt für das liebe Preußenland"...

Polen hat nun die starke Faust, die es braucht, um mit Hilfe eines christlich übertünchten Heidenfürsten und seiner Heidenvölker das deutsche Werk der westlichen Zivilisation im eigenen Lande, das großartige Werk der christlich-abendländischen Kultur im deutschen Ostland zu vernichten. Litauen ist in jähem Aufstieg die größte Ostmacht des damaligen Europa geworden, die Vorläuferin des späteren russischen Kaiserreiches. In seinem Westen, das Ordensland von seinem baltischen Besitz trennend, haust das wilde Urwaldvolk der heidnischen Samaiten, in seinem Osten stürmen die Kosakenhorden durch die russischen Steppen. Es grenzt bis nahe an Moskaus Tore, umfasst Litauen mit seiner zu deutschem Recht gegründeten Hauptstadt Wilna, Weißrussland mit Smolensk, Schwarzrussland zwischen Njemen und Dnjepr, Podlesien mit Brest, Wolhynien, Polodien schon am Dnjestr, Kleinrussland und die Ukraine mit Kiew. Der große Litauer Gedimin hatte eine starke Erobererfaust geführt. Jagiel fügt dem litauischen Schwert den gefährlich irrlichternden Glanz der polnischen Krone hinzu. Die Hospodare der Moldau, Walachei und Bessarabiens huldigen ihm. Der großpolnische Traum „od morza do morza – von Meer zu Meer" ist erfüllt, wenn dieser Wladislaus Jagiello seinen Eid hält.

„Bitt für das liebe Preußenland"...

Jagiello tauscht bei seinem Regierungsantritt Ehrengeschenke mit dem Hochmeister und zieht seine Scharen zusammen. Litauer und Polen, Samaiten und Russen, Kosaken und Tataren. Der Ordenshochmeister beruft die Großgebietiger, die Landeskomture, die Landesbischöfe. Alle wissen, es geht um den Schicksalskampf des Deutschtums im Osten. Schon lange ist der kolonisatorische Zustrom vom Reich her versiegt. Die eigene Landeskraft muss helfen. Die Burgbesatzungen werden verstärkt, die Bauern- und Bürgeraufgebote gemustert. Der Staat kämpft um seine Existenz, jeder für seine Heimat und Scholle. Die slawische Ostflut schwillt immer gewaltiger heran. Der Orden wendet sich hilfesuchend an das Deutsche Reich, das nie geholfen hat, an den Papst als Herren der Christenheit. Das Deutsche Reich liegt im Kampf aller gegen alle. Die Städtebünde schlagen auf die Fürsten ein, die ritterlichen Trutz- und Schutzgenossenschaften lassen sich für Geld von den Parteien kaufen. Schon gibt es zwei, nun gibt es drei Könige im Heiligen Römischen Reich Deutscher Nation. Nun gibt es auch drei Päpste, drei Herren der abendländischen Christenheit. Jeder sagt jedem die Fehde an. Es ist das Jahr 1410.

„Bitt für das liebe Preußenland"...

Polen, Litauer, Samaiten, Russen, Kosaken, Tataren brechen über die deutsche Grenze. Überall stehen nur schwache Fähnlein der Komture. Mit dem Landsturm und der Landwehr wacht die Ordensbesatzung. Die erste deutsche Stadt und Festung Gilgenburg fällt durch Verrat. Das Schwert der Tataren wütet in den Gassen. Jammernd, das Erbarmen ihres Gottes gegen die heidnische Mordlust anflehend, flüchten Frauen und Kinder in die Kirche. Im Angesicht des Heiligsten schänden die Tataren die Frauen, erwürgen vor den Augen der Mütter die Kinder, zerschmettern die Köpfe der Greise an den Steinpfeilern, verbarrikadieren die Kirchenpforten, werfen Brandfackeln durch die Fenster, umtanzen johlend zum Geschrei der lebendig Verbrennenden den heiligen Bezirk. Dann verbrennen sie die ermordete, erwürgte, geschändete Stadt. Das ist der Beginn.

Noch sind die livländischen Truppen des Ordens nicht zur Stelle. Es darf kein Zögern geben. Jede Stunde kostet tausend deutsche Menschenleben. Der Hochmeister Ulrich von Jungingen stellt sich den vereinigten Massen Jagiellos im Blachfeld von Tannenberg. Die deutsche Bauernarbeit steht auf allen Feldern zur Ernte reif. Es ist der 15. Juli des Jahres der drei deutschen Könige, der drei Herren der Christenheit: 1410.

Im ersten Ordensansturm löst sich des Feindes rechter Flügel in völliger Flucht auf. Hier stehen die Litauer, die Russen, die Tataren. Auch die polnischen Reihen durchbricht in dreifach wiederholtem Angriff der Ordenshochmeister. Die polnische Reichsfahne wird genommen. Das ganze Heer fällt in den Siegesgesang ein: „Christ ist erstanden". Es ist ein Scheinsieg. Der linke Flügel des Ordensheeres ist schon umklammert. Die Übermacht zu gewaltig. Es fehlen die Reserven. Auch der rechte Flügel wird umfasst. Der Litauer Jagiel ist ein großer Feldherr. Getrennt ist er marschiert, vereint hat er geschlagen. Er kennt schon die Strategie der doppelten Umklammerung. Es wird ein furchtbares Morden. Das deutsche Bauern- und Bürgeraufgebot des Landes ist vernichtet. Mit dem Hochmeister bleiben vier seiner Großgebietiger, fast alle Komture, die letzte Blüte der deutschen Ritterschaft auf dem

Feld der Ehre. Sechsundzwanzig Ordensbanner kann der Sieger in der Königsburg zu Krakau aufhängen lassen. Die Schutzmauer der Christenheit ist eingerissen. Das blühende Weichselland, ganz Preußenland steht dem mordenden, sengenden, raubenden slawischen Hass offen.
„Bitt für das liebe Preußenland"...
Alles verwüstend, kein Alter, kein Geschlecht, nicht das Heiligste von Kirchen und Klöstern schonend, wälzt sich die Flut über das Land. Die deutsche Wehr ist zerbrochen, die deutsche Ehre stürzt nach. Es ist wie nach den Tagen von Jena und Auerstädt. Die Burgen ergeben sich ohne Widerstand. Die Städte huldigen, der Landadel huldigt, die Bischöfe huldigen. Schon steht Jagiello mit seinen Scharen vor der Marienburg. Sie kämpft für alle den Heldenkampf deutscher Ehre und deutscher Freiheit. Mit viertausend Mann, unter ihnen vierhundert Danziger Matrosen, und mit der treuen Bürgerschaft hält *Heinrich von Plauen*, der Komtur von Schwetz, diese letzte deutsche Wacht an der Weichsel. Mit jedem Sonnaufgang leuchtet das riesige Bild der Gottesmutter neuen Mut entflammend auf. Zehn Wochen lang folgt Sturm auf Sturm. Endlich muss der besiegte Sieger abziehen. Held Heinrich drängt nach, erobert das Kulmer Land zurück. In Pommerellen vertreiben Bauern und Bürger den slawischen Eindringling, nehmen Dirschau, nehmen Schwetz. Neuer Glaube schafft neue Kraft zum Widerstand. Die Städte kehren zu ihrer Pflicht zurück. Das Land ist wieder frei. Der Sieger von Tannenberg muss auf der Weichselkämpe von Thorn Frieden schließen. Er bestätigt dem Orden alle seine Besitztümer: das Kulmerland, Pommerellen, das Preußenland.
Nicht mit einem Schlag, nicht mit zehn Schlägen ist dieser deutsche Staat des Ostens zu fällen. Polen und Litauer und Samaiten und Russen und Tataren können ihn nicht auf die Knie zwingen. Nur Deutsche können Deutsche besiegen. Die Ordensregierung, die Landtage werden parlamentarisch umgestaltet. Held Heinrich von Plauen wird mit Schimpf davongejagt. Der Versöhnungspolitiker Küchmeister von Sternberg löst ihn ab. Seine Nachgiebigkeit stärkt die Parteien, macht die Polen nur immer begehrlicher. Diese fallen von neuem ins Land. Dreizehnhundert Menschen werden allein im Ermland hingeschlachtet, zwanzig Kirchen in Brand gesteckt. Das Kulmerland wird verwüstet, Christburg, Saalfeld, Liebmühl, Riesenburg, Marienwerder,

Bischofswerder gehen in Flammen auf, Gollub wird zerstört, Kulm ist von Mord und Plünderung erfüllt. Nun erst rührt sich Deutschland. Die Fürsten von Bauern, von Braunschweig, vom Rhein sind im Anzug. Der parlamentarische Landesrat dringt auf Verständigungsfrieden. Polen bestätigt von neuem alle Ordensbesitzungen: das Kulmerland, Pommerellen, das Preußenland.

Polen hat Zeit, Polen weiß: die deutsche Zwietracht wird es schaffen. Schon spaltet sich der Orden selbst auf. Es bilden sich Parteien. Die süddeutschen Ritter stehen gegen die norddeutschen. Die Konvente setzen die Komture ab. Neue polnische Hilfstruppen ziehen heran. Die hussitischen Mordbrenner. Dirschau erliegt im ersten Ansturm, wird an allen vier Ecken angezündet. Tausende von deutschen Bürgern, kaum den Flammen entronnen, werden vor den Toren niedergemacht. Eine Schar von Deutschböhmen wird lebend auf einem gemeinsamen Scheiterhaufen verbrannt. Um die gefangenen Danziger Matrosen errichtet eine polnische Horde hölzerne, gut mit Stroh ausgefüllte Verhaue. Brandfackeln hinein!

Danzig kann sich halten. Die böhmischen und polnischen Mordbrenner ziehen weiter. Alle Dörfer der Danziger Niederung, alle Höfe, alle Siedlungen bis Weichselmünde bleiben als rauchende Schutthaufen zurück. Die Ostsee, der polnische Traum, ist erreicht. An dem Gestade des „polnischen Meeres" werden von dem Hussitenhäuptling Czapko zweihundert polnische Adlige für ihre Schandtaten an deutschem Gut und Blut zu Rittern geschlagen.

Schon erhebt der deutsche Separatismus sein vielköpfiges Schlangenhaupt. Man will ein eigener autonomer Staat sein in Anlehnung an irgendeinen Schutzfürsten, nur nicht an die Landesregierung des Ordens. Man will „frei" sein. Man will die Handelskonkurrenz der Staatsmonopole abschütteln. Man will die Demokratie.

Landesverräter im Landadel, Landesverräter in den Stadtparlamenten. Die Städte schließen sich mit der ritterlichen Standesorganisation des Eidechsenbundes zum „Preußischen Bund" zusammen. Er schreibt der Landesregierung des Ordens den Absagebrief. Das ist das Ende.

Dreizehn Jahre kämpfen nun Deutsche gegen Deutsche. Die aufgehetzte Bürgerschaft reißt um der Freiheit willen ihre eigenen Schutzburgen nieder. Städte werfen sich auf Städte, Bürger ringen mit Bürgern,

Bauern zünden Bauern die Gehöfte an. Alle Schrecken des Bürgerkrieges wüten. Schließlich haben die Deutschen die Deutschen besiegt.

Der polnische König kann das Land als seine Beute einstecken. Der Thorner Friede vom 19. Oktober 1466 schließt das tragische Schauspiel. Der deutsche Ordensstaat muss auf das Kulmerland, auf Pommerellen, auf Stuhm, auf Elbing, ja auf Schloss und Stadt Marienburg verzichten. Diese hat der böhmische Rottenführer Czerwonka an die Polen verkauft. Ihr Hass tut sich an der Schändung der toten deutschen Hochmeister der Sankt Annengruft Genüge.

In fünfzig Jahren hat die polnische Eroberungspolitik mit Hilfe des deutschen Bürgerkrieges ihr Werk geschaffen. Tausende von Dörfern, blühende Städte sind durch Brandschatzung vernichtet. Hunderttausende deutsche Menschen, Bürger, Bauern, Ritter, Männer, Frauen und Kinder sind im Kampf gefallen oder als Wehrlose in den Straßen, den Häusern, vor den Toren hingemordet. Ganze Landstrecken sind zur Wüste gemacht, Handel und Wirtschaft völlig zerstört. Was auf Treu und Glauben gegründet, ist im Parteihass untergegangen. Die Sitten sind verwildert, das Christentum ist aus den Herzen gerissen. Heidnische Scharen haben in gemeinsamer Sache mit dem polnischen Christenvolk über tausend Kirchen des Landes niedergebrannt, ausgeplündert, durch jede Art von unmenschlicher Ruchlosigkeit entweiht. Man findet beim Fischen in den Seen, beim Kartoffelgraben noch die Leichen geschändeter Frauen, niedergemetzelter Greise und Kinder. Die Pest im Gefolge solcher Gräuel wirft neue Leichenhaufen zu den kaum bestatteten. Was die Seuchen nicht würgen, wirft der Hunger nieder. Das Korn fault auf den Feldern. Es gibt nur einen Schnitter noch: den Tod.

So hat Polen den Staat zertrümmert, der dieses Landes Kulturschöpfer war. So hat Polen das Land gewonnen, das kein polnischer Pflug aufgebrochen, kein polnischer Spaten entwässert, kein polnischer Deichbauer geschützt hat. So hat Polen ein Volk an sich gerissen, das ihm in jedem Zug seines Wesens fremd ist und unter polnischer Wirtschaft nur untergehen kann.

Wo gibt es ein Recht in der Welt, das solch ein „Recht" auf ein Land verteidigt? Dieses Land heißt von nun an Polnisch Preußen. Polnisch genug sieht es schon aus. Aber deswegen ist es noch immer kein polnisches Land oder gar ein Teil des polnischen Staates geworden. Es bleibt auch fernerhin Deutsch als ein selbständiger Lehnsstaat Polens, wie Polen einst selbst ein Lehnsstaat des Deutschen Reiches war. Nie hätte der polnische König die Mitwirkung des preußischen Städtebundes zur Vernichtung der Ordensregierung gewonnen, wenn er den deutschen Städten nicht die feierlichsten Garantien ihrer deutschen Selbständigkeit gegeben hätte. Das geschieht noch vor der Absage an die Landesregierung in der Inkorporationsurkunde des 6. März 1454.

Keine Rede davon, dass die preußischen Städte etwa polnisch werden wollen. Sie suchen eine andere Schutzherrschaft als den Orden, der es nicht verstanden hat, zugleich auch ein Volksstaat zu werden. Beharrlich hat er abgelehnt, Landeskinder in seine Bruderschaft aufzunehmen. Die Städte verhandeln mit dem König von Dänemark, mit dem König von Böhmen. Nationale Gesichtspunkte sprechen hier nicht mit. Man sucht keine starke Hand, sondern eine schwache. Der vom polnischen Adel regierte König von Polen ist der schwächste Herrscher Europas.

So schließen die Städte mit dem polnischen König ab. Es ist eine Personalunion, die beiden Teilen völlige Selbständigkeit zusichert. Die preußischen Städte verlangen ihre eigene Gesetzgebung. Es wird bewilligt. Sie verlangen ihre eigenen, von Polen gänzlich unabhängigen Landtage. Es wird bewilligt. Sie verlangen das Recht, alle geistlichen und weltlichen Ämter ihres autonomen Staates nur mit eingeborenen Deutschen, nicht mit Ausländern, nicht mit Polen besetzen zu können. Es wird bewilligt. Sie verlangen, dass bei allen städtischen Behörden, bei Gericht, in allen Schulen, allen Kirchen nur die deutsche Sprache gesprochen wird, dass selbst die Botschaften des Königs nur in deutscher Sprache vorgebracht werden dürfen. Es wird bewilligt. Sie verlangen, dass sie niemals gezwungen werden können, einen Vertreter auf den polnischen Reichstag zu schicken. Es wird bewilligt. Sie sichern sich endlich den Rücktritt von diesem Vertrag mit Erlöschen dieses polnischen Königshauses, sie sichern sich das Recht, alsdann in freier Selbstbestimmung einen neuen Schutzherrn zu suchen. Es wird bewilligt. Sie haben mit einem König und nicht mit einem Rosstäuscher abgeschlossen. So stehen sie selbstherrlich als freie deutsche Städte da. Und zum Zeichen, dass sie künftighin nicht ein polnisches

Preußen, sondern das alte deutsche Ordensland verwalten, geben sie sich ein eigenes Staatswappen. Dieses zeigt nicht den polnischen weißen Adler, sondern den Schwarzen Adler des Deutschen Reiches. Sein Haupt trägt nicht die polnische Krone. Dieser deutsche Adler hat sich die polnische Krone wie einen Schmuck um den Hals gelegt, aber darüber in gepanzerter Faust das Schwert gestellt, das die gewonnene Freiheit in jedem Augenblick gegen die Krone selbst verteidigen wird.

Bismarck spricht einmal von „einem gewissen Überschuss an dem Gefühle männlicher Selbständigkeit, welcher in Deutschland den Einzelnen, die Gemeinde, den Stamm veranlasst, sich mehr auf die eigenen Kräfte zu verlassen als auf die der Gesamtheit". Aus diesem Überschuss ihrer Kraft ist auch die verderbliche Tat der preußischen Städte gegen ihre Landesregierung zu verstehen. Überall in Deutschland gibt es damals solche Städtebünde, die ihrem Fürsten, ja selbst dem Kaiser den Gehorsam aufsagen. Die Rechtslage des „Preußischen Bundes" Polen gegenüber ist klar.

Als ein königlicher Gesandter auf einem der preußischen Landtage polnisch zu sprechen anfängt, wird ihm mit aller Deutlichkeit zu verstehen gegeben, dass in diesem deutschen Land deutsch gesprochen wird. Die Versammlung bewilligt ihm nicht einmal einen Dolmetscher. Sie hört einfach nicht zu. Man hätte nur wagen sollen, die stolzen preußischen Herren als eine „Minderheit" zu bezeichnen. Hier gibt es für Polen noch immer keine bürgerlichen Ehrenrechte. Hier machen Deutsche die Gesetze. Hier gilt deutsches Recht, hier wird deutsch verwaltet. Hier ist nur Deutschland.

Danzig bildet einen hanseatischen Staat für sich. In dem „Großen Privileg" vom 15. Mai 1457 hat sich seine Stadtregierung von Kasimir IV., Jagiellos Nachfolger, eigene Militär-, Zoll- und Münzhoheit, eigene auswärtige Vertretung feierlich zusichern lassen. Auf seiner Flagge zeigt Danzigs Kriegs- und Handelsflotte über den zwei silbernen Kreuzen die goldene Krone seiner eigenen königlichen Seeherrschaft. Sie legt den Handel Englands nach der Ostsee lahm. Ihr Held Paul Beneke verfolgt die Engländer bis in die Themse. Nicht seiner wirtschaftlichen Verbindung mit Polen verdankt Danzig seine gewaltige Machtstellung und höchste Handelsblüte. Die Türken haben Konstantinopel erobert, sperren den Bosporus. Danzig reißt nicht nur den polnischen, auch den russischen Getreide- und Holzhandel an sich. Seine Flotten segeln nach Holland, England, Schweden, Dänemark, Island, Norwegen, Portugal, Frankreich, Italien. Begreiflich genug, dass des polnischen Königs „Lunge sehr nach Danzig hing".

„O Dantzig, halt dich feste,
Du weit berumbte Statt..."

Wir haben das Preußenland von den ersten Anfängen seiner Geschichte, ja noch von seiner nur durch die Spatenwissenschaft aufgedeckten Urgeschichte an betrachtet, wir haben dort Polen nur gefunden, wenn sie feierlich den deutschen Besitz dieses Landes bestätigen oder mit Hilfe asiatischer Heidenvölker dort einfallen und die deutsche Kultur zerstören. Aber es muss doch irgendein geschichtliches Datum geben, auf das sie vor aller Welt mit berechtigtem Stolze hinweisen können: Seht, dieses Jahr, diesen Monat, diesen Tag, damals wurde dieses Preußenland, dieses Weichselland polnisches Land!

Die Geschichtsschreibung muss feststellen, dass es wirklich solch ein Datum auch in der polnischen Geschichte gibt, das einzige, gegen das keine Wissenschaft irgendwelche Einwendungen machen kann. Und gerade von diesem Datum ist weder in der polnischen Propaganda noch bei den Pariser Verhandlungen 1919 je die Rede gewesen. Ist das polnische Gedächtnis für seine Geschichte, das sonst bis zu nie dagewesenen Zeiten historischer Größe reicht, so schwach, ja nicht vorhanden für ein Datum von einer welthistorischen Bedeutung!?

Wie steht es, ihr polnischen Staatsgründer von Versailles, um den polnischen Reichstag zu Lublin im Jahre 1569? Bekanntlich schloss hier der letzte Jagellione, König Sigismund August, jene Union ab, die Litauen mit Polen auch staatsrechtlich völlig vereinigte. Zum Dank für Tannenberg verlor Litauen damals endgültig seine Souveränität. Polen verleibte sich Wolhynien, Podlesien und die Ukraine ein. „Beide Teile vergossen bei der Beeidigung des Vertrages Tränen", schreibt ein Zeitgenosse. „Nur mit dem Unterschiede, dass es bei den Polen Freudetränen, bei den Litauern Schmerzenstränen waren." Doch diese Tränen gehen die heutigen Litauer, nicht uns heutige Deutsche an.

Auf diesem Reichstag zu Lublin am 18. März 1569 wird aber auch Westpreußen, soweit es Polnisch-Preußen heißt, dem polnischen Staat als polnische Provinz einverleibt. Es helfen keine Berufungen auf alle feierlich von allen polnischen Königen beschworenen Rechte, keine Proteste sämtlicher freien Städte. Die Danziger Bürgermeister Kleefeld und Ferber werden vor ein königliches Gericht geladen und, ohne nur angehört zu sein, zu zweijähriger Kerkerstrafe verurteilt. Was gilt ein Königswort in Polen? Man hat mit Rosstäuschern Verträge geschlossen. Geschehen ist, was der Königsberger Bürgermeister Steinhaupt hundert Jahre vorher den Mitgliedern des Städtebundes warnend vorausgesagt: „Es möchte Euch und Eure Kinder noch gereuen!" So wird auch geschehen, was damals ein tapferer deutscher Vorkämpfer, Fabian von Zehmen, den Polen prophezeite: „Dereinst wird ein Gewaltiger mit den polnischen Freiheiten ebenso verfahren wie die Polen mit denen der Preußen."

In diesem Rechtsbruch von Lublin liegt das einzige „Recht" Polens auf das westpreußische Weichselland. Dieses Jahr 1569 ist das Datum für den Beginn der systematischen Polnisierung dieses deutschen Landes nach denselben Methoden, die wir auch heute erleben. Jedes deutsche Schulkind müsste dieses Datum wissen. 1569 polnischer Rechtsbruch zu Lublin: Polen macht das deutsche Weichselland zur polnischen Provinz. Dieses Datum müsste das geschichtliche Thema für unsere Abiturientenprüfungen sein. 1569 polnischer Rechtsbruch zu Lublin: Polen macht das deutsche Weichselland zur polnischen Provinz. Es ist das Datum der *ersten Teilung Preußens.*

Es gibt kein Land der Erde, das polnische Provinz wird und nicht unter der polnischen Wirtschaft auch mehr oder weniger schnell polonisiert wird. Hier in Westpreußen, wo die Köpfe härter sind, dauert dieser Polonisierungsprozess genau zweihundert Jahre, ohne dass es ihm gelingt, das eingeborene Deutschtum ganz auszurotten.

Er beginnt mit der Vernichtung der deutschen Städtekultur. Entgegen dem verbrieften Recht des Indigenates müssen Polen künftighin in die Stadtverwaltungen übernommen werden. Wojewoden und Starosten lösen die deutschen Bürgermeister und Landräte ab. Die Städte leisten Widerstand, rufen die höchsten Gerichte an. Alle Prozesse werden gegen sie entschieden, ihre Finanzen durch die ungeheuren Kosten des Verfahrens zerrüttet. Ihre wichtigste Steuerquelle, das Braumonopol, wird verstopft, alle Starosten, selbst die polnischen Geistlichen, lege sich ihre eigenen Brauereien und Schnapsbrennereien an. Es gibt bald keine öffentlichen Taxen mehr, kein einheitliches Maß und Gewicht. Jeder misst und wiegt zu eigenem Nutzen. Was braucht man im polnischen Land deutsche Schulen? Die deutschen Schulen werden vernichtet, polnische nicht neu gegründet. Man findet bald keine Ärzte, keine Hebammen in den Ortschaften. Die städtische Sanitätspolizei wird abgeschafft. Es gibt keine Wohlfahrtspflege. Es gibt keine Polizeiordnung. Es gibt keine Feuerwehr. Das Land muss ein Teil des polnischen Staates werden. Der polnische Staat verfällt in Anarchie. Das Land muss in Anarchie zerfallen. Fort mit den Rechten der deutschen Bürger! Fort auch mit den Rechten der deutschen Bauern!

Polen beginnt das deutsche Bauernland zu polonisieren, drückt den freien deutschen Bauern in die Hörigkeit des polnischen hinab. Der deutsche Bauer verliert sein Eigentumsrecht an seinem Land, seinem Hof, wird wie der polnische dem adligen Gutsherren leibeigen. Dieser kann ihn verkaufen, verschenken. Der deutsche Bauer muss in den Frondienst. Unzählige verlassen die ererbte, von der Kraft der Väter gewonnene Scholle. Das Land wird polnisches Land. Das Land verkommt.

Fort mit dem deutschen Glauben aus den deutschen Kirchen! Die deutsche Reformation ist auf diesem Boden deutscher Freiheit tausendfältig aufgegangen. In Polen siegt der Jesuitismus. Dieser scheut sich nicht, selbst die heilige Religion als Werkzeug der Polonisierung mit der Parole zu missbrauchen: Hie gut polnisch... hie gut katholisch! – Nieder mit den Deutschen! Hinaus mit den Protestanten! Ihre Kirchen werden fortgenommen, die Pfarrer müssen in den Sälen der Artushöfe, in Scheunen, in Ställen predigen. Die protestantischen Gemeinden rufen die höchsten Gerichtshöfe an. Alle Prozesse werden gegen sie entschieden. Wo es noch keine polnisch-katholischen Gemeinden gibt, schließt man die deutschen Gotteshäuser, verbarrikadiert ihre Pforten. Es werden schon noch mit der Zeit genug Polen ins Land kommen. Aber die Einwohnerzahl der Städte geht immer mehr zurück. Wo sonst zehntausend gelebt, leben kaum zweitausend. Es gibt kein bürgerliches Gewerbe mehr. Keine Schuster, keine Schneider, keine Maurer, keine Zimmerleute. Die Menschen verlumpen, die Städte verfallen. Hunderte von wüsten Stellen in den Straßen, hunderte verlassener wüst gewordener Höfe in den Dörfern. Schon kehrt man zur primitivsten Tauschwirtschaft zurück.

Aber die Starosten brauchen Geld. Die Städte sind völlig verarmt. So wird man die Deutschen, wird man die Protestanten doppelt besteuern. Es soll nicht mehr deutsch gesprochen, nicht mehr deutsch gebetet werden! Ein Herr von Unruh wird vom Petrikauer Gericht zum Tode mit Zungen ausreißen und Händeabhauen verurteilt, weil er aus fremden Schriftstellern zu seinem privaten Gebrauch einige Bemerkungen über die Jesuiten abgeschrieben hat. Ein polnischer Adliger polonisiert auf seine adlige Weise. Er brandstiftet, raubt und mordet im Lande, lässt dem evangelischen Pfarrer von Jastrow die Hände, die Füße, den Kopf abschneiden, wirft die Leichenteile in den Dorfteich, reitet weiter zu neuen Schandtaten. Wo gibt es in Polen ein Gericht? Deutsche sind rechtlos. Hier ist polnisches Land. Wann kommt ein Retter diesem Lande?

Was Jahrhunderte an deutscher Kultur geschaffen, sollen Jahrzehnte durch die Polonisierung vernichten. Es geht nicht schnell genug. Polen hat die litauische Kraft schon verbraucht, sucht auf dem Umweg über die Königswahlen neue Anschlüsse. Der allmächtige Adel wählt einen Franzosen; wählt einen Ungarn, wählt einen Habsburger, wählt einen Schweden zum König. Polen zerfällt im Innern, aber noch immer erschallt der Ruf: *„Polska od morza do morza* – Polen von Meer zu Meer!" Auf dem Kreml Moskaus pflanzen sie den weißen Adler auf. Der polnische Kronprinz Wladislaus wird zum Zar von Russland gewählt. Polen will auch noch Schweden einstecken. Die polnischen Kriege hören nicht auf, das Land durchzupolonisieren. Einer dauert über sechzig Jahre.

Der Traum des bis zum politischen Wahnsinn aufgehetzten polnischen Imperialismus ist ausgeträumt. Polen muss an den Zaren als Selbstherrscher aller Reußen den ganzen Osten Litauens, Smolensk, Kiew abtreten. Polen anerkennt den Kurfürsten von Brandenburg als souveränen Herzog von Preußen, der nun die Erbschaft des deutschen Ordensstaates antritt. Noch fehlt Polnisch-Preußen.

Hier kämpfen die Städte ihren Verzweiflungskampf um ihr Deutschtum fort. Gegen jede Gewalt und Bedrückung bleiben sie bei ihrer deutschen Sprache, können bis in die letzten Jahre der polnischen Gewaltherrschaft ihre deutschen Zeugnisse vorlegen. Deutsch bleiben ihre städtischen Protokollbücher, deutsch ihre Rechnungsablegungen, deutsch ihre handwerklichen Satzungen, deutsch ihre Schöffenverhandlungen, deutsch ihre Korrespondenzen, deutsch ihre Eidesformeln. Das Dirschauer Gebiet schreibt im Jahre 1583 an die Deichgeschwornen deutsch. Berent schreibt an Danzig, Graudenz an Gnesen, Thorn an die preußische Regierung deutsch. Konitz, Mewe, Neuenburg, Neustadt, Putzig führen nicht anders als Danzig, Elbing und Marienburg ihre Gerichtsbücher deutsch. Auch die Gewerke bleiben bei ihrem deutschen Charakter. Die Leineweber von Dirschau, die Bäcker von Mewe, die Tuchmacher von Strasburg fordern, solange sie noch unter der polnischen Wirtschaft ihr Handwerk ausüben können, die Eigenschaft guter deutscher Nation. Stellen ihre Gesellenbriefe nur an solche aus, die „guter deutscher Art und Zungen." Das Kloster Oliva weigert sich, Polen als Mönche aufzunehmen, bleibt dem norddeutschen Mutterkloster unterstellt, verbietet seinen Studenten die polnische Universität Krakau. Das Kloster wird in den Bann getan. Man kann das Deutschtum nicht aus den Herzen bannen. Noch 1772 hat das Dorf-Oliva unter vierhundertvierundachtzig Einwohnern vierhunderteinundzwanzig Deutsche.

Danzig, „die Mutter der kleinen Städte", strömt ihr unzerstörbares deutsches Wesen die Weichsel hinab. Es hat die polnische Acht mit einem blutigen Ausstand beantwortet, hat die Belagerung des polnischen Königs Stephan Barthory mit heldenmütigem Widerstand abgeschlagen, hat sich seine evangelische Freiheit mit zweihunderttausend Gulden von seinem polnischen Schutzherrn erkauft. An seiner deutschen Kraft zerschellt ohnmächtig das Polentum. Die polnischen Kriege mit Schweden zerstören endgültig seinen Handel. Es findet keine militärische, keine finanzielle Hilfe bei Polen. Fünf Millionen Gulden muss Danzig für seine Abwehrrüstungen aufwenden.

Auch die ganze Küstengegend von Zoppot, Putzig bis Hela bleibt kerndeutsch. Im Danziger Werder, im Marienburger Werder, am deutschen Weichselstrom entlang sind die deutschen Bauern nicht zu vertreiben. Es finden sich keine polnischen Bauern, die auf diesem schweren Acker im Kampf mit dem Strom zu arbeiten verstehen. Gerade dieser „polnische Zugang zum Meer" ist den Polen nicht zugänglich.

Auch die Weichselstädte Dirschau, Mewe, Neuenburg, Graudenz, Schwetz, Thorn sind nicht zu entwurzeln. Für alle deutschen Städte, die durchaus nicht polnisch werden wollen, muss endlich ein polnisches Beispiel konstatiert werden.

Da haben sich in Thorn an einem Julisonntag ein paar Schuljungen geohrfeigt. Ein Jesuitenzögling hat den Streit begonnen und seine deutschen Maulschellen weg. Das war am Vormittag. Gegen Mittag ziehen die polnischen Jesuitenjunker mit gezückten Degen durch die Straßen, balgen sich mit den deutschen Jungens, belästigen die deutschen Mädchen, schlagen schon auf die Bürger selbst ein, versuchen die deutsche Stadtwache zu stürmen. Man nimmt einen dieser Burschen fest. Die Polen schleppen einen deutschen Gymnasiasten in ihre Schule. Die Kleinen holen die Großen. Die deutschen Handwerksgesellen greifen ein. Die Polen läuten Sturm. Es gibt tüchtige deutsche Hiebe in der polnischen Schule. Auch fliegen ein paar polnische Tintenfässer und polnische Schulbücher den Jesuiten um die Ohren. Der deutsche Bürgermeister Roesner beruhigt die jugendlichen Stürmer.

Am 7. Dezember wird das Urteil des polnischen Gerichtes zu Warschau über diesen Dummenjungenstreich auf dem Hof des Thorner Rathauses vollstreckt. Der greise deutsche Bürgermeister von Thorn Gottfried Roesner besteigt als erster das Schafott.

Er singt: „Herr Jesu Christ, ich schrei zu dir…" Sein Haupt fällt. Neunmal wiederholt eine polnische Stimme vor neun evangelischen deutschen Thorner Bürgern das Angebot, ihren evangelischen Glauben abzuschwören und polnisch zu werden. Diese neun deutschen Männer antworten mit dem Gebet: „Herr Jesu Christ, dir lebe ich…" Der betrunkene Scharfrichter hackt ihnen die Hände ab, stößt einen über die verstümmelte Leiche des anderen auf das Schafott. Es fallen auch ihre Köpfe. Der Stadt wird als Buße auferlegt: polnische Verfassung, polnische Bürger in die Ämter, die Marienkirche, das letzte den Deutschen gelassene Gotteshaus, das deutsche Gymnasium an die Polen. Das ist das Thorner Blutgericht des Jahres 1724. Ganz Europa erkennt im jähem Aufleuchten dieses blutigen Scheines: Das ist Polen! Ein neuer europäischer Religionskrieg droht.

Nur ein Ländchen gibt es dort, das „blaue Ländchen", wo die endlich befreiten polnischen Brüder, die Kaschuben, leben. Hier zeigt Polen, was es aus eigener Kolonisationskraft schaffen kann. Hier gründet Polen junge Städte, in denen strengstes Recht, vorbildliche Ordnung waltet. Hier legt Polen mit rein polnischen Kolonisten Mustersiedlungen an. Hier errichtet Polen in Stadt und Dorf polnische Schulen, gründet polnische Kirchen. Hier sorgt Polen für peinlichste Sauberkeit auf den Straßen, schmückt seine Bauten mit polnischen Kunstwerken... Ach, was träume ich von solcher polnischen Freiheitsbeglückung der kaschubischen Brüder?! Diese träumen nur von der „goldenen Zeit der Deutschritter". Keine polnische Stadt wird gegründet, keine polnische Kirche, keine polnische Schule errichtet, kein polnisches Dorf mit polnischen Kolonisten angesetzt. Es gibt hier überhaupt keine Bauernhäuser mehr; sie sind in der polnischen Zeit zerstört. Es gibt keinen eisernen Pflug; in der polnischen Zeit ist er verrostet. Es gibt nur noch in wenigen Dörfern einen Backofen. Die Menschen leben wie das Vieh in schmutzstarrenden verfallenen Hütten. Da liegt in einer Ecke der Strohsack mit einem Bündel Lumpen, da steht eine Wassertonne, da gibt es ein, zwei Schüsseln. Man nährt sich von den Blättern der Futterrübe als „Dörrgemüse"- von Graupen, die man halbgar verschlingt, von den Trieben der Kiefern. Brot wird nur bei den Reichen gebacken. Für diese ärmsten Menschen gibt es weder Brot noch Fleisch ihr Leben lang. Das ist die Polonisierung der Kaschubei.

Nicht mehr lange kann es dauern, und das herrliche, von Europa bewunderte Kulturland Winrichs von Kniprode wird wie die „polnische" Kaschubei aussehen. Lesen wir, wie es ein Beauftragter Friedrich des Großen vorfindet: „Das Land ist wüste und leer, die Viehrassen sind schlecht und entartet, das Ackergerät höchst unvollkommen, bis auf die Pflugschar alles ohne Eisen, die Äcker ausgesogen, voller Unkraut und Steinen, die Wiesen versumpft, die Wälder, um das Holz zu verkaufen, unordentlich ausgehauen und gelichtet. Die Städte liegen in Schutt und Trümmer. Die meisten der vorhandenen Wohnungen scheinen kaum geeignet, menschlichen Wesen zum Aufenthalt zu dienen. Die roheste Kunst, der ungebildetste Geschmack, die ärmlichsten Mittel haben aus Lehm und Stroh elende Hütten zusammengestellt. Das Land ist entvölkert und entsittlicht. Die Justizpflege liegt ebenso im Argen wie die Verwaltung. Der Bauernstand ist ganz verkommen, ein Bürgerstand existiert nicht..."

Wenn Rechtsbruch, Verletzung aller feierlich beschworenen Verträge, wenn jede Art von Gewalt, von Unterdrückung des Volkstums, von Folterung der Gewissen, wenn Gesetzlosigkeit, Anarchie und jede Form von Ausbeutung ein vor dem Forum der Geschichte und der Zivilisation vertretbares Recht auf ein Land geben, so ist dieses Weichselland polnisches Land. Wenn aber vor demselben Forum der Geschichte und Zivilisation die Gerechtigkeit, Wahrhaftigkeit und der Genius der menschlichen Arbeit ihren Spruch zu fällen haben, so können sie nur mit der Sprache seiner Erde, seiner Burgen, seiner Städte vor Europa und der ganzen Welt bezeugen:

Das Weichselland ist deutsches Land.

4. Stimme Europas

Von Friedrich des Großen Sendung

Friedrich II., König von Preußen, den schon seine Zeitgenossen den Großen nennen, ist ein europäischer Geist. Als er den vergewaltigten Teil des alten deutschen Ordenslandes, das unglückliche „Polnisch-Preußen", 1772 wieder in preußischdeutschen Besitz rechtmäßig zurücknimmt, erfüllt er zugleich eine europäische Mission.

Es gibt wenig Daten, die es der Geschichtsschreibung erlauben, sie mit einem Gefühl tiefer Ehrfurcht vor dem Walten unsichtbarer Mächte im Völkerleben auch einmal als die Daten offenbarer geschichtlicher Gerechtigkeit zu bezeichnen. Dieses Jahr 1772 ist solch ein Datum. Wenn die Weltgeschichte dem forschenden Geist zuweilen als das Weltgericht selbst erscheint, so hat dieses Gericht in diesem Jahr 1772 seinen ersten Urteilsspruch über den polnischen Staat gefällt.

Dieser hat schon längst jede moralische Grundlage seiner Existenz verloren. In einer durch Eroberung und Vertragsbruch aufgezwungenen Gewaltherrschaft hat er die deutsche Kulturschöpfung des Weichsellandes zerstört, das ihm fremde Volkstum entrechtet und in den barbarischen Zustand des eigenen Volkstums zu versetzen gesucht. Fast fünfzig Jahre sind seit dem Thorner Blutgericht vergangen, das noch immer in allen gesitteten Herzen Europas wie eine ungesühnte Schmach fortbebt. Die eigene Adelskaste hat das eigene Volk zur Sklaverei erniedrigt, hat den eigenen Staat hundertmal an fremde Mächte verraten und verkauft. Er ist zur schwärenden Wunde des Ostens, zum Brandherd Europas geworden.

Seine politische Selbständigkeit hat er schon seit einem halben Jahrhundert an Russland verloren. Als die große Zarin Katharina II. ihre Truppen in Polen einmarschieren lässt, vollendet sie nur den Weg

Peter des Großen. Ihr Wille ist in Warschau allmächtig. Es bedarf nur noch eines kühnen Zugriffs, um den polnischen Staat als neues Gouvernement dem russischen Staat einzuverleiben und die Grenzen dieser halb Asien umspannenden, unaufhaltsam nach Europa vordringenden neuen gewaltigsten Ostmacht bis an die Oder zu verlegen. Vor einer solchen in ihren Folgen unabsehbaren „vollendeten Tatsache" rettet die staatsmännische Vorsicht Friedrichs II. nicht nur Preußen und Deutschland, sondern ganz Europa. Er rettet zugleich Polen vor seinem völligen Untergang.

Schon in seinem „Politischen Testament" vom Jahre 1752 hat er auf die gefährliche Lage insbesondere Pommerns hingewiesen, sobald die Russen Danzig besitzen. Er schlägt die friedliche Eroberung des „polnisch-preußischen" Zwischenstücks vor. Im selben Jahr, in dem Katharina zum letzten Schlag gegen Polen ausholt, wird er in seinem zweiten „Politischen Testament" dringender: „Wer den Lauf der Weichsel und die Stadt Danzig besitzt", schreibt er, „wird in einem größeren Maße Herr des Staates sein als der König, der ihn regiert."Man findet keine Erinnerung geschichtlicher Art als begründeten Anspruch auf das alte deutsche Ordensland, findet kein Wort vom polnischen Staat als seinem Gegner. Friedrich betrachtet ihn nur noch als russische Vorpostenstellung. Mit staatsmännischer Meisterhand deckt er den Kern des realpolitischen Problems auf: Preußen muss Polen vor seinem russischen Untergang bewahren, um nicht selbst mit dem Verlust seiner Ostprovinzen in diesen Untergang mit hineingerissen zu werden.

Für alle Zeiten bewunderungswürdig, wie er, auch im diplomatischen Feldzug der große Taktiker, dieses Problem ohne jedes Blutvergießen löst. Katharina will mit dem Besitz von ganz Polen den freien Weg nach Westen und zur Ostsee, will zugleich mit dem Besitz von Konstantinopel den freien Weg nach Süden und ins Mittelmeer. Sie denkt in russischen Raumgrößen. Ihr militärischer Erfolg gegen die Türkei und ihr Einmarsch in Warschau schaffen in der europäischen Diplomatie eine ähnlich explosive Spannung wie vor dem Ausbruch des Weltkrieges. Katharina bietet Friedrich das Ermland mit Elbing an, wenn er gegen Österreich losschlägt. Er lässt antworten: „Das Ermland ist ihm keine sechs Sous wert." Österreich wünscht mit Russland ein Bündnis, wenn dieses gegen Preußen marschiert. Friedrich lässt verlauten, dass „er sich auf alle Rollen vorbereite, ohne den Krieg zu wünschen und ohne ihn zu fürchten." Der große Schlachtenlenker hat nicht umsonst europäischen Ruhm gewonnen. Katharina stellt die Annexion ganz Polens einstweilen zurück.

Es kommt zwischen den drei Mächten zu den Verträgen von 1772: Russland nimmt jene Gebiete wieder an sich, die, Teile der ersten russischen Staatsbildung, von Litauen mit Gewalt erobert, durch die Heirat Jagiellos in die polnisch-litauische Union verschoben und auf dem berüchtigten Reichstag zu Lublin gegen den Willen der Litauer dem polnischen Staat einverleibt sind. Sie sind ausschließlich von Weißrussen und Großrussen bewohnt. Österreich gliedert sich mit geringerem völkischem Recht, aber mit russischem Einverständnis, „die alten russischen Fürstentümer Wladimir und Halicz an – das heutige Galizien –, auf das alte ungarische Ansprüche bestehen. Hier wohnen nicht Polen sondern Ruthenen. Preußen fasst wieder das alte deutsche Ordensland zusammen, das Prussia, das Preußenland – freilich noch ohne Thorn und Danzig –, das Polen mit Gewalt und Rechtsbruch auseinandergerissen hat. Was von seinem kulturellen und staatlichen Ursprung an deutschvölkisch ist, wird wieder deutschstaatlich: das Ermland mit Elbing, Frauenburg, Braunsberg, das deutsche Kulmerland, das deutsche Pommerellen und die nur von Deutschen aufgeschlossene und mit Deutschen besiedelte Netzeniederung mit der deutschen Stadt Bromberg.

Von keiner der drei verbündeten Mächte ist dem polnischen Volk mit diesen Verträgen das geringste Unrecht geschehen. Es hat weder eine Handbreit polnischen Landes verloren, noch leben auf diesem ältesten deutschen und russischen Volksboden Polen in überwiegender Mehrheit. So hat die Geschichte in diesem Jahre 1772 ein noch gnädiges Urteil – unverdientermaßen – über den polnischen Staat gefällt. Mit der Loslösung seiner völkischen Fremdkörper wird ihm gleichsam eine letzte Bewährungsfrist gegeben. Polen ist auf den glücklichen Weg gebracht, ein Nationalstaat zu werden. Es werden seine eigenen herrschenden Adelsparteien sein, die auch jetzt noch alle staatlichen Reformen verhindern und Polen in den Abgrund der Vernichtung stoßen. Die polnische Weltpropaganda hat es verstanden, allen fünf Erdteilen im Verlauf der letzten hundert Jahre beizubringen, dass an dem ebenso „edlen" wie „unglücklichen" Polen mit dem völkischen Sanierungsprozess des Jahres 1772, der zugleich das bedeutendste europäische Friedenswerk der damaligen Zeit ist, ein verdammungswürdiges „Verbrechen" geschehen sei. Sie hat dieses Jahr das Jahr der „ersten Teilung Polens" genannt und es sogar mit dem Glorienschein nationalen Märtyrertums umgeben. Ja, die polnischen Vertreter bei den Pariser Verhandlungen 1919 haben die Stirn gehabt, sich aus diesem „nationalen Märtyrertum" ein Recht auf die Zerstückelung und Teilung Preußens herzuleiten. Sie hätten besser getan, das geschichtliche Schauspiel einer nationalen Würdelosigkeit ohnegleichen, das sich damals in Polen abgespielt hat, mit dem Stillschweigen schmerzlicher Scham zu übergehen.

So sei denn der Vorhang von diesem Schauspiel ein wenig hier zurückgezogen. Diese sogenannte erste Teilung Polens wird von den erwählten Ausschüssen des *polnischen Reichstags* am 30. September 1773 *einstimmig angenommen.* Diese Einstimmigkeit kostet die drei Vertragsmächte je fünfzehntausend Dukaten. Jeder der polnischen Delegierten nimmt, was er kriegen kann, verspielt es im Angesicht der russischen, preußischen und österreichischen Gesandtschaftsvertreter beim Pharao, lässt sich wieder die Taschen füllen und verspielt es wieder. Im ersten Monat der Verhandlungen sind die polnischen Märtyrer noch bescheiden und begnügen sich mit achttausend Dukaten gemeinsamen Judaslohnes. Mit der klug hinausgezögerten Abstimmung steigen ihre Ansprüche. Es soll als Ausnahme nicht jener polnische Fürst vergessen werden, der sich bar nur mit dreißig Dukaten begnügt. Auch soll der Bescheidenheit einiger Vertreter des polnischen Kartoffeladels gedacht sein, die sich ihr nationales Märtyrertum gegen einige Tonnen Salz abwiegen lassen.

„Es ist fast nicht mehr möglich, das Bild der hiesigen Vorgänge zu zeichnen", schreibt der den Polen zugetane sächsische Gesandte Essen, „so viel die Zeitungen auch darüber schreiben, sie sagen nicht genug. Sie sprechen nur von Inkonsequenz, von Leichtfertigkeit und von den lächerlichen Erscheinungen, aber sie kennen nicht die Rechtsverletzungen, das öffentliche Feilbieten der Prozessurteile, den Ruin ganzer Familien und die schauderhaften Dinge, welche die Häupter der Delegation treiben, wo fern nur Gold in ihre Beutel rinnt... Auch lässt mich diese Verderbtheit, dieser Sittenverfall fürchten, dass das Unglück der Nation noch nicht an ihrem Ziel ist."

Ganz Europa sieht damals mit tiefster Verachtung auf diesen Musterstaat politischer Bestechung und Anarchie, dasselbe Europa, dessen Versailler Vertreter 1919 das „Verbrechen" des Jahres 1772 „aus sittlichen Gründen" mit deutschem Land und deutschem Menschen „wiedergutmachen" werden. Es sei hier die Frage erlaubt, was Frankreich in den bedrohlichsten Jahren seiner politischen Anarchie tut, als sich die europäische Koalition gegen die Französische Revolution bildet? Es zwingt ganz Europa in die Knie. Nationales Märtyrertum erringt man nicht mit Augenzwinkern beim Pharaospiel, wo man sein Volk und seines Volkes Ehre durchschnittlich für vierzig Dukaten die Karte verkauft!

Schließen wir den Vorhang vor diesem Schauspiel tiefster nationaler und menschlicher Verkommenheit. Die geschichtliche Wahrheit braucht keine moralische Entrüstung, wenn sie ein für alle Mal festlegt: *Es gibt keine erste Teilung Polens im Jahr 1772.* Dieses Jahr wäre nie zu einer politischen Bedeutung gekommen, wenn das Jahr des Lubliner Rechtsbruches 1569 nicht gewesen wäre. Denn damals wäre schon drei Jahre später mit dem Aussterben des Jagellionenhauses der vertraglich vorgesehene Fall eingetreten, dass Westpreußen und seine Städte ihr Selbstbestimmungsrecht wiedererhalten hätten.

So ist es diesem Jahr 1772 vorbehalten, *das Jahr der ersten Wiedervereinigung Preußens* zu sein. *Réunion*, würden die Franzosen in ihrem Fall sagen. Es ist zugleich das Jahr der Wiedergutmachung des historischen Unrechts von Lublin (1569!) – *the moral obligation to redress the wrong*, würden die Engländer in ihrem Fall sprechen.

Ich hoffe, dass man künftighin in Deutschland nichts mehr von einer ersten Teilung Polens 1772 hören wird. Es scheint mir nach unseren polnischen Erfahrungen endlich an der Zeit, jene liberalistische Geschichtsauffassung auszurotten, die zu unserem nationalen Unglück nicht nur jahrzehntelang in unseren Parlamenten ihr schwatzhaftes Unwesen getrieben hat, sondern selbst unsere Geschichtswissenschaft, besonders die süddeutscher Historiker, in verhängnisvoller Weise beeinflussen konnte. Man schlägt auch heute noch kein deutsches Geschichtsbuch auf, ohne nicht von einer mit professoraler Würde vorgetragenen ersten Teilung Polens zu lesen. Von einer *ersten Teilung Preußens* liest man nirgend ein Wort. Das gewaltige Jahrhundertewerk unserer deutschen Ostkolonisation, die Glanzzeit des Deutschen Ordens im Weichselland, hat man in die Anmerkungen geschoben. Haben wir polnische oder deutsche Geschichte zu lehren? Es ist nicht der kleinste Gewinn unserer nationalen Revolution, dass sie auch dem deutschen Osten im Geschichtsunterricht wieder zu seinem hervorragenden Rechte verhilft. Es wird kein deutscher Mensch künftighin wissen, wann die erste Wiedervereinigung Preußens war: 1772!

Vom Standpunkt der europäischen Geschichte ist dieses Wiedergutmachungswerk des größten preußischen Königs, das Europa Hunderttausende von Opfern nicht gekostet hat, von unvergleichlich größerer Bedeutung als sein siebenjähriger Heldenkrieg um den Besitz von Schlesien. Es hält für das kommende Jahrhundert den Vormarsch Russlands nach dem Herzen Europas auf. Man kennt das Wort Katharinas II.: „Wenn ich zweihundert Jahre regieren könnte, ganz Europa müsste dann Russlands Zepter unterliegen."

Ranke sieht in den „Ideen" der großen Mächte ihre beherrschenden Willens- und Machtimpulse. Sie sind es, die dem überschauenden Blick auch die größten Staatsmänner zuweilen nur als die an unzerreißbaren Fäden gelenkten Figuren eines geheimnisvollen Spiels erscheinen lassen. Gewiss machen Männer die Geschichte, wer aber gibt und versagt einem Volke in seinen entscheidungsvollen Augenblicken solche Männer? Der Wille des Volkes? Niemals. Die geschichtlichen Verhältnisse? In keinem Falle. Die sittlichen Grundkräfte der Welt? Man wagt es nicht zu behaupten. Wir können uns solche Männer nur in innigster Verbindung mit den staatsbildenden Kräften jeder einzelnen Nation denken, die wir allein als die sittlichen Grundkräfte der Nation anerkennen. Diese Kräfte haben dem polnischen Volk gefehlt. Dem preußischen Volk schaffen sie zur selben Zeit den Großen Friedrich. So stellt sich dem geschichtsphilosophischen Blick die Wiedervereinigung Preußens unter Preußens größtem König als ein unerschütterlicher Beweis für die moralischen Grundkräfte unserer Nation dar. Wo gibt es auch in jener Zeit einen Führer seines Volkes, der bei seinem Regierungsantritt wie Friedrich schreiben kann: „Mein höchster Gott ist meine Pflicht."? Aus solchem göttlichen Pflichtgefühl geht Friedrich nun an das Werk seines „Retablissement", an die Wiederaufrichtung des unter polnischer Barbarei völlig verkommenen alten deutschen Preußenlandes. Er braucht nur an die hohen Traditionen seines Hauses wieder anzuknüpfen.

Die Pflege der Landeskultur ist immer eines der wesentlichsten Erbgüter der Hohenzollern gewesen. Man kennt die Bemühungen des Großen Kurfürsten, des Schirmherren der Hugenotten, um den Wiederaufbau seines von den Stürmen des Dreißigjährigen Krieges verwüsteten Landes. Kein glänzenderes Zeugnis kann ihm die Geschichte für diese Tat ausstellen, als er sich selbst mit jener Verordnung an die Pfarrer seiner kurfürstlichen Ämter ausgestellt hat, „dass sie hinfort kein paar Eheleute vertrauen sollen, es habe denn der Bräutigam von seiner Amtsobrigkeit ein beglaubigtes Zeugnis produziert, dass er zum wenigsten sechs Obstbäume gepfropfet und ebenso viel Obstbäume an einen bequemen Ort gepflanzet habe." Der Reichtum des Landes ist ihm der Reichtum an arbeitenden Menschen. So fängt auch sein Nachfolger, der erste preußische König Friedrich, den Strom der Waldenser, Pfälzer, Mennoniten für sein Land auf.

Großartiger noch das Aufbauwerk des Königs „der verfluchten Pflicht und Schuldigkeit", Friedrich Wilhelms I. Er wird zum neuen großen Kolonisator des deutschen Ostens. Nach Ostpreußen haben im Laufe der schwedischen Kriege die Polen ihre alten Hilfsvölker, die Tataren, gerufen. Diese zerstören dreizehn Städte, zweihundertneunundvierzig Flecken und Dörfer, brennen siebenunddreißig Kirchen nieder, schleppen über zwanzigtausend deutsche Menschen in die Sklaverei. Friedrich Wilhelm siedelt die vertriebenen Salzburger in Ostpreußen an, gibt ihnen Haus und Hof, Saat- und Brotkorn, Pferde und Vieh, Egge und Pflug. Auf einen besorgten Bericht eines Beamten, dass der Zug der Salzburger kein Ende nehmen will, setzt er die Worte: „Seht gut! Gottlob! Was tut Gott dem Brandenburgischen Hause für Gnade! Denn dieses gewiss von Gott kommt!" Er stellt die zerstörten Dörfer und Städte Ostpreußens wieder her, errichtet allein im Königsberger Bezirk und den von Litauern durchsetzen Landstrichen elfhundert Schulen. Als sich die Königsberger Regierung in der kirchlichen Ordnung saumselig zeigt, schreibt er die denkwürdigen Worte: „Doch wenn ich baue und verbessere das Land und mache keine Christen, so hilft mir alles nichts." Das geschieht zur selben Zeit, als das Warschauer Assessorialgericht das Thorner Bluturteil in Übereinstimmung mit dem polnischen Reichstag fällt. Das letzte Briefwort dieses sterbenden Königs an seinen geliebten Sohn Fritz, den künftigen Großen Friedrich, lautet: „Die Nachrichten vom Lande sind noch schlecht; weil aber nun das warme Frühlingswetter eintritt und das Vieh genugsam Gras fressen wird, so hoffe ich, es werde noch erträglich sein."

Bei einem solchen Vater ist es begreiflich, dass der Sohn „die Ökonomie aus dem Fundamente" gelernt hat. „Die erste aller Künste" nennt nun Friedrich den Ackerbau; als „das erste Hauptstück" seiner Regierung erscheint ihm die Steigerung der Bodenkultur seiner Provinzen. Welch eine Schicksalsfügung, dass ihm die Aufgabe zufällt, als deutscher Fürst im Weichselland das Werk fortzusetzen, das ein Hermann von Salza begründet, ein Winrich von Kniprode für seine Zeit vollendet hat! Es findet ihn nicht unvorbereitet. Schon 1772 hat er eigenhändig die „Grundsätze, wonach die neue Einrichtung im Königreich Preußen soll gemacht werden" festgelegt. Als ihm seine Räte ihre Entwürfe vorlegen, tut er sie mit der Bemerkung ab: „Das ist meine Sache! Kümmert euch nicht darum!" Er kennt die Verhältnisse in Dorf und Stadt aufs Genaueste nach den geheimen Berichten seiner Vertrauensmänner, des Präsidenten der Königsberger Kriegs- und Domänenkammer von Domhardt und des Finanzrates von Brenckenhoff. Jenen hat er für das Oberpräsidium der neuen Regierung zu Marienwerder, diesen zum leitenden Verwaltungsbeamten des Netzebezirks mit dem Sitz in Bromberg bestimmt, das damals bis auf fünfhundert Einwohner herabgekommen ist.

„Ich werde hinkommen, um alles selber zu besehen und einzurichten", schreibt er an Domhardt. Er kommt nun Jahr für Jahr. Er findet mit Abscheu bestätigt, was schon der polnische König Stanislaus Leszczynski gesagt hat: „Polen ist das einzige Land, wo die Masse des Volkes aller Rechte der Menschheit entbehrt." Er schreibt an seinen französischen Geistesfreund d'Alembert: „Man hat mir ein Stück Anarchie zu bessern und zu bekehren gegeben." Sein „Kanada", sein „Sibirien" nennt er nach Augenschein dieses einst so blühende Land. Die versklavten Bauern erwecken ihm die Vorstellung von „Irokesen".

Mit dem Tage der Wiedervereinigung der preußischen Gebiete hat das Ausbeutungssystem der Starosten und Wojewoden aufgehört. Ihre zum Teil verpfändeten oder unter der Hand verkauften Staatsgüter werden ebenso wie die geistlichen Güter, die beide infolge der Misswirtschaft keinerlei Nutzen abwerfen, in preußischen Staatsbesitz als neueinzurichtende Mustergüter übernommen. Im westpreußischen Bezirk werden dreihundertachtzigtausend Taler an die Starosteibesitzer als Entschädigung ausgezahlt. Die Bischöfe behalten immer noch vierundzwanzigtausend Taler Rente, was Friedrich dem Spötter Voltaire gegenüber die Bemerkung ablockt: „Die Apostel hatten weniger. Man verständigt sich mit ihnen in der Weise, dass man sie von den Sorgen dieser Welt entlastet, auf dass sie sich ohne Ablenkung befleißigen, das himmlische Jerusalem zu gewinnen, das ihre wahre Heimat ist."

Über vier Millionen Taler aus preußischen Taschen kostet die Instandsetzung der in Staatsbesitz zurückkehrenden Ländereien. Das polnische Annulationsgesetz unserer Tage setzt alle preußischen Domänenpächter entschädigungslos auf die Straße, um diese deutschen Musterwirtschaften an polnische Spediteure, polnische Rechtsanwälte, polnische Schnapsbrenner, polnische Fleischer abzugeben.

Der preußische König regiert wieder preußisch. Die neuen Verwaltungsbehörden werden nicht dem Berliner Generaldirektorium, sondern ihm selbst unterstellt. Er ist der erste und eigentliche Oberpräsident von *Westpreußen*. So wird zum Unterschied von Ostpreußen das neugewonnene Land künftighin bezeichnet. Der Marienwerder Bezirk wird in sieben, der Bromberger in vier Kreise eingeteilt. Die Landräte werden vom König ernannt. Er verfügt: „Wo ich hinkomme, sollen die Landräte immer da sein und mir sagen, wieviel Menschen, Kühe, Pferde in jedem Kreise, soviel Korn wird gewonnen, soviel verbraucht und soviel bleibt zum Verkauf." Seine Steuergesetzgebung zerschlägt das Vorrecht der adligen Gutsbesitzer, keine Steuern zu zahlen. Sie werden mit fünfundzwanzig Prozent vom Reinertrag ihrer Güter herangezogen. Den Bauern und Bürgern werden die Abgaben erleichtert.

Als erste Tat vorbildlicher europäischer Gesittung erklärt der König schon im Juni 1772, dass „alle Sklaverei und Leibeigenschaft abgeschafft und die Untertanen als freie Leute behandelt und angesehen werden sollen." Man habe künftighin nicht mehr „nach dem harten polnischen Fuß" mit ihnen zu verfahren. Friedrich schafft gegen die polnische Rechtlosigkeit eine bis in alle Berufungsinstanzen festgelegte Justizverfassung, deren oberster Grundsatz das Gebot ist, dass „nunmehr Recht und Gerechtigkeit in diesem Lande einem jeden ohne Ansehen der Person widerfahre." Noch nach zwölf Jahren kann der König erklären: „Ich bin der erste Justitiarius im Lande und diesem auch schuldig, darüber mit allem Ernst zu halten, dass eine unparteiische Justiz überall administrieret werde."

Der Zustrom an neuen Arbeitskräften beginnt langsam zu wachsen. Sie kommen aus Mecklenburg, aus der Pfalz, aus Schlesien, aus Thüringen, aus der Lausitz und viele aus den Gebieten um Thorn und Danzig. Anfänglich will Friedrich nur zwei oder drei solcher deutschen Familien in jedem der polnisch gewordenen Dörfer ansetzen, um „diesen sklavischen Leuten bessere Begriffe und Sitten beizubringen". Er will „das polnische Zeug" mit Deutschen „melieren". Aber was Jahrhunderte polnischer Wirtschaft heruntergebracht, können Jahrzehnte preußischer Ordnung nur schwer aufbauen. So bestimmt er, dass ganze Dörfer und Kolonien „unter dem groben und butten Zeug" angelegt werden, damit die Leute „wieder begreifen lernen, was Fleiß und Industrie für Nutzen und Vorteile sind." Kolonisten kommen auch aus Schweden, aus Dänemark, aus England, Frankreich, Italien, Niederland, aus Ungarn, aus der Schweiz. Friedrich sieht nicht auf die Nation, wenn es nur „gute und tüchtige Wirte" sind. Die Ansetzung jedes Kolonisten kostet ihn durchschnittlich vierhundert Taler für Haus, Scheune, Stall, zwei Pferde, zwei Ochsen, eine Kuh, das Wagen- und das Ackergerät.

Die polnischen Vertreter bei den Pariser Verhandlungen haben durch übertriebene Zahlen der angesetzten Kolonisten eine „künstliche Germanisierung des polnischen Landes" zu beweisen versucht. Wir können auch dieser Lüge sofort begegnen. Es waren genau dreitausendzweihundertsiebenundneunzig Familien, unter ihnen sehr viele deutsche Rückwanderer, die in diesen Jahren im Netzebezirk und in Westpreußen angesiedelt sind. Das macht etwa zwei Prozent der vorhandenen Bevölkerung aus.

Unermüdlich die Kleinarbeit des „Philosophen von Sanssouci". Hunderte von Tabellen, Berichten rechnet er nach, damit kein Pfennig

„verplempert" werde. Mit eigenen Angaben sorgt er für die Pflege der Obstkultur, der Viehwirtschaft, des Molkereibetriebes, für den Anbau von Hopfen, für die Aussaat von Leinsamen, für die Anpflanzung von Tabak und Zichorie. Es gibt nichts Unwichtiges für ihn, wenn es nur den Reichtum des Landes vermehrt. In einer eigenen Dorfordnung setzt er die Obliegenheiten der Schulen fest, erlässt genaue Bestimmungen über die Armenpflege, den Sicherheits- und Feuerlöschdienst, das Gesundheitswesen, den Brücken- und Wegebau. Zugleich gibt er als landwirtschaftliche Schulung Anweisungen über die beste Art des Pflügens und Hackens, die vorteilhafteste Zeit des Säens, über die Behandlung der Wiesen, das Aufziehen und die Fütterung des Viehs. Und damit diese Dorfordnung auch wirklich unter die Leute kommt, bestimmt er, sie soll in allen Krügen aufgehängt und viermal im Jahr öffentlich vorgelesen werden. Ja, die Schullehrer müssen sie den Kindern viermal im Jahr erläutern, damit „schon die Jugend einen Begriff von ordentlicher Wirtschaft und Polizei erhalte." Über eine halbe Million Taler aus preußischen Taschen kostet ihn diese neue Bodenkultur. Die polnischen Liquidationsgesetze unserer Tage zerstören dieses deutsche Aufbauwerk zum zweiten Mal.

Die westpreußischen Städte zählen damals durchschnittlich nicht mehr als siebzehnhundert Einwohner, im Netzebezirk kaum achthundert. Nach einer Inspektionsreise muss der Domänenrat Ladewig von den Städten im Netzekreis feststellen: „Die Unreinlichkeit auf den Gassen hat nicht ihresgleichen, und von öffentlichen, mit Ordnung angefertigten Brot-, Bier-, Fleischtaxen, von richtigem und allgemeinem übereinkommenden Maß, Elle und Gewicht, von Ordnung in Handel und Wandel und dass keine Vor- und Aufkäuferei getrieben werde, von einer Feuerordnung, einer Gesinde-, einer Schauordnung, einem bürgerlichen Gehorsam und anderen dergleichen Polizeianstalten weiß man gerade nichts." Von vielen Städten lässt sich sagen, was das Städtchen Wilczyn (mit siebenundsechzig Einwohnern!) von sich selbst kläglich aussagt: „Wir führen nur bloß dem Andenken nach den Ruhm, dass wir einmal eine Stadt gewesen... Fabrikanten und Handwerker sind nicht vorhanden... Waren verkaufen wir nicht..." Soweit noch in den westpreußischen Städten Bücher geführt werden, kennen wir die Einnahmen unter der polnischen Herrschaft. Lautenburg hat ganze dreiundvierzig, Briesen hundertvierzehn, Stuhm hunderteinundsechzig Taler. Man kann nicht mehr von sterbenden, nur noch von gestorbenen und verfaulenden Städten sprechen. In der kleinen Stadt Lessen bei Graudenz gibt es einhundertneunzehn wüste Stellen; Kulm zählt hundert; Konitz, Kulmsee, Marienburg, Neumark einige fünfzig. Im Ganzen werden in Westpreußen ohne das Ermland tausenddreihundert solcher öden Plätze mitten in den Städten festgestellt. Magistrate gibt es im Netzebezirk nicht. Die deutsche Bürgerschaft ist hier fast ganz von Juden verdrängt.

So muss auch in den Städten alles wieder von vorne angefangen werden. Friedrich bestimmt zunächst nur vier: Kulm, Graudenz, Mewe, Bromberg zum Wiederaufbau. „Nicht ins Wilde hinein, sondern mit Ordnung und auf eine solide Art." Es wird ein genauer Etat aufgestellt, der nicht überschritten werden darf. Er setzt jährlich hunderttausend Taler für ihr „Retablissement" aus. Aber es fehlt an jeder Art von Handwerkern. Er ruft sie von überall her mit großen Vergünstigungen ins Land, bietet freies Meister- und Bürgerrecht, befreit sie eine Zeitlang von allen Lasten und Abgaben. Er besichtigt auf seinen jährlichen Inspektionsreisen die neuen Hausbauten, tadelt in Kulm, dass „die Häuser sehr schlecht sind und gar nicht wie es sich gehört", fordert die Bestrafung der schuldigen Baumeister. Er sorgt für ein reinliches Aussehen der Straßen, schafft Abflusskanäle, Pflasterung, Wasserleitungen. Ein scharfer Erlass ergeht gegen die Juden, die mit ihrem Schleich- und Hausierhandel das wieder zunftgebundene Kaufmannsleben zerstören. Er bestimmt, dass sie Westpreußen zu verlassen und auch im Netzebezirk allmählich zu verschwinden haben.

Nur sehr langsam will sich der völlig zerrüttete Handel wieder beleben. Friedrich sorgt für regelmäßige Märkte und Messen, legt Manufakturen und Industrien an. Kulm und Konitz bestimmt er für die Tuchfabrikation, die Weichselstädte, wo das Rohleder billiger einzuführen ist, für die Lederindustrie. In kleineren Städten legt er Manufakturen für Strümpfe, Handschuhe, Mützen, Tabakpfeifen an. Er lässt Glashütten errichten, „auf dass wir so viel Glas machen, wie wir im Lande gebrauchen, und alles fremde Glas entbehren können." Zuckersiedereien erstehen, Topf-, Papier-, Stärke-, Puder-, Seifen-, Ofenfabriken. Er fördert die Leineweberei, die Garnspinnerei. Noch kurz vor seinem Tode setzt er für die Heimarbeit Prämien aus. Die Ordnung ist wiederhergestellt, Recht und Sicherheit gewährleistet, das Handwerk gekräftigt, der Handel belebt, der Bürgerstand in Ehren. Die Städte fangen an zu blühen. Fast eine Million Taler aus preußischen Taschen kostet den König der Wiederaufbau der Städte. Die polnische Starostenwirtschaft unserer Tage vernichtet zum zweiten Mal dieses deutsche Kulturwerk.

Gleichzeitig mit der Aufhebung der Leibeigenschaft bestimmt Friedrich, dass die deutschen Schulmeister wieder ins Land ziehen sollen, „um den gemeinen Mann umso eher von der polnischen Sklaverei zurückzubringen." Er findet auf dem Lande fast gar keine Schulen vor. Bromberg ist so verarmt, dass es sich keinen einzigen evangelischen Lehrer für die Neuankömmlinge leisten kann. In den ersten sechs Jahren werden in diesem Bezirk unter der preußischen Verwaltung achtundfünfzig katholische und einhundertsiebenundsiebzig evangelische Lehrer angestellt. Für Westpreußen fordert die Kammer über zweihundert neue Lehrer an. Der König bewilligt aus preußischen Taschen einen Schulfonds von zweihunderttausend Talern, denn, so schreibt er: „Es ist nur gerecht, dass ein Land, das einen Kopernikus hervorgebracht hat, nicht länger in der Barbarei jeglicher Art versumpfte, in welche die Tyrannei der Gewalthaber es versenkt hatte." Die polnischen Schulgesetze unserer Tage zerstören zum zweiten Mal auch dieses deutsche Kulturwerk.

Vierhunderttausend Taler aus preußischen Kassen setzt Friedrich als außerordentliche Zulage für die Hochwasserschäden aus, die das Weichselland während der polnischen Herrschaft oft genug erfahren hat. Die heutige polnische Grenzziehung bedroht auch dieses deutsche Kulturwerk.

Siebenhunderttausend Taler aus preußischen Kassen kostet das gewaltige Werk des Bromberger Netze-Brahekanals, durch den das preußische Odergebiet mit dem preußischen Weichselgebiet zu einheitlichem Wirtschaftskörper verbunden wird. Sechstausend deutsche Arbeiter aus Thüringen, Anhalt, Sachsen, Böhmen graben hier in Tag- und Nachtschichten monatelang. Noch nicht anderthalb Jahre sind vergangen, seit Brenckenhoff den königlichen Auftrag erhielt, „seinen besten Fleiß und Aufmerksamkeit" auf den Kanalbau zu wenden, und der König kann schon die ersten Schiffe durch die neun Schleusen des sechsundzwanzig Kilometer langen neuen Wasserweges fahren sehen. Ein Wunderwerk der damaligen Technik ist vollendet. Auch dieses Kulturwerk ist heute unter polnischem Besitz zur Versandung verurteilt.

Dreieinhalb Millionen Taler aus preußischen Taschen kostet den König seine Lieblingsschöpfung: die Festung Graudenz. Mit seinem Krückstock hat er ihren Mittelpunkt bezeichnet, eigene Handzeichnungen für ihren Bau geliefert. Jeder Graudenzer kennt den Stein dort, der an den Krückstock des königlichen Baumeisters erinnert. Auch dieses Werk der deutschen Sicherheit, mit seinen späteren modernen Forts die stärkste Festung des deutschen Ostens, wird von den Polen in Versailles „erobert". Heute sind die deutschen Geschütze dort gegen Deutschland gerichtet.

Man kann sich nur schwer einen größeren Gegensatz denken als diesen Großen Friedrich, den aufgeklärtesten Monarchen seines Zeitalters, und die Barbarei, die er im wiedergewonnenen Preußenland vorgefunden hat. Es ist ein titanisches Werk, das der in göttlicher Pflichterfüllung früh gealterte König noch als Sechzigjähriger übernimmt. Die besten Arbeitsstunden seiner letzten vierzehn Jahre gibt er dieser Kulturarbeit im Osten hin. Noch bis in seine letzten Lebensstunden vermahnt er seine Räte: „Ihr müsst beständig nachsinnen, was alles zum Besten des Landes geschehen kann." Nie freilich würde er noch zu seinen Lebzeiten die Früchte seiner segensreichen Ernte gesehen haben, wenn der einmal aus bester deutscher Volkskraft dort gesäte Same nicht noch tief im Lande und tiefer in den deutschen Menschen fortgewurzelt hätte. Auch wenn sein Werk heute wieder unter polnischer Gewaltherrschaft von Grund auf zerstört wird, sein Geist schwebt unsichtbar segnend über unserem Westpreußen. Möge es einst so unblutig wie zu Friedrichs Zeit zum alten deutschen Mutterland für den neuen Aufbau zurückkehren!

Kein Geringerer als der französische Geschichtsschreiber Thiers hat nach den polnischen Aufständen des Jahres 1830 vor der Deputiertenkammer zu Paris Worte des Dankes und Ruhmes für Friedrich den Großen gefunden. Dieser habe mit seiner staatsmännischen Tat von 1772 Europa vor Russland gerettet, denn Polen sei unfähig, einen selbständigen Staat zu bilden. Bei den Pariser Friedensverhandlungen

1919 hat man sich dieser warnenden Stimme des ersten Präsidenten der gegenwärtigen französischen Republik nicht erinnert. Wohl aber haben sich die polnischen Vertreter nicht gescheut, selbst Friedrich den Großen als „deutschen Barbaren" und seine europäische Kulturleistung im deutschen Osten als einen „gewalttätigen Germanisierungsprozess" zu bezeichnen.

Was der Polonisierungsprozess für unser Westpreußen bedeutet hat, wissen wir. Wenn man unter Germanisierung eines Landes seine allgemeine Kulturerneuerung, die soziale Hebung seines Bauern- und Handwerkertums, die Herbeiführung geordneter Rechtszustände, die Freiheit der Religionsübung, die Sicherheit der Person und des Eigentums, die grundlegende Ausgestaltung der Volksbildung, die peinliche Einhaltung von Verträgen jeglicher Art versteht, so soll durchaus nicht abgeleugnet werden:

Dieses alte Germanenland, dieses deutsche Weichselland, unser Westpreußen und das deutsche Bromberger Land werden von Friedrich dem Großen für ganz Europa aus der Polonisierung in die Germanisierung hinübergerettet.

Klage und Rettung Posens

„Die Neugestaltung Europas garantiert durch eine dauerhafte und gleichzeitig auf Achtung vor den Nationalitäten und auf das Recht für alle großen und kleinen Völker, auf völlige Sicherheit und freie wirtschaftliche Entwicklung gegründete Ordnung" – stellten die alliierten und assoziierten Mächte am 10. Januar 1917 dem amerikanischen Präsidenten Wilson gegenüber als Kriegsziel auf. Die neuere Geschichte kennt keine *so friedliche* Lösung dieses Problems, wie sie Friedrich der Große mit der Wiedervereinigung Preußens 1772 für seinen Teil versucht hat. Er gewährleistet völlige Sicherheit und freie wirtschaftliche Entwicklung einem Lande, das, durch Gewalt und Rechtsbruch von Preußen abgerissen, einem anarchischen Zustand unter dem polnischen Ausbeutungssystem verfallen ist. Er achtet jede Nationalität, die bereit ist, bei der kulturellen Neugestaltung ehrlich mitzuarbeiten. Seine Friedenstat ist für Europa eine Völkerrechtshandlung von vorbildlicher Bedeutung, für uns Deutsche bleibt sie ein nationales Befreiungswerk einzigartigen Ruhmes. Dieses hat in unserer Geschichtsschreibung bei weitem nicht die verdiente Würdigung gefunden. Nun erst kann der „König in Preußen" sich der „König von Preußen" nennen. Der deutschen Einigung Bismarcks geht die preußische Einigung Friedrichs als unerlässliche Vorbedingung voraus.

Noch aber fehlen zur Vollendung dieses Einigungswerkes die beiden ältesten deutschen Städte des Weichsellandes: Danzig und Thorn. Mit ihrem Besitz kann Russland jederzeit die Weichsellinie sperren und die preußischen Provinzen von neuem auseinanderreißen. Schon als Kronprinz hat Friedrich den Vormarsch der Russen durch Westpreußen, ihre Belagerung Danzigs erlebt. Er sieht diese furchtbare Gefahr mit wissendem Auge. Sie zu bannen, muss er schweren Herzens seinem Nachfolger überlassen.

Auch das staatsmännische Genie hinterlässt selten Talente. Sein Nachfolger Friedrich Wilhelm II., der am wenigsten preußische aller preußischen Herrscher, ist ein politischer Dilettant. Noch aber lebt die große Katharina, überlebt um zehn Jahre ihren größeren Gegenspieler Friedrich. In dieser Zeit setzt sie die nur zurückgestellte Annexion

Polens durch. Die sogenannten Teilungen Polens der Jahre 1793 und 1795 sind ausschließlich ein Werk Russlands. Sie liegen durchaus nicht in der Linie der preußischen Politik, die Graf Hertzberg leitet. Dieser will unter allen Umständen das polnische Reich als selbständigen Staat in Russlands Westflanke erhalten wissen. Ja, es kommt sogar zu einem Bündnis zwischen Preußen und Polen. Erst die Französische Revolution, die Österreichs und Preußens Kräfte am Rhein fesselt, gibt der klug und zäh abwartenden Katharina die gewünschte Gelegenheit zur Weichselstellung vorzurücken, um die polnische Frage endgültig im russischen Sinne zu lösen.

Eben beginnt Polen, durch die glückliche Ablösung seiner völkischen Fremdkörper nur gestärkt, sich durch innere Staatsreformen an Haupt und Gliedern zu festigen. Wieder sind es die polnischen Adelsparteien, die zum Schutz ihrer „bedrohten Freiheiten" die russischen Armeen ins eigene Land rufen. Keine Macht der Welt kann diesem unglücklichen Volke gegen seine „Kleinkönige" helfen. Nur Preußen allein tritt zum zweiten Mal Katharina in den Weg.

Es geht um die Selbsterhaltung der preußischen Monarchie. Um die Sicherung der ganzen deutschen Ostseeflanke. Noch ist der preußische Staat stark genug, als Vorkämpfer für ganz Deutschland wenigstens Thorn und Danzig und die Landbrücke zwischen Schlesien und Westpreußen-Pommern vor dem russischen Zugriff zu retten. Mit dem Vertrag vom 23. Januar 1793 werden die neuen Grenzen Preußens und Russlands festgelegt.

Die Geschichte spricht von einer „zweiten Teilung Polens". Man muss auch diese Bezeichnung vom Nationalitätenstandpunkt und von dem auf Kulturleistungen gegründeten moralischen Recht der Völker aus als irreführend ablehnen. Russland nimmt sich den Rest von Weißrussland, die Ukraine, Podolien, Wolhynien und einen Teil der Polesie – Gebiete, auf denen Russen mit russischer Muttersprache und russischem Bekenntnis in überwiegender Mehrheit leben. Preußen nimmt die ältesten deutschen Städte Thorn und Danzig wieder in seinen Besitz und jenes Land der Oderflüsse Warthe und Netze, das die spätere Provinz Posen bildet. Es ist ebenso unzweifelhaft ältester polnischer Staatsboden wie ältester deutscher Kulturboden. Da der polnische Staat nicht mehr die Kraft hat sich gegen seine Einverleibung in das russische Staatsgefüge zu wehren, so steht nur die Frage zur Entscheidung, ob Thorn, Danzig und Posen russisch oder deutsch werden sollen. Mit Russland verbindet diese Städte und dieses Land nichts, mit Deutschland ihre gesamte Kultur. Auch im Warthe- und Netzeland finden wir nach antiken Zeugnissen germanische Stämme als Urbevölkerung. Erst in den deutschen Chroniken des Widukind und Thietmar von Merseburg taucht der eingewanderte slawische Stamm der Polen auf.

Im ersten Zusammenstoß mit dem deutschen Nachbarn wird ihr Fürst Mieszko vom Markgrafen Gero unter die Lehnshoheit des großen Sachsenkaisers Otto I. gezwungen. Dieser gründet in der polnischen Burggemeinde Posen den ersten deutschen Bischofsstuhl, besetzt ihn mit dem Deutschen Jordan, unterstellt den Sprengel dem Erzbistum Magdeburg. Mieszkos Gemahlin, die deutsche Fürstin Oda, Tochter des Markgrafen Dietrich, wirkt im christlichen Glaubenseifer ihrer Heimat. Verwitwet, muss sie mit ihren Kindern vor ihrem Stiefsohn Boleslaus fliehen. Es ist derselbe Boleslaus, den der jugendlich romantische deutsche Kaiser Otto III. auf seiner Wallfahrt nach Gnesen zum „Bruder und Mitarbeiter am Reiche" ernennt. Mit der Erhebung Gnesens zum Erzbistum über alle polnischen Länder schafft die kaiserliche Huld die kirchliche Einigung Polens.

Für diese historisch erste deutsche Polenbegeisterung erntet das Deutsche Reich schon damals den gleichen polnischen Dank wie zu allen Zeiten. In sechzehnjährigen Raubkriegen gewinnt Boleslaus die Ober- und Niederlausitz, erobert sich jenes kurzlebige Reich zusammen, das dem Schöpfer des heutigen polnischen Staates, dem Mitunterzeichner des Versailler Kriegsdiktates, Roman Dmowski, neunhundert Jahre später Veranlassung gibt, in seiner Posener Ehrendoktoratsrede dieses ersten polnischen Königs mit den Worten zu gedenken: „Das Polen von heute ist nicht klein, aber wir müssen uns alle sagen, dass es nur ein Angeld auf ein wirklich großes Polen ist… Für ein kleines Land ist in diesem Teil Europas kein Platz… Vergesset nicht, dass die Boleslaus und die Schöpfer der Lubliner Union an ein kleines Polen nicht gedacht haben."

Auch wir haben den Rechtsbruch von Lublin nicht vergessen. Vergessen wir auch die Boleslaus nicht. Den ersten, dem die Polen mit Recht den Namen Chobry – der Kühne – geben, kennen wir als den ersten polnischen König, der die deutsche Brüderlichkeit auf polnische Weise erwidert. Der zweite Boleslaus setzt sich die polnische Krone von neuem aufs Haupt, als Kaiser Heinrich IV. seinen Weg nach Canossa antritt. Damals erschallt schon die Klage des Chronisten über die deutsche Uneinigkeit, dass „die Fürsten einander sich und ihre Eingeweide mit dem Schwert zerfleischen, wodurch die Macht der Barbaren so gewachsen ist, dass der Polenfürst zur Schmach des Deutschen Reiches gegen Recht und Gesetz der Vorfahren voller Anmaßung nach dem königlichen Diadem strebe." Der dritte Boleslaus, aufs Neue zum Gehorsam gezwungen, trägt als deutscher Lehnsfürst dem deutschen Kaiser Lothar beim feierlichen Kirchgang zu Merseburg das deutsche Reichsschwert voran. Der vierte Boleslaus muss als Aufrührer vor Friedrich Barbarossa in einem Dorf bei Posen erscheinen. Er hält nicht mehr das deutsche Reichsschwert in Händen. Barfuß, mit einem Schwert um den Hals, muss er seine polnische Herrschaft demütig vom Deutschen Kaiser erflehen.

So ist das mit den Boleslaus, deren „politisches Programm auch heute nichts an Aktualität verloren hat" – um ein polnisches Urteil von 1926 zu zitieren. So beginnt in diesem „urpolnischen" Land die „polnische" Geschichte.

Und seine deutsche Kultur? Denn von einer polnischen hier zu sprechen, wird wohl keinem europäischen Historiker einfallen.

„Wie ein leuchtendes Morgengestirn" geht der „deutsche Glaube" über diesem Lande auf. Mönche aus Süd- und Mitteldeutschland treten als erste Glaubensboten ihren opfervollen Missionsweg an. Der deutsche Bischof Otto von Bamberg gewinnt das Pommernland dem Christentum. Es kommen die grabenden Mönche vom Rhein, die Zisterzienser, gründen das deutsche Kloster Lekno. Nur Kölner Bürgersöhnen gewährt es Aufnahme. Aus deutschem Glaubensgefühl, unter deutschen Händen erstehen die ersten steinernen Kirchenbauten, deren romanische Reste und Anlagen wir heute noch in Posen, Gnesen, Lekno, Strelno, Znin, Mogilno, Tremessen und vielen anderen Orten sehen können. Deutscher Kunstgeist einer niedersächsischen Werkstatt des zwölften Jahrhunderts schafft das erzene Legendentor des Gnesener Domes. Das Evangelienbuch der Kruschwitzer Kollegiatkirche mit seinen schlichten Miniaturen ist das Werk einer westdeutschen Schule desselben Jahrhunderts. Selbst die polnischen Hofämter, Kanzler, Marschall, Truchsess, Schenke sind nach deutschem Vorbild geschaffen. Die polnische Kastellaneiverfassung geht auf die altfränkisch-karolingische Reichsverfassung zurück.

Mit den deutschen Mönchen kommen im gewaltigen Strom der deutschen Ostkolonisation, der das Weichselland befruchtet, deutsche Bauern auch in dieses Warthe- und Netzeland. Sie finden keine Spur von bäuerischer Kultur. An die Scholle gefesselt, scharwerken polnische Hörige und Leibeigene, ritzen flüchtig die Erde mit ihrem Holzhaken auf, sorgen nur für den dürftigen Tagesbedarf. Von den polnischen Fürsten, der hohen polnischen Geistlichkeit, den polnischen Magnaten gerufen, roden die Deutschen die Wälder, entwässern die Sümpfe, brechen mit der eisernen Wurfschaufel den schweren Boden auf, pflanzen das erste Obst. Einöden, von denen es im zeitgenössischen Bericht heißt, „kein Mensch wüsste sich zu erinnern, dass in diesen Wüsteneien je irgendein Bodenbau stattgefunden habe", wandeln sich unter deutschen Bauernhänden in goldene Ährenfelder um. Schon um das Jahr 1210 erstehen die ersten deutschen Siedlerdörfer in den heutigen Kreisen von Wollstein, Schmiegel, Fraustadt. Man kann ihre deutschen Namen noch in den alten Gründungsurkunden lesen. Ihr deutsches Recht, auf eigenem Erbgrund als freie Menschen zu schaffen, lassen sich diese deutschen Kolonisten urkundlich verbriefen, feierlich durch den Landesherrn bestätigen. Sie bilden eigene genossenschaftliche Gemeinden unter ihrem deutschen Schulzen, haben ihr eigenes deutsches Recht, das ihre deutschen Dorfschöffen sprechen. Von allen Frondiensten sind sie frei. Nur den Kriegsdienst zur Verteidigung des Landes übernehmen sie willig.

Nach den deutschen Bauern ziehen die deutschen Bürger ins Land. Auch sie kommen nicht als Eroberer mit dem Schwert, sondern mit der deutschen Messschnur als die ersten Städtegründer. Sie bauen dem polnischen Adler sein „Nest", die Stadt Gnesen um das Jahr 1240, sie bauen 1252 die deutsche Stadt Posen, die noch im Mittelalter Posenau heißt. Sie gründen und bauen in diesem Jahrhundert die deutschen Städte Meseritz, Schrimm, Kletzko, Exin, Wronke, Rogasen, Zarnicki, Schwerin, Nakel, Bentschen und andere mehr. Wie deutsches Kloster bei deutschem Kloster, deutsches Dorf bei deutschem Dorf, erwächst nun deutsche Stadt bei deutscher Stadt. So lautet die typische Gründungsformel der polnischen Fürsten, der polnischen Geistlichkeit, des polnischen Adels: „Wir gründen die Stadt zu deutschem Recht, da wir auf die Hebung des Landes, so wie es sich ziemt, bedacht sind." Siebenundsiebzig deutsche Städte und zweihundertfünfzig deutsche Dörfer als Mustersiedelungen erstehen bis zu König Kasimir des Großen Zeit, Sein Wort gilt für alle diese Gründungen: „Deutsches Recht und deutsches Bürgertum bringen den Bewohnern unseres Reiches großen Nutzen und bessern die Lage unserer Untertanen." 1346 wird die deutsche Stadt Bromberg von den deutschen Städteunternehmern Johann Kesselhuth und Konrad aus Kulm geschaffen. Wir kennen auch andere Namen. Die Stadt Posen gründet der deutsche Bürger Thomas aus Guben, die Stadt Powitz Baldwin, die Stadt Kostschin Hermann.

Auch die deutschen Bürger kommen als freie Männer, haben ihre verbrieften deutschen Rechte. Wie von Magdeburg, der Lieblingsschöpfung Otto des Großen die kirchliche Ordnung ausgeht, schafft es auch die bürgerliche Ordnung. Magdeburgisches Recht regelt das städtische Gemeindeleben. Deutsch sind die Bürgermeister, die Ratmannen, die Schöffengerichte. Um das Jahr 1310 ist der Deutsche Petzold Bürgermeister von Posen, Konrad Schneider Bürgermeister von Kosten, Siegfried Ramung Bürgermeister von Fraustadt, Gieseberg Bürgermeister von Peisern, Ludwig Bürgermeister von Gostyn. Wir kennen die deutschen Namen der Ratmannen von Jungen-Leslau (Inowrazlaw), Bentschen, Kalisch, Obornik, Schrimm, Kriewen, Schwetzkau und auch die vom „urpolnischen" Gnesen. Die deutsche Sprache gilt als Amtssprache, die Ratsbücher werden deutsch geführt. Noch im Anfang des fünfzehnten Jahrhunderts ist die Einwohnerschaft von Posen zu drei Viertel deutsch. Schlesier, Sachsen, Schwaben, Niederländer, Deutsche aus Livland und Mähren seine Bürger.

Jagiello, der Sieger von Tannenberg, hat „der ganzen deutschen Nation" den Krieg erklärt. Auch im eigenen Lande vernichtet sein unstaatsmännischer Hass das deutsche Bürger- und Bauerntum. Zwar hat auch er seine alte Heidenresidenz Wilna zu einer Stadt nach deutschem Recht gegründet, denn noch immer hat der Pole sich kein eigenes Stadtrecht schaffen können. Aber unter slawischer Gewalt kann der deutsche Mensch nicht leben. Des eigenstaatlichen Schutzes ermangelnd, erliegt er schnell der nationalbewussteren Polonisierung.

Der erste Schlag gegen das Deutschtum ist die Ausschließung der deutschen Städte von jeder Mitwirkung auf den polnischen Reichstagen. Der Posener Bürgermeister Stanislaus Held wird auf einem Warschauer Reichstag in öffentlicher Sitzung von einem polnischen Landboten schwer misshandelt, ohne dass ihm Sühne wird. Auf offener Straße ermordet der polnische Edle Gostynski den deutschen Bürgermeister und Goldschmied Matthias von Posen und geht straflos aus. Es häufen sich Hinrichtungen, Verbannungen, Beraubungen. Die verbrieften Rechte der deutschen Bürger sind ein Fetzen Papier. Nur wo noch ein deutscher Bürgerstamm stark genug ist, sich in Innungen, Zünften, Gilden zusammenzuschließen, entgeht die Stadt dem völligen Ruin. Ausgepresst und völlig verarmt, werden die Städte von den Starosten und grundherrlichen Magnaten verpfändet, in Pacht gegeben, verkauft, verschenkt. Manche auch im Erbfall mitten durchgeschnitten, ja, die Stadt Obornik wird geviertelt. Der Edle Xionski verkauft an den Edlen Cierski „alle seine Bürger ganz und unversehrt". Es gibt kein Recht der Freizügigkeit mehr. Bürger sind nur noch Zinsobjekte. Und so klingt für alle deutschen Städte in diesem Posener Land die Klage des Posener Rates an den Danziger Rat, wie wir sie in einem Schreiben vom 6. April 1529 lesen: „O welch eine Summe von Angriffen, Tumulten, Gewalttätigkeiten, Ermordungen, Schändungen, Beleidigungen und Entehrungen, welche Eingriffe in unsere Rechte, Freiheiten und Privilegien haben sich unsere Bürger gefallen lassen müssen."

Auf dem Lande ist die Klage des deutschen Bauerntums lange schon in rettungsloser Verzweiflung verstummt. Zu Anfang des sechzehnten Jahrhunderts finden wir die freien deutschen Männer nur noch als polnische Hörige und Sklaven wieder. Kein Recht, kein Gesetz schützt sie. Ihr saurer Schweiß hat die Erde fruchtbar gemacht, nun füllt die Ernte die unergründlichen Taschen der „bauernlegenden" Grundherren. Staat, Kirche, Adel, jeder presst auf seine Weise auch das letzte aus den unglücklichen Opfern heraus. „Das unschuldige Blut der Bauern, welches heute über alle Maßen vergossen wird", klagt der Jesuitenpater Skarga, „wird sich noch einmal rächen. Es ist kaum ein zweites Reich zu finden, wo die Untertanen unter dem Druck der unumschränkten

Herrschaft des Adels Schlimmeres erleiden als bei uns." Die Dörfer veröden. Die Felder verkrauten. Die Erde hat ihren Schöpfer, das deutsche Bauerntum, verloren. Sie verdirbt und verkommt wie die Menschen.

Die Stürme der Glaubenskriege, über Mitteleuropa wegbrausend, reißen das deutsche Volkstum von neuem auseinander. In ungebeugter Glaubensstärke suchen die deutschen Bauern aus Holland, Brandenburg, Pommern, Schlesien, Mähren neues Siedlungsland. Unzählige Flugblätter mit lockenden Angeboten fliegen ihnen aus Polen zu. König Wladislaus IV. beruft sich den Schlesiern gegenüber „auf die eigene Blutsverwandtschaft und getreue Nachbarschaft". Die polnischen Magnaten entdecken ihr edles Herz für „alle redliche gute Leute deutscher Nation, die sich hier in Polen zu setzen willens wären." Selbst die geistlichen katholischen Herren verpflichten sich, die bäuerischen Einwanderer „bei den freien Exerzitien ihrer evangelischen Religion zu stützen."

Die erste Flutwelle deutscher Kolonisation ist vernichtet. Eine zweite überströmt das Land. Wieder kommen diese deutschen Bauernscharen mit Weib, Kind, Vieh, Ackergerät, ziehen die endlosen Straßen wie einst die flämischen Kolonisten, die da sangen:

„Als wy binnen Oostland kommen
Al onder dat hooge huis
Daer worden wy binnen geladen
Frisch over die beiden
Zy heeten ons willekom zyn."

Ja, Polen heißt diese Deutschen auch zum zweiten Mal auf dieser polnischen Erde willkommen. Zum zweiten Mal bestätigen ihnen die polnischen Großen, ihre Dörfer „aus neuer Wurzel nach Magdeburgischem oder deutschem Recht anzulegen." Bewilligen den preußischen Siedlern das Erbrecht an ihren Höfen, eigene Schulzen, eigene Schöffen. Bewilligen den holländischen Kolonisten eigene Gemeindeverbände. Selbst das Gnesener Domkapitel gibt diesen die feierliche Zusicherung, dass es ihnen freisteht, „den Gottesdienst nach ihrer Art auszuüben, auch einen Pfarrer auf eigene Kosten zu unterhalten." Von jeder Art von Frondienst sind sie frei.

Die Holländer bauen ihre schönen Blockhäuser, die zum Teil heute noch dort stehen, verzieren die Deckbalken mit frommen Inschriften. In kaum einem ihrer Dörfer fehlt der Schulmeister. Eine Urkunde von 1754 bezeugt: „Dieweil ein jegliches Dorf ohne Schmiett nicht kann seyn, wie auch der deutsche Bauer ohne Schulmeister nicht kann seyn." Auf verwüsteten Grundstücken, in nie durchrodeter Sumpf- und Waldwildnis erstehen Hunderte von deutschen Schulzendörfern, gegen vierhundert Holländereien. Eine neue Feld-, Wiesen-, Garten-, Viehwirtschaft blüht auf. Auch neue deutsche Städtegründungen zeugen von dem wiedergewonnenen Wohlstand des Landes: Rawitsch, Bojanowo, Fraustadt, Wirsitz, Samotschin, Rothenburg, Neutomichel, Schönlanke. Selbst die älteren heruntergewirtschafteten Städte gewinnen mit neuen deutschen Bürgern ihren deutschen Charakter wieder. Es gibt achtzig Prozent Deutsche in Lissa, achtundsiebzig in Schmiegel, sechsundsiebzig in Fraustadt. Fast vierzig Städte im Netzebezirk und im südlichen Teil der Provinz haben eine überwiegend deutsche Bevölkerung.

Hören wir nur einige zeitgenössische Stimmen über das Schicksal auch dieser um ihre verbrieften Bauernrechte, ihre feierlich bestätigten Bürgerrechte, ihre protestantische Glaubensfreiheit betrogenen deutschen Kolonisten. Eine Denkschrift um 1700 an den polnischen König August II. über die Zustände Polens rät dem Herrscher, er möchte „bei Vergebung der Starosteyen allzeit konditionieren, die armen Untertanen nicht so zu schinden und aus allen Starosteyen Wüsteneyen zu machen." Sie nennt das Land „blutbettelarm und ausgesogen". Ein polnischer Kirchenfürst schreibt gegen die neuen Ketzer: „Mit Dornen und Disteln wollen wir lieber die schönste Stadt daselbst bewachsen sehen, als mit Evangelischen sie wieder aufbauen lassen." Der Bischof von Kujawien will „lieber das Leben verlieren und sich in Stücke hauen lassen, ehe zu verstatten, dass denen Dissidenten die mindeste Moderation widerfahren sollte." Als sich die polnischen Magnaten über die neue Landflucht der deutschen Bauern bei Friedrich dem Großen beklagen, antwortet Brenckenhoff dem polnischen Fürsten Sapieha: „Wenn aber bei jetzigen unruhigen und bedrängten Zeiten in Polen, da besonders die Protestanten von dem unter dem Namen der Confoederierten herumstreifenden Raubgesindel auf eine ganz unmenschliche und höchst grausame Weise gemisshandelt und ums Leben gebracht werden, Leute von da hierher kommen, um sich gegen solche Grausamkeiten in Sicherheit zu setzen, so erfordert es allerdings wohl die Menschenliebe, diese armen Leute aufzunehmen und ihnen hier Schutz angedeihen zu lassen, und werden Ew. Fürstl. Gnaden dieses ohne Zweifel wohl selbst für sehr billig anerkennen, da wohl ein jeder Christ verbunden ist, seinen Nächsten in der Not aufzunehmen." Noch 1781 berichtet ein Reisender: „Die Gutsherren schänden jedes Mädchen, das ihnen gefällt, und antworten mit hundert Stockschlägen jedem, der sich darüber beklagt."

Das Wort Mussolinis – absichtlich lassen wir keinen Deutschen hier sprechen – behält für alle Zeiten seine Gültigkeit: „Die Völker, welche die Erde vernachlässigen, sind zum Niedergang verurteilt, denn die Erde ist eine Mutter, die ihre Kinder unbarmherzig zurückstößt, wenn diese sie verlassen haben." Der staatliche Untergang Polens, der sich in dieser Zeit vollzieht, ist nur die Erfüllung des Fluches der gemisshandelten Erde selbst. Welches gesittete Volk der Welt will den Deutschen das moralische Recht absprechen, dieses Posen, dessen Stimme eine einzige deutsche Klage und Anklage ist, endlich unter ihren ordnenden Staatsschutz zu nehmen? Nicht von einer zweiten Teilung Polens hat die deutsche Geschichtsschreibung zu sprechen. Sie wird künftighin dem Jahre 1793 die Überschrift zu geben haben: *Preußen rettet die deutsche Kulturprovinz Posen vor dem Untergang.*

Vor dem Untergang seines eigenen Staates ist Polen nicht mehr zu retten. Dieser geschieht bekanntlich durch den Vertrag vom 3. Januar 1795 zwischen Russland und Österreich, der Polen von der politischen Karte Europas streicht. Preußen ist hieran gänzlich unbeteiligt. Seine Regierung erhält erst einige Monate später von diesem Vertrag offiziell Kenntnis. Die russische Geschichtsschreibung hat inzwischen das damals zwischen Russland und Österreich abgeschlossene geheime Schutz- und Trutzbündnis aufgedeckt, das den gemeinsamen Krieg gegen Preußen vorsieht, wenn dieses sich etwa einfallen lassen soll, mit bewaffneter Hand gegen die Vernichtung Polens zu protestieren. Da es keinen polnischen Staat mehr gibt, zwingt Preußen nicht Polen, sondern Österreich und Russland, ihm einen Grenzstrich zwischen Weichsel und Bug und Warschau, die polnische Hauptstadt, zu überlassen.

Kein gerecht Denkender wird diese *unbestreitbare Teilung Polens* verteidigen können. Für Preußen bedeutet der Gebietszuwachs einen in jedem Sinne höchst fragwürdigen Gewinn, den es schon nach zwölf Jahren wieder verliert. Aber für Staatsmänner, die sich heute noch über diese Teilung Polens entrüsten, sei angemerkt, dass sie etwa zur selben Zeit geschieht, in der sich Frankreich das italienische Savoyen und Nizza aneignet, das es heute noch besitzt.

So hat Russland endlich das jahrhundertelang angestrebte Ziel seiner Westpolitik erreicht. Seine Grenzen sind um vierhundert Kilometer in das nordeuropäische Tiefland vorgestoßen. Es hat achtzig Prozent des ehemaligen polnischen Staatsraums gewonnen, zwölf Prozent sind an Österreich gefallen, acht Prozent – ältester deutscher Volks- und Kulturboden – bleiben bei Preußen.

Hundertprozentig wird dieser Untergang Polens im Versailler Kriegsdiktat an Preußen „wiedergutgemacht" werden. Keine sachliche Geschichtsforschung kann dem preußischen Staat eine Schuld an dem inneren Zerfall und der Auflösung seines Nachbarstaates zusprechen. Selbst die polnische Geschichtsschreibung vor 1919 führt als Gründe des Zusammenbruches ihrer Nation die Gebrechen ihrer sozialen Verfassung, die Schwäche ihrer Staatsgewalt gegenüber dem Großadel, den Verfall der Volksbildung, den Mangel an religiöser Toleranz und vor allem die geringen eigenen staatsbildenden Kräfte an, die in gar keinem Verhältnis zu dem immer weiter ausgreifenden polnischen Imperialismus stehen. „Wir müssen in uns selber, in unseren Sünden und Fehlern den eigentlichen Grund unseres Unglücks sehen", schreibt der polnische Historiker Bobrzynski. Noch das berühmte polnische Manifest der polnischen „Demokratischen Gesellschaft" von 1836 betont: „Europa hat zwar Polen in seiner höchsten Not verlassen, wir wollen ihm aber diese Gleichgültigkeit nicht verübeln, da die Geschichte beweist, dass unser Vaterland nicht durch fremde Gewalt, vielmehr durch eigene soziale Mängel zu Fall gebracht wurde."

Man fühlt sich versucht, schon in diesem Zusammenhang die Frage zu stellen, auf welche Weise wohl die Versailler Staatsmänner des Jahres 1919 das *russische* Teilungsverbrechen an Polen gesühnt hätten, wenn es im Kreise der alliierten und assoziierten Mächte noch ein zaristisches Russland gegeben? Ob das Ultimatum der Entente vom

16. Juni 1919 an Deutschland die Zuteilung von Westpreußen und Posen an den neugegründeten polnischen Staat auch mit „der sittlichen Pflicht der Wiedergutmachung des Teilungsverbrechens" begründet, ja ob es überhaupt eine polnische Frage gegeben hätte? Oder ob nicht die russischen Staatsmänner ihren Bericht an den Zaren mit denselben Worten geschlossen hätten, mit denen der russische Vertreter Graf Orlow seinen Bericht über den Pariser Friedenskongress des Krimkrieges 1856 geschlossen hat: „Ich hatte die vollständige Genugtuung, dass in Gegenwart der Vertreter der großen Mächte der Name Polen nicht erwähnt wurde"?

Wir haben Fragen gestellt, die die Geschichte unbeantwortet gelassen hat. Aber man hat in Versailles auch das Ethos der Geschichte bemüht. So ist es das Recht, ja die Pflicht der Geschichtsschreibung, dort, wo aus „sittlichen Gründen" ein ungeheures Unrecht an Millionen deutscher Menschen begangen ist, aus der politischen Vergangenheit Frankreichs und Englands wenigstens andeutungsweise jene Antwort zu geben, die uns die Gegenwart schuldig geblieben ist.

Politische Mächtegruppen ändern sich im Laufe eines Jahrhunderts, aber nicht das Ethos der Geschichte.

Als General Bonaparte die polnischen Legionen braucht, verspricht er unmittelbar nach dem italienischen Feldzug Polen zu befreien: „Die Wiederherstellung Polens ist ein Teil des großen Werkes der Herstellung des europäischen Friedens." Als er ein Bündnis mit Zar Alexander I. plant, lässt er die polnischen Legionen unter aufgefahrenen Geschützen nach Haiti abtransportieren, wo sie als französische Fremdenlegionäre verenden. Als Kaiser Napoleon Posen und Westpreußen als Verpflegungs- und Operationsbasis gegen Preußen benötigt, ruft er zur Bildung neuer polnischer Legionen auf. Als er in bedenklicher militärischer Lage Preußen aus dem russischen Bündnis lösen will, lässt er drei Monate später durch seinen General Bertrand dem preußischen König erklären, der Kaiser sei davon überzeugt, dass Polen keine Unabhängigkeit mehr erhalten dürfe. Noch nicht vier Monate später, während der Tilsiter Verhandlungen, bietet er Alexander I. das ganze polnische Reich von 1772 an.

Als der Zar die polnische Königskrone aus den Händen Napoleons ablehnt, nimmt dieser Meisterspieler machiavellistischer Staatskunst die alten polnischen Puppen wieder aus dem Kasten und führt mit der Gründung des „Herzogtum Warschau" eine politische Meisterkomödie auf. *Er teilt mit dem Tilsiter Friedensdiktat Preußen zum zweiten Male.* Macht Danzig, das er als Brückenkopf für künftige Landungen braucht, zum „Freistaat", lässt sich für diese Gnade zehn Millionen Franken bezahlen, legt der Stadt eine Unterhaltspflicht für zehntausend Mann Besatzungstruppen auf. Freilich bis zu dem politischen und wirtschaftlichen Wahnsinn der Schaffung eines polnischen Korridors versteigt sich selbst sein Preußenhass nicht. Das Herzogtum Warschau wird unter dem König von Sachsen ein Rheinbundstaat. Frankreichs Ostgrenzen bilden Bug, Narew und Niemen. Von siebzigtausend Polen, die unter Napoleons Fahnen für die Selbständigkeit ihres Vaterlandes nach Moskau marschieren, sehen nur wenige die Heimat wieder, keiner erblickt das polnische Reich „von Meer zu Meer".

Der Friedenskongress, der die napoleonische Ära abschließt, ist bekanntlich der Wiener Kongress des Jahres 1815. Als französischer Staatsmann wohnt ihm im Auftrag seiner Regierung Talleyrand bei. England vertritt Lord Eastlereagh. Von einer Wiederherstellung des alten Polens von 1772 spricht man nicht einmal in den Vorzimmern. Wohl aber sorgt Zar Alexander I. als „Polenbefreier" dafür, dass seine Besitzrechte auf das Herzogtum Warschau mit Posen und Thorn von allen Wänden aller Konferenzzimmer widerhallen. Er verlangt auch Danzig. Der preußische Oberst Knesebeck will nicht, dass „seinem Staatskörper der Bauch herausgeschnitten werde". Lord Eastlereagh zwingt sich drei Denkschriften ab, um die „schwarze russische Wolke über der Weichsel" zu bannen. Es kommt ihm nur darauf an, dass Polen nicht ein militärisches Instrument in der Hand einer einzigen europäischen Macht wird. Er warnt den Zaren vor der Vernichtung aller Hoffnungen auf Ruhe, Vertrauen und friedliche Entwicklung, „wenn dieses leichtfertige und unruhige Volk zu neuen Kabalen ermutigt werde." Der Zar winkt sehr kräftig ab: „Man möge doch die Verständigung über die polnische Frage den unmittelbar Beteiligten überlassen." Als Antwort schafft England eine antirussische Front, der Frankreich und Österreich beitreten. Auch Preußen will man in das Bündnis hinüberziehen.

Und was tut da Frankreichs bester und verschlagenster Diplomat Talleyrand? Er schlägt im Auftrag seiner Regierung eine *neue Teilung*

Polens vor: „Die Besitzverhältnisse der polnischen Gebiete müssen auf den Stand von 1795 zurückversetzt werden." Er bietet Preußen sogar Warschau an und begründet diese völlige Vernichtung des polnischen Volkstums in einem Schreiben an Eastlereagh: „Polen wird durch die Teilung durchaus nicht vernichtet werden. Die Polen werden unter fremder Herrschaft ihr Mannesalter erreichen, das sie während der neun Jahrhunderte ihrer Unabhängigkeit nicht haben erreichen können. Das ist die einzige Art, aus ihnen Europäer zu machen."

Und was tut Preußen? Seine Friedenspolitik gibt in diesem drohenden neuen europäischen Konflikt den Ausschlag. Preußen tritt seine rein polnischen Gebiete an das „Königreich Polen" ab. Preußen macht von sich aus die einzige polnische Teilung von 1795, an der es unschuldig ist, wieder gut. Und England, Frankreich, Russland, Schweden, Spanien, Portugal garantieren dem preußischen Staat seine Ostgrenzen, wie sie bis 1919 bestanden haben.

Noch öfter sind im diplomatischen Ränkespiel des vorigen Jahrhunderts neue polnische Teilungen dem preußischen Staat vorgeschlagen worden. Von Zar Nikolaus I., der ohne preußische Hilfe nicht glaubt, der polnischen Aufstände (1830) Herr werden zu können. Von Napoleon III., den der trügerische Schimmer der polnischen Freiheitslegende seines großen Onkels nicht abhält, während des Krimkrieges Preußen das ganze russische Polen anzubieten. Immer hat Preußen diese Teilungsverbrechen abgelehnt. Immer schweigt sich das Ethos der künftigen Ententemächte bei den großen europäischen Friedenskongressen über die polnische Frage aus. Noch beim Berliner Kongress des Jahres 1878 kann der Vertreter Englands Lord Beaconsfield dem polnischen Emigrantenführer Graf Plater seine Denkschrift über die Wiederherstellung Polens mit den Worten zurückreichen, „er habe Mitgefühl mit dieser so interessanten und verständigen Akte und bedauert, dass der Kongress sich mit der Polenfrage nicht beschäftigen könne noch wolle."

Das angerufene Ethos der Geschichte gibt es selbst im Jahre 1914 noch nicht. Damals ist das mit achtzig Prozent an den „Teilungsverbrechen" beteiligte Russland der französischen und englischen Regierung als Bundesgenosse nur zu willkommen. Ja, es gibt auch 1915 dieses Ethos noch nicht. Auch 1916. Auch 1917 ... Nein, in diesem Jahre gibt es dieses Ethos nur bis zum 11. März nicht. An diesem Tage schließen Frankreich und Russland, Herr Briand und Herr Iswolski, ihren letzten Geheimvertrag ab. Beide Mächte behalten sich vor, „ihre neuen Grenzen nach ihrem Belieben zu bestimmen, wobei die polnische Frage aus der internationalen Erörterung auszuscheiden habe, und jeden Versuch, die Zukunft Polens unter Mitbestimmung der Mächte zu erörtern, abzuwehren." Wenige Tage später bricht das zaristische Russland zusammen.

Nun endlich hebt wie die Stimme des Weltgewissens selbst das Ethos der Geschichte zu sprechen an. Frankreich pflichtet mit ebenso gerechter wie sittlich tiefbegründeter Entrüstung über „das polnische Teilungsverbrechen" der Rede des amerikanischen Präsidenten Wilson bei, der in naiver Unkenntnis der bestehenden französisch-russischen Geheimabkommen schon am 22. Januar 1917 die Herstellung eines autonomen und geeinigten Polens gefordert hat.

Man soll das Ethos der Geschichte nicht unnützlich bemühen.

5. Stimme des 19. Jahrhunderts

Unter deutschem Recht und Schutz

Ein neues gewaltiges Jahrhundertwerk deutscher Aufbauarbeit beginnt. Die deutsche Ostmark gestaltet sich zu einem einheitlichen, organisch zusammenwachsenden Wirtschaftsraum, der durch deutsche Kulturschöpfungen auf allen Gebieten zu geschlossenem deutschen Volksboden wird. Seine politische Zusammengehörigkeit mit Preußen zeigt sich als eine erdgesetzmäßige. Der Strom des geistigen Lebens, vom Herzen Deutschlands, dem Herzen Europas, gespeist, erfasst mit schöpferisch pulsenden Kräften eigenes wie fremdes Volkstum, lässt sich von keinem unfruchtbaren Widerstand aufhalten, spendet aus der Fülle.

Zu den urältesten Mittlern deutschen Kolonisationsgenies, Pflug, Messschnur und städtischen Handfesten, tritt der Geist der deutschen Wissenschaft, die Kunst der deutschen Ingenieure. Als Grundlage der kulturellen Aufbauarbeit wird das Schulwesen, als Grundlage der wirtschaftlichen das Verkehrswesen völlig neu geschaffen.

Unter polnischer Herrschaft gibt es im Bromberger Bezirk keine einzige Volksschule. Unter preußischer Herrschaft sind bis zum Tilsiter Frieden zweihundertsiebenundsechzig begründet, bis zur Jahrhundertwende werden es zwölfhundertfünfundzwanzig sein. Im Regierungsbezirk Posen steigt ihre Zahl von zweihundertfünfzig auf neunzehnhundert. Unter polnischer Herrschaft gibt es im Netze-Distrikt einschließlich der Stadt Bromberg keine einzige höhere Lehranstalt, in ganz Posen nur drei. Unter preußischer Herrschaft werden hier fünfundzwanzig höhere Schulen, unter ihnen zwanzig Gymnasien eröffnet. Unter polnischer Herrschaft gibt es nicht den geringsten Ansatz zu einem Lehrerbildungswesen. Unter preußischer Herrschaft zählt man allein in dieser Provinz sechs evangelische, sieben katholische Lehrerseminare, ein paritärisches, dazu zwei Volksschullehrerinnenseminare, dazu sechzehn Präparandenanstalten. Die Zahl der Analphabeten, die noch um 1830 gegen fünfzig Prozent beträgt, fällt auf 0,00 Prozent.

Das ist die „gewaltsame, rücksichtslose Germanisierung durch die Schule", von der die polnischen Staatsgründer von Versailles sprechen werden. Wie recht hat Prinz Czartoryski, der schon im Jahre 1885 in einer polnischen Volksversammlung zum Kampf gegen das deutsche Schulwesen mit den Worten aufruft: „Will man unsere Kinder germanisieren? Man will sie verdummen, zu Idioten machen, denn mit dummen Menschen kann man alles anstellen, was man will."

Als der preußische Staat das polnische Weichsel- und Wartheland unter der Garantie der Westmächte 1815 wieder in Besitz nimmt, findet er die Schifffahrtsstraße der Weichsel verwildert, ohne Verbindung mit dem Stromgebiet der Oder. Durch riesige Sumpfflächen winden sich ungenutzt Netze und Brahe. Als der polnische Staat das deutsche Warthe- und Weichselland unter der Garantie derselben Westmächte 1919 wieder an sich reißt, verbindet eine gewaltige Wasserstraße von fast dreihundert Kilometer Länge das Weichsel- und Odergebiet. Der Bromberger Kanal Friedrichs des Großen ist weiter ausgebaut, von Süden mündet der Speisekanal, der Oberländer Kanal schließt Ostpreußen, der Kraftohlkanal die Nogat und das Frische Haff in dieses einheitliche Wasserstraßennetz ein. Brahe, Warthe, Netze, Küddow sind zu schiffbaren Zubringerstraßen ausgebaut. Sechs eiserne Brücken, Wunderwerke der deutschen Technik, überspannen die Weichsel, deren Regulierungswerk den preußischen Staat neunzig Millionen Mark gekostet hat. Danzig, Thorn, Bromberg, Posen, Stettin mit ihren Hafenanlagen sind zu Handelsstützpunkten für einen Floßholz- und Güterverkehr geworden, der Millionen Tonnen auf diesen Wasserwegen verfrachtet. Das Versailler Kriegsdiktat wird hier die Zollsperren von zwei neuen Staaten, Polen und Danzig, aufrichten und dieses deutsche Strom- und Kanalnetz zur Zerstörung verurteilen.

Im polnischen Weichsel- und Wartheland findet der preußische Staat 1815 nur eine Chaussee vor. Sie führt von Elbing nach Trunz, ist noch nicht ein Dutzend Meilen lang. Im preußischen Weichsel- und

Wartheland 1919 verbinden zehntausend Kilometer deutsche Kunststraßen seine Städte und Dörfer unter sich und mit den preußischen Nachbarprovinzen. Das Versailler Kriegsdiktat wird einhundertvierundvierzig deutsche Chausseen, siebenhundertzweiundzwanzig deutsche Landstraßen zerschneiden.

In der westöstlichen Richtung ältester Handelswege schließen die deutschen Eisenbahningenieure dieses Ostland nun dem Weltverkehr auf. Schon am 1. Oktober 1867 ist die erste durchgehende Linie Berlin–Küstrin–Bromberg–Königsberg–Eydtkuhnen vollendet. Eine Parallelbahn nimmt den Weg von Berlin über Frankfurt–Posen–Thorn–Insterburg, setzt sich über Tilsit bis nach Memel fort. Eine dritte Ostlinie verbindet Berlin über Stettin mit Danzig. Vier Hauptlinien nach Cottbus, nach Glogau, nach Breslau, nach Beuthen schaffen die Handelsverbindungen zu Schlesien. Querverbindungen klammern Pommern an. Ein Netz von Nebenbahnen schließt diese fünf preußischen Ostprovinzen zu einem einzigen Wirtschaftskörper zusammen, dessen Güteraustausch an Landesprodukten wie das Fluten ihrer Lebenskräfte selbst ist. Das Versailler Kriegsdiktat wird auch dieses eiserne Aderngestränge zerschneiden, wird achtundsechzig Eisenbahnlinien auseinanderreißen, wird Schlesien von Posen trennen, Posen von Pommern, Pommern von Danzig, Westpreußen von Ostpreußen, Ostpreußen von Deutschland.

Wo einst die Klage des deutschen Bauerntums unter dem Ausbeutersystem des polnischen Adels in Verzweiflung verstummt ist, schafft der preußische Staat auf seinen Domänen Musterwirtschaften, legt landwirtschaftliche Versuchsstationen an, gründet sechshundert landwirtschaftliche Fortbildungsschulen, Gärtnerlehranstalten, Lehranstalten für das Molkereiwesen, eröffnet als landwirtschaftliche Hochschule das Kaiser-Wilhelminstitut zu Bromberg. Es furchen die deutschen Dampfpflüge, säen die deutschen Drillmaschinen, rattern die deutschen Dreschmaschinen, mahlen die deutschen Schrotmühlen, arbeiten die deutschen Milchzentrifugen. Auf Höfen und Grundstücken, an Straßen und Wegen sind allein in der Provinz Posen fünf Millionen Obstbäume gepflanzt. Westpreußen und Posen werden zu Preußens Ernährungsprovinzen. Auch die schon von Friedrich dem Großen geschaffene Moorkultur wird weiter ausgebaut. Jeder neuangesiedelte Kolonist muss ein Stück Bruchland in Kauf nehmen. Die deutsche Provinzialmoorkommission sorgt durch Wort und Schrift für die nötige Aufklärung. Fast siebenhunderttausend Hektar betreut in beiden Provinzen die vorbildliche preußische Forstwirtschaft.

Erinnern wir uns, wie Friedrich der Große in diesem polonisierten deutschen Lande vergeblich nach ordentlichen Handwerkern gesucht, in welchem Zustande er das einst so blühende deutsche Gewerbe vorgefunden hat. Mit einhundertfünfundsechzig deutschen kaufmännischen und gewerblichen Fortbildungsschulen, mit Baugewerbe- und Maschinenbauschulen, mit Lehrwerkstätten für das Metall- und Holzgewerbe, mit Meisterkursen für Schuhmacher, Schneider, Tischler, Maler, Sattler, Installateure, mit Gewerbebüchereien und Handwerkerzeitungen macht die neue preußische Verwaltung das Handwerk wieder sesshaft, schafft den gewerblichen Mittelstand als die tragende Kraft des städtischen Bürgertums. Aus den bescheidenen Wurzeln der friderizianischen Manufakturen wachsen neue bedeutende Industrien: die Metallindustrie, die Lederindustrie, die Holzindustrie, die Glasindustrie, die chemische Industrie, die Maschinenfabrikation, Waggon- und Schiffbau, Papierfabriken, Zuckerfabriken, Spiritusbrennereien, Dampfmühlen. Alles gründet deutsches Kapital, deutsche Arbeitsenergie, deutsche Intelligenz.

Und in unlöslicher Verbindung seiner Erde und seiner Menschen, seiner Siedlungs- und Wirtschaftsgeschichte, seines Handels und Verkehrs, seiner Landwirtschaft und Industrie fügt sich in dieses deutsche Aufbauwerk der mittlere Eckpfeiler Ostdeutschlands ein: Oberschlesien. Es muss einer eigenen Darstellung vorbehalten bleiben, den Anteil Gesamtschlesiens am Lebenskampf unserer Ostmark aufzuzeichnen. Schon von den Anfängen der deutschen Ostwanderung an zweigt sich hier in völkischer und staatlicher Eigenentwicklung ein besonderer deutscher Menschenstamm ab. Der schlesische Mensch wird nach den Worten eines schlesischen Dichters „unverwechselbar wie seine Berge, seine Ebenen, sein Himmel, seine Flüsse und Seen, die sein Blut keltern und seinen Geist formen." Sein geschichtliches Gefühl tritt vor seinem Heimatgefühl zurück. Dieses aber ist von einer so bodenständigen Kraft, dass es weder Stürme der Zeiten noch ein künstlich aufgeregter Nationalitätenkampf entwurzeln können. Die schlesischen

Menschen wissen, dass sie nur von Deutschland die Grundlagen ihrer bäuerischen und städtischen Kultur, ihren Glauben und ihre Kirche, die Ströme ihres geistlichen Lebens, die Kräfte ihrer wirtschaftlichen Existenz empfangen haben.

Eine der ältesten Grenzen Europas trennt hier die deutsche und die slawische Welt. Seit den Tagen Barbarossas politisch von Polen gelöst, als deutsches Land auch staatsrechtlich von Kasimir dem Großen im Vertrag von Trentschin (1335) anerkannt, kommt dieses Schlesien unter deutsch-böhmische, unter habsburgische Herrschaft. Als Friedrich der Große seine Segenshand auf diese Provinz legt, blüht sie mit neuer ländlicher Kolonisation zu neuer Fruchtbarkeit auf. Es ist das preußische Zepter, das aus dem Boden Oberschlesiens die unausschöpfbare Quelle seines Reichtums aufschlägt: Erze und Kohlen. Die Geschichte der oberschlesischen Gruben und Hütten zu schreiben, ist eine Aufgabe, der Feder unserer bedeutendsten Historiker, unserer größten Dichter würdig. Die Ehrfurcht vor dem ungeheuren Ausmaß menschlicher Arbeit, die hier im letzten Jahrhundert eines der gewaltigsten Werke deutscher Kultur ergraben und erbaut hat, verbietet eine flüchtige Darstellung von selbst.

***

Vor der überragenden Größe dieser deutschen Aufbauarbeit scheint dem flüchtigen Blick der Nationalitätenkampf als nebensächlich zurückzutreten. Aber er beherrscht, mit unverminderter Zähigkeit von polnischer Seite fortgeführt, das ganze Jahrhundert. Wohl entbehrt er großer Persönlichkeiten und geschichtlich einprägsamer Begebnisse. Es reitet durch die westpreußischen Lande kein polnischer Edelmann mehr mit gespornten Stiefeln in Rot und Schwarz, von denen der eine Brand und der andere Mord bedeutet. Es jagen keine Tatarenhorden als Polens Bundesgenossen durch Ostpreußens Städte und Dörfer, sie als wüste Trümmerhaufen zurücklassend. Es erschallt keine Klage Posens. Unter den schützenden Fittichen des preußischen Adlers wächst freies Menschentum, gründet sich Wohlstand, waltet das Recht.

Für Preußen gibt es keinen Kampf gegen seine polnische Minderheit. Nicht sie zu unterdrücken, sondern sie auf die allgemeine Bildungshöhe der Zeit emporzuheben, ihr jede Möglichkeit zur Entfaltung der eigenen, unter der polnischen Adelsherrschaft brachliegenden Kräfte zu geben, ist das Ziel der preußischen Polenpolitik. Ihr Ergebnis: *die Schöpfung des polnischen Volkstums.*

Gegen alle offenen und heimlichen Angriffe nimmt die preußische Regierung nur eine Abwehrstellung ein. Auch diese uneinheitlich, schwankend, immer wieder sich selbst zerbrechend. Es gibt kein System einer Germanisierung. Wohl aber zeigt sich dem schärfer zusehenden Blick ein unaufhaltsam fortschreitender Prozess der Polonisierung, der von Posen als dem Brennpunkt der national-polnischen Bewegung nach Westpreußen, nach Oberschlesien, ja nach Ostpreußen und Pommern hinübergreift.

Mit den Methoden wechseln die Führergruppen und die Schauplätze, nie aber ändert sich das Ziel dieses Kampfes. Er beginnt in den ersten Jahrzehnten als Adelsverschwörung auf den einsamen Schlössern der polnischen Magnaten, setzt sich um die Mitte des Jahrhunderts als Priesterverschwörung hinter den schweigsamen Gardinen der polnischen Beichtstühle fort, mobilisiert sich in den letzten Jahrzehnten als Volksverschwörung in polnischen Genossenschaften, polnischen Kreditinstituten, polnischen Bauernvereinen.

Der Adel ruft das Schwert zur Entscheidung auf, und hingerissen von Kosciuszkos Heldenwort – „In der Todesverachtung liegt die einzige Hoffnung!" – verblutet die polnische Jugend in unglücklichen Aufständen, verschmachtet in russischen Kerkern, verendet in Sibiriens Eiswüsten. Dreimal amnestiert Preußen seine polnischen Aufständischen. Heimlicher, ungreifbarer arbeitet die polnische Geistlichkeit. Sie politisiert das religiöse Gewissen mit der alten Kampfparole: Hie gut polnisch – hie gut katholisch! Unterhöhlt in unablässiger Minierarbeit fanatischer Priester die praktischen Segnungen preußischer Kultur, sabotiert die preußische Wiederaufbautätigkeit. An ihre Seite tritt endlich die polnische Intelligenz. Diese führt die stärksten Waffen: die polnische Fibel, das polnische Sparkassenbuch, den polnischen Wirtschaftsboykott, den der polnische Leitartikel gegen die Deutschen propagiert. So schafft sich das preußische Polentum, gefördert und geschützt von der preußischen Schulpolitik, der preußischen Bauerngesetzgebung, dem preußischen Vereinsrecht, unter der preußischen Pressefreiheit jene drei Stützen, die dem polnischen Staat seit seinem

Bestehen gefehlt haben: das polnische Bildungswesen, das polnische Bauerntum, den polnischen Mittelstand. Den letzten Kampf um den Boden gewinnen schließlich die polnischen Parzellierungsinstitute mit der von der nationalen Leidenschaft beflügelten Parole des Grafen Dzialynski: „Große Verräter verkaufen ihr Land im Ganzen, kleine morgenweise." Die Führergruppen haben gewechselt, keine ist vom Kampfplatz zurückgetreten.

Unter der Schutzmaske scheinbarer Parität haben sich rein polnische Selbstverwaltungskörper gebildet, die sich durch Personalunion zu einem Staat im Staate zusammenschließen. Dieser schafft sich in der Pariser Emigration (1830) durch die internationalen Verbindungen des polnischen Hochadels seine außenpolitische Vertretung. Ihr Führer, der polnische „König ohne Land", der greise Fürst Czartoryski spürt mit feinster psychologischer Witterung jeden drohenden Völkerkonflikt auf, um sofort die polnische Frage in die europäische Debatte werfen zu können. Kuriere sind unaufhörlich nach Posen, nach Warschau, nach Lemberg unterwegs, geben die polnisch-französischen Direktiven. Frankreich bleibt noch immer der umworbenste Bundesgenosse. Mit dem Vormarsch der französischen Bataillone zum Rhein – so verspricht man – werden die polnischen Legionen an der Weichsel und Warthe stehen. Aber die Clairons wollen nicht schmettern. Inzwischen üben sich die polnischen Emigranten beim Pariser Barrikadenbau für alle kommenden Revolutionen.

Zuverlässiger erweist sich als innenpolitische Vertretung die polnische Fraktion des Preußischen Landtags und Deutschen Reichstags. Diese arbeitet unaufhörlich mit Protesten und Interpellationen an der Misskreditierung der preußischen Regierung. Sie findet ihre stärksten Stützen am deutschen Liberalismus, Ultramontanismus, aufkommenden Marxismus. Die deutsche Fortschrittspartei kämpft für die polnische Freiheit, die deutsche Zentrumspartei für den polnisch-katholischen Glauben, die deutsche Sozialdemokratie schreibt nach den programmatischen Erklärungen ihrer Führer Marx und Engels die Wiederherstellung Polens auf ihre gegen Preußen vorgetragenen Fahnen. Selbst ein Bismarck erliegt in dem ihm vom polnischen Klerus aufgezwungenen Kulturkampf dieser Parteihydra. Und klagend hören wir die Stimme dieses Gewaltigen: „Der Parteigeist, wenn der mit seiner

Lokistimme den Urwähler Hödur, der die Tragweite der Dinge nicht beurteilen kann, verleitet, dass er das eigene Vaterland erschlage, der ist es, den ich anklage vor Gott und der Geschichte, wenn das ganze herrliche Werk unserer Nation von 1866 und 1870 wieder in Verfall gerät."

Preußen findet (1815) siebenhunderttausend Polen in Posen und Westpreußen vor. Sie bilden innerhalb der preußischen Gesamtbevölkerung eine Minderheit von sieben Prozent. Auch innerhalb der beiden Provinzen haben die Deutschen die Mehrheit. Der preußisch-russische Vertrag vom 3. Mai des Wiener Kongressjahres zeigt die ersten schüchternen Ansätze einer Minderheitenschutzgesetzgebung. Die Polen sollen „Institutionen empfangen, welche die Erhaltung ihrer Nationalität sichern in denjenigen politischen Daseinsformen, die jede der beiden Regierungen, denen sie unterstehen, ihnen zu gewähren für nützlich und angezeigt erachten wird." Man kann es nicht unverbindlicher ausdrücken.

Mit dem bindenden Wort seines Königs Friedrich Wilhelm III. grüßt Preußen seine polnische Minderheit: „Auch ihr habt ein Vaterland... Ihr werdet meiner Monarchie einverleibt, ohne eure Nationalität verleugnen zu dürfen. Eure Religion soll aufrechterhalten und für eine standesgemäße Dotierung ihrer Diener gewirkt werden. Eure persönlichen Rechte und euer Eigentum kehren wieder unter den Schutz der Gesetze zurück, zu deren Beratung ihr künftig hinzugezogen werden sollt. Eure Sprache soll neben der deutschen in allen öffentlichen Verhandlungen gebraucht werden, und jedem von euch soll nach Maßgabe seiner Fähigkeit der Zutritt zu den öffentlichen Ämtern des Großherzogtums, sowie zu allen Ämtern, Ehren und Würden meines Reiches offenstehen... Es ist mein ernster Wille, dass das Vergangene einer völligen Vergessenheit übergeben werde..."

Der König erinnert sich nicht der jahrhundertelangen polnischen Bedrückung des deutschen Volkstums, ja nicht einmal der letzten brutalen Deutschenverfolgungen während des kurzlebigen Herzogtums Warschau von Napoleons Gnaden. Er bewilligt eine völlige Amnestie selbst für jene Landesverräter, die 1807 hinter dem Rücken der preußischen Heere die polnische Bevölkerung aufgewiegelt haben. Bewilligt eine sechsjährige Optionsfrist, um den neuen polnischen Untertanen reichlich Gelegenheit zu geben, Vergleiche zwischen der alten polnischen und der neuen preußischen Wirtschaft anzustellen, bevor sie sich für das Bessere entscheiden. Bewilligt den polnischen Beamten und Militärs die Auszahlung ihrer Pensionen. Bewilligt eine völlige Handelsfreiheit zwischen allen ehemaligen polnischen Provinzen.

Schon an diesen Zugeständnissen ermesse man den Abstand der Wiener Friedensbestimmungen, die eine zwanzigjährige französische Eroberungsepoche abschließen, zu den Versailler Kriegsartikeln. Diese setzen eine zweijährige Optionsfrist für die Bevölkerung der an Polen abzutretenden deutschen Gebiete fest, heben die Unverletzlichkeit des deutschen Privateigentums durch das Liquidationsrecht auf, enteignen den preußischen Staatsbesitz. Man sehe heute die polnischen Schlagbäume auf allen durchschnittenen Straßen und Wegen, die aufgerissenen Schienenstränge, die gesprengten Brücken, die zerstörten Wasser- und Lichtleitungen, die versiegelten Türen in den unter Tag liegenden Bergwerksstollen.

Obwohl sich in der Provinz Posen unter achthunderttausend Einwohnern dreihundertfünfzigtausend Deutsche befinden, bildet Preußen zur Schonung des polnischen Nationalgefühls ein eigenes „Großherzogtum Posen". Der polnische Adler steht gleichberechtigt neben dem preußischen im Brustschild der leitenden Behörden. Preußen spricht dem Großherzogtum die deutschbesiedelten Bromberger Kreise zu, die zu Friedrich des Großen Zeiten noch der Marienwerder Verwaltung unterstellt sind. Nichts helfen den deutschen Gutsbesitzern, Bauern, Bürgern ihre Proteste. Ja, Preußen will sogar dem Posener Lande den westpreußischen Kreis Kamin-Flatow angliedern, der ausschließlich von Deutschen bewohnt ist. Diese wehren sich so einmütig gegen diese Verfügung, dass es die preußische Regierung bei dem alten Zustand lassen muss. Trotzdem wird Versailles einen Teil von Flatow mit fast zweiundzwanzigtausend Deutschen gegen achttausendsechshundert Polen abstimmungslos dem neuen polnischen Reich zusprechen.

Preußen setzt einen eigenen polnischen Statthalter in der Person des Fürsten Radziwill ein, stellt ihm als Oberpräsidenten den polenfreundlichen Zerboni di Sposetti an die Seite, der als Katholik dem polnischen Klerus, als Großgrundbesitzer dem polnischen Großadel nahesteht. Preußen lässt die einst von deutschen Bürgern zu deutschem Recht begründeten Städte unter polnischer Verwaltung. Lässt den Posener Kreisverwaltungen ihre polnischen Landräte. Von siebenundzwanzig sind dreiundzwanzig Nationalpolen. Noch fünfzehn Jahre später gibt es in den überwiegend deutschen Grenzkreisen nur einen deutschen Landrat. Preußen bestätigt alle polnischen Richter in ihrem Amt, obwohl viele von ihnen kaum ein deutsches Wort verstehen. Ist der Kläger ein Pole, so muss selbst der Deutsche sich einen Dolmetscher nehmen, da die Verhandlung mit Zustimmung der preußischen Justizbehörden polnisch geführt wird. Preußens Bemühungen, polnische Beamte durch Staatsstipendien für den doppelsprachigen Justizdienst heranzubilden, werden sabotiert. Alle öffentlichen Anschläge müssen zweisprachig erscheinen.

Zu einer deutschen Ansiedlung fehlt der preußischen Staatskasse das Geld. Aber zur Rettung des tiefverschuldeten polnischen Großgrundbesitzes gründet sie den ersten Kreditverein für das Großherzogtum Posen, in dessen Leitung sich fast zehnmal so viel Polen wie Deutsche befinden. Die polnischen Vertreter bei den Pariser Verhandlungen werden sich hundert Jahre später nicht scheuen, auch dieses Institut eine „Germanisierungsanstalt" zu nennen. Preußen vollendet die Bauernbefreiung, löst in großzügiger Weise den bäuerlichen Besitz von seinen Lasten ab, schafft so die Grundlage des polnischen Bauerntums. Keine einzige Ausweisung oder Enteignung findet statt. Preußen lässt sogar dem Landesverräter Dombrowski die ihm von Napoleon geschenkten Domänen.

Nicht mit einer einzigen Verfügung greift Preußen zugunsten der deutschen Katholiken in die national-polnische Bewegung des polnisch-katholischen Klerus ein. Diesem wird die Oberaufsicht über das gesamte Schulwesen zugesprochen. Nur um so schnell wie möglich die versäumte Bildung der polnischen Nation durch den polnischen Schulunterricht zu heben, lässt es Preußen geschehen, dass selbst die deutschen Unterrichtsstunden zugunsten der polnischen herabgesetzt werden, sodass sich die Söhne der preußischen Beamten außerhalb dieses deutschen Landes ihre deutsche Bildung aneignen müssen. Ja, der preußische Fiskus bewilligt sogar den aus Warschau und Wilna herbeigenötigten nationalpolnischen Lehrern eine Ostmarkenzulage. „Es ist nicht nötig", verfügt der preußische Kultusminister Altenstein,

„dass die Polen, um gute Untertanen zu sein, ihre Stammsprache aufgeben oder hintansetzen müssen. *Religion und Sprache sind die höchsten Heiligtümer einer Nation, in denen ihre ganze Gesinnungsart und Begriffsweise begründet ist.*" Unter dem von den Versailler Hauptmächten garantierten polnischen Minderheitenschutz wird es keine höchsten Heiligtümer für die deutsche Nation geben.

Kein Land der Welt kann sich rühmen, mit einer solchen Toleranz und Humanität jemals ein fremdes Volkstum geschützt, gepflegt, ja vor dem eigenen bevorzugt zu haben. Wenn Russland in jenen Jahren gleichfalls mit einer liberalen Verfassung eine Versöhnung mit dem polnischen Volk erstrebt, so lässt dieses Entgegenkommen keinen Vergleich mit den preußischen Verhältnissen zu. Russland hofft, durch die Gründung eines „Königreich Polen", dessen Krone der Zar trägt, im Laufe der Jahre das Posener Polentum zu sich hinüberzuziehen, um auf diesem Wege die Annexion Gesamtpolens nach den Plänen Peters und Katharinas durchsetzen zu können – ein Gedanke, der der preußischen Regierung völlig fernliegen muss. Auch ist der Warschauer Staat Mittelpunkt eines rein polnischen Volkstums, das weder russisches Volkstum, noch eine russische Oberschicht in sich schließt. Wo in den polnisch-russischen Grenzgebieten diese beiden Völker gemischt leben, würgt die russische Regierung mit eiserner Hand jeden Versuch einer Polonisierung ab. Für die preußische Provinz Posen aber behält jahrzehntelang das Wort des Generals Grolman Recht: „Man ließ alles schlechte Polnische bestehen, und setzte alles Deutsche, wenn es sich nicht unwürdig polonisiert hatte, zurück, sowohl im Amte wie im gesellschaftlichen Leben."

Das erste Ergebnis dieser preußischen Polonisierung ist die Beteiligung von zehntausend Insurgenten am Warschauer Aufstand (1830). Die polnischen Landräte, die man vertrauensvoll im Amte bestätigt, die polnische Geistlichkeit, der man vertrauensvoll ihre Loyalitätserklärungen geglaubt, die polnischen Lehrer, denen man vertrauensvoll Zuschüsse für die Polonisierung des Unterrichtes bewilligt hatte, geleiten heimlich und offen die von ihnen Verführten mit Waffen, Geld, Lebensmitteln über die preußische Grenze, damit diese von Russisch-Polen aus über die vertrauensvollen Deutschen Posens und Westpreußens herfallen können. Nicht ein einziger Oberschlesier denkt daran, in das Heer der Insurgenten einzutreten. In Westpreußen stehen die Deutschen mit den polnischen Schützenbrüdern Schulter an Schulter gegen ihre polnischen „Befreier". Sie hätten auch 1919 so zusammengestanden.

Damals stirbt in Posen auf der Wacht im Osten unser greiser Feldmarschall *Gneisenau,* und wenige Monate später folgt ihm in Breslau sein Generalstabschef *Clausewitz,* beide von der asiatischen Cholera hinweggerafft. Jener hat der preußischen Regierung noch als letzte Warnung hinterlassen: „Die Polen sind unfähig, sich durch eine sanfte und gerechte Regierung wie die unsrige leiten zu lassen." Und Clausewitz, auch als politischer Schriftsteller von der gleichen genialen Scharfsichtigkeit wie als militärischer, deckt in seinen letzten Denkschriften das preußisch-polnische Problem für alle Zeiten gültig auf: „Wenn Preußen sich je dazu verstehen könnte, Posen an Polen abzutreten, würden die Polen sofort die Forderung nach Westpreußen und Danzig erheben, um mit dieser Trennung des ostpreußischen Besitzes auch Ostpreußen zu gewinnen." Man glaubt die Stimme Bismarcks zu hören.

In Deutschland aber singt man, je weiter von der polnischen Schusslinie empor, umso begeisterter die deutschen Polenlieder. Zehntausend polnische Legionäre, in den Patronentaschen noch die für die Deutschen an Warthe und Weichsel bestimmten Kugeln, werden auf ihrem Marsch nach Paris von deutscher Stadt zu deutscher Stadt mit Fahnen und Ehrenpforten, liberalen Ansprachen und brüderlichen Umarmungen, studentischen Festkommersen und weiblichen Tränenergüssen begrüßt. Frankreich, das Land der polnischen Erlösung freilich, interniert fern von Paris auf Grund eines schleunigst eingebrachten Fremdengesetzes die unbequeme polnische Soldateska, die sich in den Pariser Vorstädten nicht immer sehr christlich als „Johannes, der Täufer Europas" aufspielt.

Zehn Jahre später leitet ein anderes preußisches Königswort einen zweiten, noch zielbewussteren Prozess der Polonisierung ein. Friedrich Wilhelm IV. gibt dem neuen Posener Oberpräsidenten die Weisung: „Jeder Anschein einer versuchten Verdrängung oder Beeinträchtigung der polnischen Bevölkerung durch Deutsche ist zu vermeiden." Wie einst der Romantiker auf dem deutschen Kaiserthron, der junge Otto III., den polnischen Lehnsherzog Boleslaus in Posen als den „Bruder und Mitarbeiter des Reiches" begrüßt hat, so lässt der Romantiker auf Preußens Thron die Posener Polen wissen, dass sie „seinem Herzen gleich nahe stehen wie die Deutschen". Ein Ordenssegen regnet auf den polnischen Großadel nieder, der in nie unterbrochener Verbindung mit dem Pariser Hotel Lambert des Fürsten Czartoryski weiter seine hochverräterischen Netze spinnt. Der Gnesener Erzbischof Dunin, als unbeugsamer, unbotmäßiger Staatsdiener gemaßregelt, wird allergnädigst wieder in Amt und Würden eingesetzt, um sich mit Triumphpforten und Festbeleuchtungen als Märtyrer des national-polnischen Chauvinismus feiern zu lassen. Der tatkräftige, deutschbewusste Oberpräsident Flottwell wird von Posen nach Magdeburg versetzt, freilich nicht in der romantischen Erinnerung, dass einst von diesem Magdeburg für Posen das Licht des Christentums aufgegangen und das Recht seiner städtischen Kultur gekommen ist.

Lange genug hat Flottwell die polnischen Führer mit seinen deutschen Abwehrmaßnahmen verstimmt. Er hat es sich einfallen lassen, auch deutsche Schulen in diesem deutschen Land zu gründen, deutsche Landräte, deutsche Richter einzusetzen, für die deutschen Behörden die deutsche Amtssprache festzulegen, die verkrachten polnischen Güter an deutsche Landwirte auszutun. Freilich stellen diese Reformen nur die ältesten von den polnischen Fürsten und Grundherren selbst den deutschen Kolonisten zugesagten Rechte und Privilegien wieder her. Aber auch dessen erinnert sich der romantische preußische König nicht „im Irrtum seines edlen Herzens", wie Bismarck es genannt hat.

Zum zweiten Mal liefert Preußen mit der Einrichtung einer „Katholischen Abteilung im preußischen Kultusministerium" das preußische Schulwesen in den völkisch bedrohten Grenzprovinzen dem polnischen Klerus aus. Der Dezernent dieser katholischen Abteilung hat eine Polin zur Frau. Nun erst beginnt die Polonisierung der in Posen angesiedelten deutschkatholischen Bamberger, die sich anderthalb Jahrhunderte ihre süddeutsche Stammesart und Sprache bewahrt haben. In einer Eingabe an die preußische Regierung bezeichnen sie sich selbst als „die Nachkommen jener friedliebenden braven Deutschen, die fast seit Jahrhunderten in allen Stürmen der Zeit ihrer Nationalität treugeblieben sind und die gleich jenen an ihrer Sprache, ihren Sitten und Gebräuchen festhalten wollen." So schreiben die Bauern des Dorfes Ratai, ein Beispiel für unzählig viele: „Einer Kgl. Hochlöblichen Regierung wagen wir alleruntertänigst anzuzeigen, wie unser Lehrer Franz Kaliski seit mehreren Jahren dahin arbeitet, die polnische Sprache in unserer Gemeinde vorherrschend zu machen und so unsere Muttersprache, die deutsche, zu verdrängen. Ein großer Teil unserer Kinder versteht beim ersten Schulbesuch nicht einmal polnisch; nichtsdestoweniger wird vom Lehrer ausschließlich nur in polnischer Sprache sogar der Religionsunterricht erteilt; auch Gebete, die wir, um den religiösen Sinn zu wecken, unseren Kindern in der frühesten Jugend lehren, dürfen in der Schule nicht deutsch gesprochen werden." General von Boguslawski muss als Augenzeuge feststellen: „Die Polonisierung mehrerer tausend Deutschen geschah also vor den Toren der Hauptstadt der Provinz, der Festung Posen, unter den Augen der höchsten Staatsbeamten und Schulbehörden, und zwar durch die Schule und Kirche." Es mag sich jeder ausmalen, wie in dieser preußischen „Versöhnungsära" erst auf dem Lande von den polnischen Geistlichen gegen das Deutschtum gewütet sein mag.

Auch die Kaschubei, deren Bewohner sich immer als Erbfeinde des Polentums gefühlt haben, wird durch die Einführung des polnischen Schulunterrichts nun gleichfalls polonisiert. Keine preußische Behörde verbietet den neuen polnischen Lehrern, die deutschen Schulbücher im Angesicht der Klasse zu zerreißen, mit bekannter polnischer Grausamkeit die Kinder, die auf den Schulhöfen deutsch zu sprechen wagen, zu züchtigen.

Schon greift die polnische Bewegung auf Westpreußen über. Hier gibt es noch bei den Provinziallandtagen keine polnische Frage. Während des Warschauer Aufstandes überbringen die Abgeordneten aller Kreise die „zusagendste Versicherung", dass die Verhältnisse in Kongresspolen nur Veranlassung gegeben haben, „das große Glück inniger zu fühlen, unter dem weisen Regiment eines allgeliebten Königs zu leben." Um 1825 kann man hier etwa fünfhunderttausend Deutsche und zweihundertvierzigtausend Polen zählen. Es gibt noch keine polnische Presse, keine polnischen politischen oder wirtschaftlichen Organisationen.

Unter der kräftigen segensreichen Hand des Oberpräsidenten von Schön werden in wenigen Jahren vierhundert neue Elementarschulen gegründet. Das heilige Wahrzeichen aller Ostdeutschen, die Marienburg, ersteht zu neuem Glanz. Langsam tauchen auch hier die ersten Petitionen auf, die alle öffentlichen Bekanntmachungen doppelsprachig wünschen und die Aufnahme des polnischen Sprachunterrichts in den Gymnasien zu Thorn und Kulm fordern. Schon bilden sich die ersten geheimen polnischen Schülerverbindungen. Man spürt den Einfluss der „Katholischen Abteilung im preußischen Kultusministerium".

In Oberschlesien, in dem es bisher eine polnische Bewegung weder im völkischen noch auch nur im sprachlichen Sinne gegeben hat, beginnt „das langsame Erwachen aus dem nationalen Schlaf". Noch 1847 kann der Abgeordnete Wodiczka gegenüber einer Behauptung, dass in Oberschlesien die polnische Nationalität vorherrsche, die Antwort geben: „Als Bewohner von Oberschlesien bekenne ich, dass wir keine dergleichen Nationalität besitzen. Die benachbarten Polen sehen uns nicht als ihre Brüder an. Wir Oberschlesier wollen nur als deutsche Brüder, als Preußen angesehen und behandelt werden." Der entscheidende Anstoß zur Polonisierung kommt auch hier von deutscher Seite. Der Regierungs- und Schulrat Bernhard Bogedain wird von Posen nach Oppeln versetzt, obwohl er in seiner Posenschen Tätigkeit als Seminardirektor seinen Zöglingen bei hoher Geldstrafe den Gebrauch jedes deutschen Wortes verboten hat. Er wird der Schöpfer der polnischen Volksschule, der Bahnbrecher des „jungen polnischen Geistes". Führt polnische Schulbücher, polnische Lehrkräfte ein, schafft gegen den Willen der eingesessenen Bevölkerung polnische Seminare. Schon sprechen die Polen von der „Erweckung ihres jüngsten Bruders". Sie meinen nicht den Oberschlesier. Sie meinen das inzwischen aus deutschem Geist und deutscher Arbeit geschaffene oberschlesische Berg- und Hüttenwesen.

Noch fehlt im Kernland der national-polnischen Bewegung, im Großherzogtum Posen, zwischen der herrschenden polnischen Aristokratie und dem nur schwer aus seiner Hörigkeit sich ablösenden polnischen Bauerntum der polnische Mittelstand. Hier greift das gleichzeitige Reformwerk des aus der Pariser Emigration nach Posen zurückgekehrten Arztes und Volkstribuns Dr. Marcinkowski ein. Mit Hilfe der polnischen Geistlichkeit schafft er jenen „Verein zur Unterstützung der lernenden Jugend", der bald die ganze Provinz mit einem Netz von Kreiskomitees überspannt, um den Nationalitätenkampf aus der Adelsschicht in die stärkere der bürgerlichen Intelligenz zu verlegen. Es gibt keinen preußischen Widerspruch. Aus dem unter scharfer polnischer Kontrolle stehenden Kreis der Stipendiaten gehen jene polnischen Ärzte, Redakteure, Rechtsanwälte, Techniker, Handwerksmeister hervor, die den späteren deutschen Boykott durchführen und in den polnischen Nationalkomitees die gefährlichsten deutschen Hetzer sein werden.

Von den Barrikaden der 48er Revolution empfängt der preußische König den polnischen Dank. Sehen wir ihn einen Augenblick an seinem Schlossfenster stehen. Ein blumenumkränzter Wagen, von deutschen Männern gezogen, kommt über den Schlossplatz. Auf ihm die polnischen Verschwörer, die sich vor zwei Jahren unter der Führung Mieroslawskis der Festung Posen haben bemächtigen wollen. Die guten Berliner haben sie mit stürmender Hand aus dem Moabiter Gefängnis befreit, Damen der Berliner Gesellschaft dort schnell die polnische Fahne zusammengenäht. Der königliche Romantiker sieht sie von jenem Wagen wehen. Held Mieroslawski, „der Engel der Revolution", schwingt die neue deutsche, die schwarzrotgoldene Fahne. Die Bürgerwehr salutiert. Mieroslawski spricht, natürlich Französisch, was die Berliner in noch größeren Freiheitstaumel versetzt: „Das polnische Banner wird künftighin in Eintracht neben dem deutschen wehen!" Der Verschwörerwagen hält vor dem Fenster des Königs, der an sein Schreibpult zurückgetreten ist. Es ist bedeckt mit Hilfegesuchen der hunderttausenden Deutschen Posens, die für ihr Gut und Leben fürchten. Der Jubel draußen will nicht verstummen. Schon werden drohende Rufe laut. Der König muss auf den Schlossbalkon treten. Der Hohenzoller, Nachfahre des Großen Friedrich, muss den wegen Landesverrat zum Tode verurteilten und von ihm begnadigten polnischen Verschwörer Mieroslawski grüßen. Im Namen des Königs spricht der neue preußische Kultusminister Graf Schwerin: „Seine Majestät vertrauen, da die Polen, nachdem sie gesehen, wie man in Preußen die politischen Gefangenen behandelt, sich auch an Preußen und dessen Königshaus anschließen werden." Mieroslawski schwingt als Antwort in der brüderlichen Hand die deutsche Freiheitsfahne.

Zwei Tage später reißt die polnische Bruderhand in Posen die preußischen Adler herunter, verteilt polnische Kokarden, hisst auf preußischen Gebäuden polnische Fahnen, wirft polnische Flugblätter unter das Volk, die zu blutiger Rache an den Deutschen auffordern. Der polnische Pöbel rottet sich zusammen, verjagt die preußischen Beamten. Ein königlicher Befehl, kein Bürgerblut zu vergießen, lähmt den militärischen Widerstand. Das längst vorbereitete polnische Nationalkomitee ruft zur Bildung einer Nationalarmee auf, verspricht den Bauern, die nicht die geringste Lust spüren für eine neue polnische Adelsherrschaft gegen ihre preußischen Wohltäter zu kämpfen, Land aus preußischem Domänenbesitz. Die polnische Geistlichkeit entbindet die Soldaten vom Fahneneid, scheut sich nicht, mit der Verweigerung des Abendmahls Christi zu drohen. Ihre armen Opfer laufen zu den polnischen Freikorps über. Ein preußischer Bezirksfeldwebel tritt vor eine dieser Kompagnien, ruft Mann für Mann beim Namen auf. Sie drücken sich Mann für Mann wieder aus den Reihen. „Rechts um! Marsch!", kommandiert der preußische Feldwebel. Keiner bleibt zurück. Nein, es ist noch immer keine polnische Volkserhebung. Die polnischen Sensenmänner, die da marschieren, sind die unfreien Dienstknechte der polnischen Gutsbesitzer, sind Überläufer aus Russisch-Polen, Zuzügler aus Galizien, ist der aufgewühlte polnische Straßenpöbel.

Wie fühlt man sich beim programmatischen Ablauf dieser Posener Märzrevolution an die Posener Tage unserer Novemberrevolte erinnert! Nur dass im Augenblick des Losschlagens statt des Versailler Helden Paderewski der Moabiter Held Mieroslawski vor dem Posener Reiterstandbild des Verräters Dombrowski erscheint. Nur schwingt dieser nicht mehr wie vor dem Schlossbalkon des preußischen Königs die deutsche Fahne, die „künftighin einträchtig neben der polnischen wehen" soll. Er lässt die polnischen Geschütze gegen die deutschen Bürger richten. Es fehlt auch in entsprechend königstreuerem Format jener Zeiten der Vorläufer des novemberpreußischen Staatssekretärs Hellmut von Gerlach nicht. Es ist der stockliberale General von Willisem der für Völkerverbrüderung schwärmt. Die Polen wissen ihn gebührend zu feiern. Zum Dank verspricht er eine polnische Nationalregierung, ja die Bildung einer eigenen polnischen Armee.

Deutsche Bauern und Bürger unter Führung des Mecklenburger Recken von Schreeb sammeln sich in Selbstschutzverbänden. Aus

Posen, aus den Grenzkreisen, aus dem Netzebezirk eilen deutsche Abgesandte nach Berlin zum König. Sie reden eine aufrechte Sprache. Sie wollen „bei aller Treue für den König doch lieber ihr Leben verlieren als sich Einrichtungen aufdrängen lassen, durch die das Deutschtum vernichtet wird." In Bromberg wird eine vom polnischen Nationalkomitee zusammengerufene Versammlung mit dem einmütigen Bekenntnis gesprengt: „Wir wollen deutsch sein und deutsch bleiben!" Die deutschen Bauern aus Westpreußen schreiben einen lutherischen Brief an die Berliner: „Wir Bauern aus Westpreußen kündigen euch Berlinern an, dass, wenn ihr nicht bald Zucht und Ordnung in eurem verfluchten Nest herstellen und unseren allgeliebten König wieder einsetzen werdet, wir Bauern zu Hilfe kommen werden, dass euch Schuften Hören und Sehen vergehen soll... Ihr Hunde habt die verräterischen Polacken befreit und gegen uns angehetzt, die nun sengen und morden, ihr habt unsere Söhne und Brüder, die Gardisten, verraten und geschlachtet; das soll euch gedacht bleiben, besonders, da ihr deshalb das Maul noch vollnehmt und zu feig seid, euren Pöbel zu bändigen... Wir Bauern wollen euch nicht ernähren, damit eure Brut uns zugrunde richtet..." Kein westpreußischer Bauer wird im November 1918 über die Berliner anders gedacht haben.

Während deutsche Bauerngüter wie in allen vergangenen Jahrhunderten von polnischem Gesindel geplündert und angesteckt, deutsche Frauen und Kinder vom polnischen Pöbel geschändet und hingemordet, deutsche Männer von polnischen Verräterkugeln niedergestreckt werden, jauchzt durch ganz Deutschland das neueste Freiheitslied des Weimarischen Journalisten Jäde „Noch ist Polen nicht verloren". Das Frankfurter Vorparlament gibt die feierliche Erklärung ab, dass es „eine heilige Pflicht des deutschen Volkes sei, die Wiederherstellung Polens zu bewirken." Es gestattet den unter dem Jubel Deutschlands nach Frankreich gezogenen polnischen Legionären, wieder unter dem Jubel Deutschlands zur Befreiung ihrer Heimat zurückzukehren. Eine halbe Million deutscher Menschen bangt dort vor polnischen Pogromen. Die deutschen Bauern in den polnischen Dörfern sind mit Weib und Kind schon in die Wälder geflüchtet.

Der Frankfurter Fünfziger-Ausschuss verweigert den rechtmäßig gewählten deutschen Abgeordneten Posens den Zutritt zu den Verhandlungen, die über ihr Schicksal entscheiden. Da steht der Abgeordnete Göden aus Krotoschin auf: „Üben Sie erst Gerechtigkeit gegen Ihre deutschen misshandelten Brüder, ehe Sie dieselbe einem fremden Volk zuteilwerden lassen. Wir sind deutsch, weil wir den Willen haben, deutsch zu sein und eine Unterordnung unter die Polen nicht länger ertragen. Es steht Ihnen das Recht zu, uns die Pforten dieses Tempels – es ist die Frankfurter Paulskirche – zu verschließen, unsere deutsche Gesinnung, unser deutsches Herz können Sie uns nicht nehmen!"

Drei Tage ringen die liberalen deutschen Parteien in der Frankfurter Nationalversammlung um die „Befreiung" Polens. Die Vertreter des polnischen Nationalkomitees gestehen zu, „dass Polen nach Wiedererlangung seiner Selbständigkeit bei der künftigen Grenzbestimmung alle diejenigen Grenzstriche an Deutschland abtreten wird, wo sich die Majorität der Bevölkerung durch eine freie und legale Abstimmung *viritim* dafür erklären wird. Wie werden die Polen in Versailles 1919 handeln, wenn das Selbstbestimmungsrecht der Völker wirklich einmal und in bindendster Form vor aller Welt verkündigt ist?! Im Frankfurt des Jahres 1848 sind es die *deutschen* Parteien, die das Großherzogtum Posen nach seinen Sprachbezirken auseinanderteilen wollen. Die Väter der deutschen Sozialdemokratie Marx und Engels bewilligen mehr. Sie schreiben in der „Neuen Rheinischen Zeitung": „Polen muss wenigstens die Ausdehnung von 1772 haben, muss nicht nur die Gebiete, sondern auch die Mündungen seiner großen Ströme, muss wenigstens an der Ostsee einen großen Küstenstrich haben." Sie unterschreiben schon damals die Artikel des Versailler Kriegsdiktates, die dem deutschen Volk Posen, Westpreußen, die Weichsel, Danzig rauben werden. Sie liefern noch darüber hinaus das Marienburger Land mit dem Nationalheiligtum des deutschen Ostens, der Marienburg, das Ermland mit Elbing, die pommersche Küste an die Polen aus.

Endlich meldet sich auch im Frankfurter Parlament das deutsche Heimatgefühl. Der ostpreußische Dichter *Wilhelm Jordan* aus Tilsit wirft dem ganzen deutschen Liberalismus den Fehdehandschuh hin, stellt – zum ersten Mal in der deutschen Parlamentsgeschichte – die unverjährbaren, unverlierbaren Rechte von Blut und Boden über die Parteiparolen: „Preußen kann sich ruhig gefallen lassen, dass man es der Mitschuld an der polnischen Teilung zeiht. Es kann mit Stolz dazu schweigen und sein Werk für sich reden lassen. Preußen hat die Grundlage eines neuen polnischen Volkes, hat einen freien Bauernstand geschaffen. Es ist hohe Zeit für uns, endlich einmal zu erwachen aus jener träumerischen Selbstvergessenheit, in der wir schwärmten für alle möglichen Nationalitäten, während wir selbst in schmachvoller Unfreiheit daniederlagen und von aller Welt mit Füßen getreten wurden, zu erwachen zu einem gesunden Volksegoismus, um das Wort einmal gerade herauszusagen, welcher die Wohlfahrt und Ehre des Vaterlandes in allen Fragen oben anstellt."

Und im Chor dieser Stimmen meldet sich in der „Magdeburger Zeitung" ein dreiunddreißigjähriger politischer Anfänger mit einer Darstellung der polnischen Frage zu Wort, die heute um kein Verständnis mehr zu ringen hat: „Man kann Polen in seinen Grenzen von 1772 herstellen wollen, ihm ganz Posen, Westpreußen und Ermland wiedergeben, dann würden *Preußens beste Sehnen durchschnitten* und Millionen Deutscher der polnischen Willkür überantwortet sein, um einen unsicheren Verbündeten zu gewinnen, der lüstern auf jede Verlegenheit Deutschlands wartet, um Ostpreußen, Polnisch-Schlesien, die polnischen Bezirke von Pommern für sich zu gewinnen. Andererseits kann eine Wiederherstellung Polens in einem geringeren Umfang beabsichtigt werden etwa so, dass Preußen nur den entschieden polnischen Teil des Großherzogtums Posen hergäbe. In diesem Fall kann nur der, welcher die Polen gar nicht kennt, daran zweifeln, dass sie unsere geschworenen Feinde bleiben würden, solange sie nicht die Weichselmündung, sowie jedes polnisch redende Dorf in West- und Ostpreußen, Pommern und Schlesien von uns erobert haben werden."

Vierzehn Jahre später steht der Verfasser dieses Zeitungsaufsatzes, „ein pommerscher Landedelmann von mäßiger politischer Bildung", wie ihn eine liberale Berliner Zeitung begrüßt, als preußischer Ministerpräsident an der Spitze der preußischen Regierung. Es ist *Bismarck*. Hören wir seine Jahrhundertstimme.

Bismarck spricht

Nur viermal hat Bismarck als preußischer Ministerpräsident und deutscher Reichskanzler zur Polenfrage in den Parlamenten Stellung genommen. Immer von polnischer Seite herausgefordert, immer das polnische Volkstum gegen sein „böses Prinzip", den polnischen Adel, verteidigend, immer von der Lokistimme des Parteigeistes verhöhnt und verlästert.

Die Sympathie der Westmächte für den polnischen Staat ist eine politische, die der Deutschen für das polnische Volk eine sentimentale. Scherr hat in seiner „Menschlichen Tragikomödie" diesen deutschen Seelenzustand nach den Freiheitskriegen und dem Ränkespiel des Wiener Kongresses so gekennzeichnet: „Die Verekelung der Deutschen an ihrem Lande konnte gar nicht ausbleiben, und daraus erklärt sich die Wiederkehr des gedunsenen und verschwommenen Kosmopolitismus, welcher in der zweiten Hälfte des achtzehnten Jahrhunderts bei uns grassiert hatte und in den dreißiger Jahren des neunzehnten abermals grassierte. Schwärmen musste der Deutsche für etwas: das gehörte wenigstens dazumal noch zur deutschen Gemütlichkeit und zur deutschen Lyrik. Für seinen Bundestag konnte er anstandshalber doch nicht schwärmen, und darum schwärmte er für die ‚heroischen' Griechen, für die ‚liberalen' Franzosen und für die ‚edlen' Polen."

Schon in seiner ersten Presseäußerung hat Bismarck dieser deutschen Polenbegeisterung jenen Staatsrealismus entgegengestellt, der das ideale Gesetz seines politischen Handelns bleibt. Als Ministerpräsident kann er die polnische Bundesgenossenschaft zum Wiederaufbau der deutschen Ostmark nicht gebrauchen. Er kennt den polnischen Adel zu genau, der, nach seinen Worten „fortwährend bereit ist, mit der einen Hand die Wohltaten der Zivilisation und regelmäßigen Rechtspflege, die Freiheit, die die preußische Verfassung gewährt, anzunehmen und mit der anderen Hand das Schwert zu schwingen und offen zu sagen: ‚Hiermit werde ich auf dich einhauen, sobald mir eine gute Gelegenheit wird.'" Er hat die polnische Gefahr als eine Lebensfrage des preußischen Staates erkannt. Der von den Wiener Kongressmächten festgelegte Gebietszustand im Osten, der zugleich Europa in schweren Krisen den Ostfrieden erhält, muss für die Wiederherstellung des Deutschen Reiches unbedingt gesichert bleiben.

Nicht über die Polenfrage zu reden, sondern zu schweigen ist Bismarcks erste parlamentarische Bemühung. Mit kühner Hand hat er durch eine geheime Übereinkunft mit Russland – die sogenannte Alvensleben-Konvention – das Staatssteuer um ein Jahrhundert zurückgerissen, hat von neuem den Kurs Friedrich des Großen genommen. Als ihn im Abgeordnetenhaus die preußischen Oppositionsparteien unter Führung der polnischen Fraktion zwingen, zur Polenfrage das Wort zu ergreifen, ist die entscheidende Tat seiner künftigen Ostpolitik schon getan.

In der Nacht vom 22. zum 23. Januar 1863 haben nach wohlvorbereitetem Plan polnische Insurgenten in vierzehn Garnisonen Russisch-Polens die russischen Truppen zu überfallen versucht. Der Anschlag ist im Ganzen missglückt. Die Pariser Emigration, von französischen Zusagen unterstützt, gibt das Zeichen zum allgemeinen Polenaufruhr. Mieroslawski, auch nach seiner zweiten Gefangennahme von Preußen amnestiert, wieder der Anführer.

Bismarck ergreift diesmal nicht die polnische „Bruderhand". Er weiß, dass „die preußischen Interessen weder nach der geschichtlichen Entwicklung noch nach den politischen Notwendigkeiten im Lager der polnischen Insurgenten gesucht werden können." Er lässt die Grenzen abriegeln, den Belagerungszustand erklären. Es gibt in Posen keine Wiederholung der blutigen Achtundvierzigerkomödie. Es gibt nur einen Aufruhr im preußischen Parlament.

Ausländische Blätter haben von einer zwischen Preußen und Russland abgeschlossenen Konvention berichtet, die beiden Truppenkörpern bei der Verfolgung von Aufständischen Grenzüberschreitungen erlaubt. Ein einfaches Notwehrrecht zweier Nachbarstaaten gegen Aufruhr und Bürgerkrieg, das von selbst erlischt. Die Oppositionsparteien greifen diesen vom Ausland gegen Preußen abgeschossenen Pfeil auf, sehen eine Möglichkeit, den verhassten Konfliktminister sofort nach seiner Berufung zu Fall zu bringen. Sie wühlen und schreien: Das ist „die Festigung der heiligen Allianz", ist die „Solidarität der konservativen Interessen!" Eine solche „frivole" Politik muss zum Krieg gegen die Westmächte führen. Für eine solche Politik, die „das

Gelegenheitsgedicht eines Mannes ist, der kein Dichter ist", wird man diesem Ministerium auch nicht einen einzigen Taler bewilligen. Die Opposition wird „die Fehler der preußischen Regierung aufdecken, wird ganz Europa beweisen, dass diese im Volk keine Stütze hat". Es regnet Interpellationen.

Europa steht in einer bedenklichen Krise. Diese Konvention gibt Frankreich den erwünschten Anlass, in der Rolle des europäischen Schiedsrichters einen neuen Krieg vorzubereiten. Napoleon III., der Kleine, wie Victor Hugo diesen unglücklichen Abenteurer auf den Spuren seines Onkels nennt, hält die Stunde für gekommen, die französischen Rheinpläne von neuem auf dem Umweg über die Weichsel zu verwirklichen. Mit der Erklärung des Nationalitätenprinzips hat er den Polen den Köder hingeworfen, benutzt nun den polnischen Ausstand, um in London und Wien wegen eines gemeinsamen Vorgehens gegen Preußen vorstellig zu werden. Schon verteilt seine freigebige Gattin Eugenie in einer Unterredung mit dem österreichischen Gesandten, dem jungen Fürsten Metternich, Europa an die künftigen Bundesgenossen. Spielerisch fährt ihre schöne Hand über eine Landkarte hin, deren politische Grenzen durchaus nicht mit dem „Ideal ihrer Politik" übereinstimmen wollen. Sie verurteilt entrüstet die „Teilungen" Polens und teilt „aus Gründen des öffentlichen Nutzens und der christlichen Moral" die Türkei auf, teilt Deutschland auf, teilt Preußen auf. Posen gibt sie an Polen, Schlesien an Österreich, die Rheinlande an Frankreich.

Metternich wird zum Bericht nach Wien befohlen. Aus London laufen beunruhigende Telegramme bei Bismarck ein. Der englische Botschafter in Berlin warnt ihn bei täglichen Besuchen vor einem Bündnis mit Russland. Der französische fordert dringender, sich aus der russischen Abhängigkeit zu lösen. In Russland greift man schon zum Degenknauf.

Wie ein umstelltes Wild wird Bismarck im Preußischen Landtag von den Parteien angekläfft, aus seiner Schutzstellung herausgezerrt. Bismarck spricht: „Die Neigung, sich für fremde Nationalitäten und Nationalbestrebungen zu begeistern, auch dann, wenn dieselben nur auf Kosten des eigenen Vaterlandes verwirklicht werden können, ist eine politische Krankheitsform, deren geographische Verbreitung sich auf Deutschland leider beschränkt... Ob ein unabhängiges Polen, welches sich an der Stelle von Russland in Warschau etablieren möchte, preußische Politik treiben würde, ob es ein leidenschaftlicher Bundesgenosse gegen auswärtige Mächte sein würde, ob es sich bemühen würde, Posen und Danzig in preußischen Händen zu bewahren, das überlasse ich Ihrer eigenen Erwägung zu ermessen... Diese Drohung, Preußen dem Ausland gegenüber wehrlos zu stellen, ist zum Glück eine ohnmächtige, aber es drängt sich dabei die Bemerkung auf, dass die Tendenzen, die Worte, die Namen von 1848 wieder in dem Vordergrund der Bühne erscheinen. Die europäische Revolution ist solidarisch in allen Ländern... Wir sind nicht gewohnt, die polnische Fraktion der königlichen Staatsregierung und den preußischen Staatsinteressen gegenüber in einer Haltung zu sehen, dass wir gerade aus ihrem Munde vorzugsweise den Rat über die Pflege der Interessen Preußens annehmen mögen..."

Eine solche Sprache hat man bisher von der preußischen Regierungstribüne nicht gehört. Der alte Lord Russel in London lehnt es ab, Arm in Arm mit Frankreich gegen den einstigen Verbündeten von Waterloo zu ziehen. Österreich wünscht nicht, sich durch Napoleons und seiner Gattin „Idealpolitik" in Unternehmungen verwickeln zu lassen, bei denen das Risiko gewiss und die Vorteile problematisch sind. Die polnische Frage wird aus der internationalen Debatte gestrichen. Europa hat eingesehen, dass sie „nicht eine autonome, nicht ein durch unerträglichen Druck hervorgerufener Verzweiflungskampf einer geknechteten Nation, sondern eine willkürlich ausgeworfene künstlich geleitete und vorbereitete politische Frage" ist. Marx schreibt an Engels: „Da also die Existenz Polens für Deutschland nötig, aber neben dem Staate Preußen unmöglich ist, so muss dieser Staat Preußen wegrasiert werden." Das Polenkomitee verurteilt Bismarck zum Tode. Die „Warschauer Hängekommission" sendet ihm in einem Holzkistchen einen Strang zu. Ungestört von neuen Bürgerkriegsparolen, kann die deutsche Aufbauarbeit in der Ostmark ihren Fortgang nehmen.

Die Polen antworten mit dem wirtschaftlichen Boykott. Ihre unter deutscher Pressefreiheit neugegründeten Zeitungen dürfen ungestraft die Namen preußisch-polnischer Untertanen, die in deutschen Geschäften kaufen, öffentlich brandmarken. Unter Berufung auf göttliches und menschliches Recht wird die polnische Volksgemeinschaft ermahnt, nur ihre Muttersprache zu gebrauchen, nicht etwa im häuslichen Verkehr, sondern vor allem den preußischen Behörden gegenüber. Der fanatische polnische Klerus beginnt vom Sprachenkampf her die konfessionelle Aufwiegelung des Bauerntums. Unter deutschem Rechtsschutz entwickeln die Führer der polnischen Bewegung die „Requisiten der staatlichen Existenz" weiter: die polnische Sprache, den polnischen Grundbesitz, die sozialen Organisationen als national-polnische Kampforgane.

Bismarck lässt sich durch diesen Kleinkrieg von seinen großen Aufgaben nicht ablenken. Als er zum zweiten Mal zur Polenfrage das Wort ergreift, geschieht es schon im Reichstag des Norddeutschen Bundes. Die dänische, die habsburgisch-österreichische Frage ist durch das Schwert gelöst. Wieder ist es die polnische Fraktion, die sofort gegen die deutsche Einheit die polnische Frage aufzuwerfen versucht. Ein polnischer Abgeordneter wagt es, „namens der polnischen Nation" Verwahrung gegen die Einverleibung ehemals polnischer Landesteile der preußischen Monarchie in den Norddeutschen Bund einzulegen.

Vier Jahre hat Bismarck mit eiserner Selbstdisziplin den polnischen Anmaßungen gegenüber geschwiegen. Jetzt holt er zum ersten furchtbaren Schlag aus, hält jene gewaltige Polenrede vom 18. März 1867, die mit gültigstem Anspruch die unzerstörbaren, unverlierbaren, unverjährbaren Rechte der Deutschen auf ihr Ostland hinstellt. Erst wirft er einen Blick in die Gegenwart: „Es ist bekannt, dass gerade die Bewohner des preußischen Anteils der ehemaligen Republik Polen vor allem und mit Recht empfänglich und dankbar gewesen sind für die Wohltaten der Zivilisation, die ihnen damit in höherem Grade als früher zugänglich geworden sind. Ich kann mit Stolz sagen, dass derjenige Teil der ehemaligen Republik Polen, welcher unter preußischer Herrschaft steht, sich eines Grades von Wohlstand, von Rechtssicherheit, Anhänglichkeit der Einwohner an ihre Regierung erfreut, wie es in dem ganzen Umfang der Republik Polen, solange es eine polnische Geschichte gibt, nicht vorhanden und nicht erhört gewesen ist… Der Bauer hat stets mit großer Energie gegen jeden Versuch, die Zustände, von denen er durch seine Väter gehört hatte, wiederherzustellen, zu den Waffen gegriffen in Reih und Glied mit einer Energie, welche die Regierung im Jahre 1848 nötigte, im Interesse der Menschlichkeit andere als polnische Truppen gegen die Aufständischen zu verwenden. Dieselben Gefühle der Anhänglichkeit haben die polnischen Soldaten... auf allen Schlachtfeldern betätigt; sie haben ihre Treue gegen den König auf den dänischen und auf den böhmischen Schlachtfeldern mit ihrem Blute und mit der ihrer Nation eigentümlichen Tapferkeit besiegelt..."

In allen Jahrhunderten bis zu Friedrich dem Großen, bis zum Wiener Kongress, hat die *Geschichte unserer Ostmark* – unbegreiflich genug – vor der Politik schweigen müssen. Nun spricht sie zum ersten Mal aus dem Munde eines deutschen Staatsmannes:

„Wie entstand denn die Provinz Westpreußen und die Ordensherrschaft in Preußen? Der Herzog Konrad von Masovien, um sich der Einfälle der heidnischen Preußen zu erwehren, die Kujavien und Masovien bis tief hinein verwüsteten, rief die deutschen Ordensherren und gab ihnen einen kleinen, damals polnischen Landstrich, das Dobriner Land. Zugleich versprach er ihnen, – und das lag in der Natur der Sache – dass sie alles besitzen sollten, was sie der Wildnis, der menschlichen und der natürlichen, dem wilden Stamme, den damals heidnischen Preußen, abgewinnen würden. Auf diese Weise wurde das gesamte Land östlich der Weichsel, welches heutzutage einen erheblichen Teil von Westpreußen und Ostpreußen umfasst, ein rein deutsches Land, kolonisiert durch Deutsche. Und dazu erwarb der Orden den Teil von Westpreußen links der Weichsel durch die rechtmäßigsten Verträge, indem nach dem Aussterben, nicht etwa einer polnischen Dynastie, sondern der hinterpommerschen Herzöge mit Mestewin II. im dreizehnten Jahrhundert dieses Land Hinterpommern mit der Hauptstadt Danzig an den Lehnsherren, den Markgrafen von Brandenburg, fiel, der Markgraf Waldemar davon Besitz nahm; und als nach seinem frühzeitigen Tode seine Nachfolger nicht imstande waren, es zu behaupten, zedierten sie diese Landesteile, das heutige Pommerellen, damals Hinterpommern, an den Deutschen Orden. Diesem hatte es die Krone Polen später durch Krieg und Eroberung abgewonnen, als der Ordensstaat dadurch geschwächt wurde, dass – die damalige preußische Fortschrittspartei möchte ich sagen – die Städte und Landstände sich mit dem Landesfeinde Polen in Verbindung setzten, die Kraft des Ordens schwächten, die Deutschen bei Tannenberg geschlagen wurden, und, schließlich nach verschiedenem Hin- und Hervertragen zwischen Danzig und anderen Städten und den westpreußischen Ständen ein Abkommen zwischen ihnen und der Krone Polen zustande kam, vermöge dessen sie in Personalunion leben sollten. Auf dieses haben sich nachmals die Westpreußen oft, wie jetzt unsere polnischen Abgeordneten, berufen, aber ohne allen Erfolg.

Diese Transaktion wurde schließlich durch den Frieden von Thorn im Jahre 1466 sanktioniert, und so kam Polen durch das Recht der *Eroberung*, später durch Verträge sanktioniert, in den Besitz von Westpreußen, und benutzte diesen sehr bald, um das Land zu polonisieren, nicht etwa – wie man uns schuld gegeben hat, zu germanisieren – durch Kultur, sondern durch *Feuer, Schwert und Zwang*. Die Städte wurden vertragswidrig in ihren Freiheiten beeinträchtigt. Es wurde später die Religionsfreiheit gewährleistet, man hielt sie auch theoretisch aufrecht, aber man schloss die Kirchen. Man nahm sie weg und gab sie den katholischen Gemeinden, die nicht vorhanden waren, die erst geschaffen werden mussten aus dem gütererwerbenden Adel und den Beamten, welche dorthin geschickt wurden. Manche der Städte – ich erinnere nur an Thorn – haben ihre Proteste dagegen auf dem Schafott zu büßen gehabt. Von neunzehntausend Dörfern waren durch die Verheerungen der Polen in Westpreußen nach der Schlacht bei Tannenberg nur etwa dreitausend übriggeblieben. Auch diese waren ihnen noch zu viel. Die Kriege zwischen Polen und Schweden räumten darin auf, und es ist mehr als einmal geschehen, dass entlassene polnische Armeen in den verwüsteten deutschen Dörfern polonisiert wurden. Von denen stammen Ihre jetzigen Wähler, meine Herren, aus der Gegend von Marienburg und Stuhm. Das sind kolonisierte polnische Soldaten auf den Brandstätten deutscher Bauernhütten; daraus entstammen Ihre Landsleute in Gegenden, von denen her die Quellen der deutschen Kultur sich über Preußen ergossen haben, in den Gegenden von Thorn, Raden, Frideck, Löbau.

Meine Herren, wie Sie angesichts dieser Tatsache, dieser Gewalt, die von Ihren Vorfahren jederzeit geübt wurde, da, wo sie die Macht dazu hatten, sich auf die Geschichte berufen, das verstehe ich nicht. Ihr Anspruch auf Westpreußen hat solange gegolten, als der Säbel, der ihn eroberte, stark genug war, ihn zu behaupten. Als Ihr Arm erlahmte, hörte der Anspruch mit der Rechtsquelle auf, aus der allein er hergeleitet wurde."

Und das Großherzogtum Posen? „Wir haben dieses Land, in dem sich jetzt achthunderttausend polnisch sprechende Preußen und siebenhunderttausend deutsch sprechende Preußen befinden, in großen und schweren Kriegen gewonnen. Nachdem im Siebenjährigen Kriege Polen für uns nicht eine Schutzwehr, sondern der stete Ausgangspunkt und Zufluchtsort der russischen Heere gewesen war, haben wir es zum zweiten Mal in schwerem Kampfe gegen einen übermächtigen Feind im Jahre 1815 erworben, und diese Eroberung ist durch völkerrechtliche Verträge besiegelt worden. So entstehen alle Staaten. Wir besitzen Posen mit demselben Rechte wie Schlesien. Wenn Sie gegen das Recht der Eroberung ankämpfen, so haben Sie Ihre eigene Geschichte nicht gelesen. Ich glaube, Sie haben sie gelesen, verschweigen sie aber sorgfältig."

Bismarck, der nicht mehr locker lässt, verschweigt auch diese Geschichte nicht. Er erinnert an die polnischen Eroberungen auf Kosten Russlands, auf Kosten des Deutschen Ordens. „Sie nahmen ihm das wohlerworbene, blühende, der Wildnis abgerungene Westpreußen ab, um es zu verheeren und den freien Bauernstand derjenigen Unterdrückung preiszugeben, welche die polnische Herrschaft immer charakterisierte. Der Herr Vorredner hat die Teilung Polens ein Verbrechen genannt. Meine Herren, es war kein größeres als die Teilung Russlands, die Sie im vierzehnten Jahrhundert vornahmen, als Sie die Gewalt dazu hatten. Greifen Sie in Ihren eigenen Busen und sagen Sie sich, dass Sie das Verbrechen der Eroberung hundertfältig, als Sie mächtig genug dazu waren, begangen haben."

Schlag auf Schlag sausen seine Zahlen der polnischen Bevölkerungsstatistik nieder. Er stellt fest, dass das Gebiet der ehemaligen Republik Polen von 1772 von vierundzwanzig Millionen Menschen bewohnt war, unter ihnen sechseinhalb Millionen Polen: „Und im Namen dieser sechseinhalb Millionen Polen fordern Sie die Herrschaft über vierundzwanzig Millionen zurück, mit einem Tone, einem Gefühl, als ob es die tiefste, unwürdigste Knechtung und Erniedrigung wäre, dass Sie die Leute nicht noch ferner unter Ihrer Herrschaft haben und knechten können, wie es leider jahrhundertelang, ja ein halbes Jahrtausend lang geschehen ist."

Prophetischen Blickes die europäischen Staatenverhältnisse seiner Zeit überschauend, zeichnet er die einzige Möglichkeit zur Erfüllung dieses polnischen Traumes auf: „Das Ganze verschwindet in Utopie, namentlich wenn man zur Verwirklichung der Utopie darauf ausgehen muss, zunächst drei große Reiche zu zerstören, Österreich, Preußen, Russland, drei unter den fünf oder sechs europäischen Großmächten in die Luft zu sprengen, um auf den Trümmern derselben eine neue phantastische Herrschaft von sechs Millionen Polen über achtzehn Millionen Nichtpolen zu gründen. Ja, es ist nicht einmal glaublich, dass diese sechs Millionen Polen polnisch beherrscht sein wollen. Sie haben zu trübe Erfahrungen gemacht." Wir hören die künftige Sprache von Versailles, wir hören das künftige deutsche Bekenntnis der Abstimmungen voraus. Hören wir auch in seinen abschließenden Worten die letzten Gründe des deutschen Zusammenbruchs: „Der Hohen Versammlung aber in ihrer deutschen Mehrzahl möchte ich dieses Beispiel der Polen noch besonders vor Augen halten, um den Beweis zu liefern, wohin ein großer, mächtiger Staat, geleitet von einem tapferen, kriegerischen und gewiss auch einsichtigen Adel gelangen kann, wenn er die Freiheit des einzelnen höher stellt als die Sicherheit nach außen, ich will nicht sagen, als die Einheit, – *wenn die Freiheit des Individuums als eine Wucherpflanze die allgemeinen Interessen erstickt!*"

Diese Freiheit als eine Wucherpflanze des Parlamentarismus schon in ihrem Entstehen zu entwurzeln, war selbst Bismarcks titanischer Kraft nicht möglich. Im Februar 1872 schreibt der polnische Emigrantenführer Graf Plater an den verantwortlichen Redakteur einer polnischen Zeitung in Posen: „Das kaum geeinigte Deutschland wird von zwei sehr entschiedenen Parteien durchwühlt, der katholischen und der sozialistischen, die von ihren Forderungen kein Jota nachgeben und vor keinem Mittel zurückschrecken werden. Heilige Pflicht der Polen ist es, beide Parteien durch Wort und Tat zu unterstützen."

Hier liegt der Schlüssel zu Bismarcks Kulturkampf und zu seiner Sozialistengesetzgebung. Nicht den Katholizismus und nicht die Arbeiterklasse bekämpft er, sondern den offenen und heimlichen Landesverrat der gegen den Staat mobil gemachten Parteien.

Ganz öffentlich gibt das Posener Wahlkomitee, der Brennpunkt der national-polnischen Bewegung, bekannt, es werde seine Wahlarbeit, die nichts als eine klerikale Wühlarbeit ist, nun auch auf Westpreußen und Schlesien ausdehnen. Polnische Schulinspektoren erteilen den Lehrern Rügen, wenn ihre Zöglinge in der deutschen Sprache Fortschritte machen. In Westpreußen sind ganze Gemeinden, die früher deutsch waren, so polonisiert, dass die junge Generation überhaupt nicht mehr deutsch versteht. Zwanzigtausend polnische Bauernhöfe hat die preußische Bauerngesetzgebung im Laufe der Jahre aus verkommenen Knechtsstellen geschaffen. Der wegen Landesverrat verurteilte Posener Gutsbesitzer Jackowski hat nun die Möglichkeit, die polnischen Bauernvereine zu gründen, die bald die ganze Provinz wie mit einem Netz überspannen. Er schafft polnische Ein- und Verkaufsgenossenschaften, sorgt für polnische Darlehnsvereine.

Bismarck schreibt an den Innenminister Graf Eulenburg, „dass auf dem Gebiet unserer polnischen Provinzen der Boden unter uns, wenn er auch heute noch nicht auffällig wankt, doch so unterhöhlt wird, dass er einbrechen kann, sobald sich auswärts eine polnisch-katholisch-österreichische Politik entwickeln kann." Er packt das Übel bei der Wurzel, hebt die katholische Abteilung im Kultusministerium endlich auf, schafft das Schulaufsichtsgesetz, das in allen Fragen der Erziehung den Staat an Stelle der Kirche einschaltet. Das ist für die Zentrumspartei unter Führung Windthorsts das Zeichen, in der Schutzstellung für das Polentum den Kulturkampf zu eröffnen.

Bismarck nimmt diesen Kampf auf. Bismarck spricht: „Ich habe es von Hause aus als eine der ungeheuerlichsten Erscheinungen auf politischem Gebiet betrachtet, dass sich eine konfessionelle Fraktion innerhalb einer politischen Versammlung bildete... Die Beschwerde, die wir gegen die geistlichen Schulinspektionen in den Provinzen haben, wo nicht das Polnische vorherrscht, aber wo es überhaupt geredet wird, ist die, dass sie die deutsche Sprache nicht zu ihrem gesetzlichen Rechte kommen lassen. Die polnische Agitation lebt doch vielleicht nur von der Gutmütigkeit des Staates. Aber die Herren müssen diese Gutmütigkeit nicht überschätzen, ich kann Ihnen sagen: Sie ist zu Ende! Und wir werden wissen, was wir dem Staate schuldig sind. Die polnische Geistlichkeit hält zu den polnischen Nationalbestrebungen, die italienische zu den italienischen... Wir haben gesehen, dass in Frankreich der Franzose stets höher steht in der eigenen Selbstschätzung des Geistlichen als der Geistliche... Wir haben ähnliches in Spanien und anderwärts. Nur in Deutschland ganz allein, da ist die eigentümliche Erscheinung, dass die Geistlichkeit einen mehr internationalen Charakter hat. Ihr liegt die katholische Kirche, auch wenn sie der Entwicklung Deutschlands sich auf der Basis fremder Nationalität entgegenstellt, näher am Herzen als die Entwicklung des Deutschen Reiches."

Die preußische Regierung hat sich in allen Versuchen erschöpft, zu einer Versöhnung mit seiner polnischen Minderheit zu kommen. Sie muss eine Abwanderung der preußischen Bevölkerung zugunsten der polnischen feststellen. In den Jahren von 1871 bis 1880 nehmen die Polen in den Posener Bezirken um zehn Prozent, die Deutschen um noch nicht zwei zu. Nun erst – mehr als ein halbes Jahrhundert ist seit der Besitznahme dieser deutschen Kulturprovinz vergangen – entschließt sich die Regierung, die deutsche Geschäftssprache bei den Behörden ohne polnisches Nebenprotokoll einzuführen, in den höheren Lehranstalten den Religionsunterricht deutsch erteilen zu lassen, die deutsche Unterrichtssprache auch für die Volksschulen festzusetzen. Auch jetzt noch bewilligt sie unter größter Schonung des polnischen Volkstums in rein polnischen Kreisen eine Übergangsfrist von *zwanzig* Jahren.

Und die Antwort der preußisch-polnischen Geistlichkeit? Lieber verzichtet sie auf die Seelsorge als auf die polnische Sprache. Sie lässt in fast hundert Pfarreien mit hundertsechzigtausend Gläubigen die Kirchen schließen. Der Erzbischof Ledochowski fordert zum Ungehorsam gegen den Staat auf, wird verhaftet und vom Papst zum Kardinal erhoben. Man fühlt sich im neuen deutschen Kaiserreich an mittelalterlich deutsche Kaiserzeiten erinnert, in denen Bann und Interdikt die Reichseinheit sprengen. Nun gibt die deutsche Zentrumspartei selbst für den deutschen Osten die alte Parole aus: Hie gut katholisch – hie gut polnisch! Die deutsche Sozialdemokratie finanziert aus ihrer Parteikasse die erste polnische Arbeiterzeitung.

Der polnische Nationalkampf setzt sich alsbald auch in der wirtschaftlichen und sozialpolitischen Sphäre fest. Seine Führer werden die außerparlamentarischen Gruppen und Verbände. Aus den elf polnischen Bauernvereinen Jackowskis vom Jahre 1873 werden in sieben Jahren hundertzwanzig. Sie stellen eine eigene polnische Bauernrepublik im preußischen Staat dar. Die Zahl der polnischen Erwerbsgenossenschaften steigt bis auf dreiundsiebzig. Die Bankberichte und genossenschaftlichen Aktienzeichnungen werden zu neuen Kampfmitteln. Die ökonomische Frage steht im Vordergrund.

Wie einst im Mittelalter durch die Erstarkung des Städtewesens der kolonisatorische Impuls der Deutschen erlahmt ist, so reißt jetzt die Erstarkung der westlichen Industrien die Bauernsöhne und Arbeiter aus dem Osten fort. Sogleich greifen polnische Auffangorganisationen ein. Mit äußerster Zähigkeit wird der Kampf um den Boden geführt. Auch hier stehen die polnischen Geistlichen an der Spitze. Wohl muss sich das deutsche Zentrum von einem Vertreter der polnischen Fraktion sagen lassen: „Wir sind keine Partei... einen Parteistandpunkt können wir unter uns haben... Ihnen gegenüber nur den nationalen, den einer Partei nimmer." Trotzdem wird sich der Zentrumsführer Windthorst noch im Jahre 1886 im Preußischen Landtag gegen Bismarck also entrüsten: „Wenn die Polen übrigens an ihr altes Vaterland denken und wünschen, dass es wiederhergestellt werden möge, dann kann ihnen das niemand verwehren, und ich muss gegen derartige *Exzesse deutsch-nationaler Gesinnung*, wie sie hier zutage gekommen sind, meinesteils Protest einlegen."

Vom deutschen Parlament im Stich gelassen, muss Bismarck den Kulturkampf liquidieren. Er bekennt in seinen Erinnerungen: „Ich war zufrieden, wenn es gelang, dem Polonismus gegenüber die im Kulturkampf gewonnenen Beziehungen der Schule zum Staat festzuhalten." Er macht einen letzten Versuch, der Polonisierung der Ostmark zu wehren. Erlässt eine Verfügung, dass alle dort nicht heimatberechtigten polnischen Zuzügler aus Kongress-Polen und Galizien auszuweisen sind. Bereitet einen Gesetzentwurf vor, der hundert Millionen Mark zur Stärkung und Vermehrung des deutschen Elementes gegen polonisierende Bestrebungen fordert. Gründet die Ansiedlungskommission zur Sesshaftmachung von Bauern und Arbeitern und zur Lösung neuer gewaltiger Aufgaben deutscher Bodenkultur.

Auch auf diesen Wegen wird er von Windthorst bei der Beratung über den Etat des Reichskanzlers gestellt. Dieser Mann wagt es, dem Reichsgründer mit der Sperrung seines Gehaltes zu drohen, wenn dieser nicht die Politik nach dem Willen des Ultramontanismus und seiner polnischen Bundesgenossenschaft führt. Es gelingt Windthorst, eine „nationale" Koalition von Polen, Welfen, Dänen, Elsässern, Friesen, Sozialdemokraten unter Führung des Zentrums zusammenzubringen. Geschlossen stimmt sie für den Antrag Windthorsts, dass diese Ausweisungen nicht berechtigt und nicht im Interesse des Reiches seien. Sie versagen dem Altreichskanzler sein Gehalt. Es gibt unzählige schwarze Tage in unserer deutschen Parlamentsgeschichte, dieser 26. Januar 1886 ist einer der schwärzesten.

Zwei Tage später antwortet Bismarck im Preußischen Landtag mit seiner zweitägigen Polenrede, die die preußische Polenpolitik seit den Wiener Kongressbestimmungen zusammenfasst. Bismarck spricht:

„Wir haben die Erbschaft überkommen, uns mit zwei Millionen polnisch sprechender Untertanen so gut wir können auf denselben Gebieten, welche die Grenzen des preußischen Staates umschließen, einzuleben. Wir haben diese Situation nicht gemacht... Das Jahr 1815 hat dem preußischen Staat eine Grenze geschaffen, hinter die er unter keinen Umständen zurückgehen kann; er bedarf dieser Grenze zur Verbindung seiner Provinzen, zur Verbindung zwischen Breslau und Königsberg, zu seinem Verkehrsleben sowohl wie zu seiner Verteidigung und Sicherheit... Die Freiheit der Bewegung aber, die die Polen gewannen auf dem Gebiete des Vereinsrechts, der Presse und des Verfassungslebens hat in keiner Weise dazu beigetragen, ihr Wohlwollen und Entgegenkommen für Deutschland zu vermehren; im Gegenteil: Wir sehen als Frucht davon nur eine Verschärfung der nationalen Gegensätze, das heißt eine einseitige Verschärfung auf der polnischen Seite... Die Zeit der Ruhe ist auf polnischer Seite keine Zeit der Versöhnung und des Einlebens gewesen, und das Eigentümliche ist, dass in diesem Kampf nicht etwa, wie man im Auslande vielfach glaubt, und wie unsere Optimisten meinen, die deutsche Bevölkerung die Siegerin ist und der Germanismus der Fortschreitende ist, sondern umgekehrt. Die polnische Bevölkerung macht ganz zweifellose Fortschritte... Die Tatsache, dass die Polen von sich sagen können: *Vexilla regis prodeunt* – unsere Fahnen rücken vor – die ist ja ganz unzweifelhaft... Die polnischen Herren sind nicht schüchtern gewesen in der Ausdeutung aller der Gesetze, die im Deutschen Reich und in Preußen gegeben waren. Sie erkennen sie ihrerseits nicht an; sie erkennen ihre Zugehörigkeit zu Preußen nur auf Kündigung, und zwar auf vierundzwanzigstündige Kündigung an; wenn sie heute Gelegenheit hätten, gegen uns vorzugehen, und stark genug wären, so würden sie nicht einmal gegen vierundzwanzigstündige Kündigung, sondern ohne Kündigung losschlagen..."

Und wieder sieht er prophetischen Blickes die Zukunft vor sich aufgehellt: „Es ist ja möglich, dass die Vorsehung nach der Art, wie wir die außerordentliche Gunst, die uns in den letzten zwanzig Jahren zuteil geworden ist, aufgenommen und verwertet haben, ihrerseits findet, dass es nützlich sei, den deutschen Patriotismus noch einem Feuer europäischer Koalitionen größerer benachbarter antideutscher Nationen, noch einem härtenden und läuternden Feuer auszusetzen..."

Zusammenfassend begründet er noch einmal im Herrenhaus sein Ansiedlungswerk mit dem Bekenntnis: „Wir wollen nicht das Polentum ausrotten, sondern wir wollen das Deutschtum davor schützen, dass es seinerseits ausgerottet werde... Wir wollen nicht den Polen ihre Nationalität nehmen, sondern innerhalb des Deutschen Reiches den – ich kann wohl sagen skandalösen – Erscheinungen für die Zukunft vorbeugen, dass in ganzen Gemeinden mit urdeutschen Namen heutzutage, wie sich aus den Massenunterschriften nachzählen lässt, kein einziger mehr behauptet, deutsch zu sein, dass die Leute kein Deutsch mehr können, während ihre Großväter noch jede Zumutung, etwas anderes als ein Deutscher zu sein, als eine Kränkung aufnahmen und mit Entschlossenheit zurückgewiesen haben. Dieser allmählich krebsartig um sich fressenden Polonisierung der deutschen Einwohner jener Provinzen hoffen wir durch dieses Gesetz, durch die Verwendung der von uns geforderten Mittel einen Damm entgegenzusetzen und Halt zu gebieten..."

Nach vier Jahren ist auch dieser letzte Kampf Bismarcks für das Deutschtum der Ostmark abgeschlossen. Er muss gehen. Caprivis neue „Versöhnungsära" nimmt den alten Weg der Zugeständnisse wieder auf. Die Erteilung polnischen Privatunterrichtes in den öffentlichen Schulen, die Einführung der polnischen Sprache für den Religionsunterricht, die fakultative Einrichtung des polnischen Lese- und Schreibunterrichtes in den Posener Volksschulen werden gestattet. Die schwer gefährdeten polnischen Landbanken, die den Kampf gegen das deutsche Ansiedlungswerk entschlossen aufgenommen haben, werden mit Staatskrediten gefestigt, die polnischen Genossenschaften von der behördlichen Kontrolle befreit, so dass sie nun ungehemmt ihr Ziel, einen eigenen polnischen Wirtschaftsstaat im preußischen Staate zu bilden, erreichen können.

Entschlossene deutsche Führer der Ostmark greifen zur Selbsthilfe, gründen den „Verein zur Förderung des Deutschtums in den Ostmarken". Eines der ersten Mitglieder wird der verabschiedete Bismarck. Zweitausend Deutsche der Provinz Posen, achtzehnhundert Westpreußen huldigen ihm in Varzin.

Bismarck spricht: *„Der letzte Mann und die letzte Münze müssen für die Verteidigung der Ostgrenze geopfert werden. Wir singen: Fest steht und treu die Wacht am Rhein. Aber noch fester steht die Macht an Warthe und Weichsel, wo wir keinen Zoll Landes missen können..."*

Aus dreiundvierzig polnischen Genossenschaften sind bis zum Jahre 1910 zweihundertfünfundsechzig geworden. Aus Hundertzwanzig polnischen Bauernvereinen dreihundert. Die polnischen Parzellierungsinstitute beherrschen den Gütermarkt durch eine rücksichtslose Spekulation. Schon treiben sie durch immer neue Güterkäufe die polnischen Sappen nach Mittel- und Niederschlesien, nach den pommerschen Kreisen, nach Allenstein und Masuren, ja bis in die Bezirke von Königsberg und Gumbinnen vor. Der deutsche Bodenverlust wächst in zehn Jahren auf hunderttausend Hektar. Das durch die deutsche Bildung und Organisation gestärkte polnische Arbeitertum wird die letzte Stütze der polnischen Agitation.

Längst hat Roman Dmowski, der Führer der polnischen Nationaldemokratischen Partei, französischen Politikern die Zusicherung gemacht, sie werden beim Ausbruch des kommenden Krieges alle Polen auf Seite der Entente finden. Seine geheime politische Organisation, die Liga Narodowa, greift von Kongress-Polen und Galizien bis nach Posen über. Als der französische „Kontrolleur" André Lichtenberger 1910 auf einer Reise nach Warschau in Posen Aufenthalt nimmt, und einigen Posener Polen die Frage stellt, ob sie die Deutschen mehr hassen als die Russen, muss er noch die Antwort einstecken: „Wir können niemanden mehr hassen als die Deutschen, aber sie lehren uns doch wenigstens etwas: Arbeit, Ordnung, Disziplin, deren wir uns gegen sie bedienen, aber die Russen..." Lichtenberger muss unterbrechen. 1912 von einer neuen Kontrollreise aus Kongress-Polen zurückgekehrt, kann er mit Befriedigung als Resultat der polnisch-französischen Propaganda feststellen: „Der allgemeine Krieg ist noch vertagt; aber von dieser Reise kehre ich zurück mit dem sicheren Bewusstsein, dass er nicht mehr für lange vertagt ist."

Spricht die Stimme Bismarcks noch aus seinem Grabe fort? Die Vorsehung findet, „dass es nützlich sei, den deutschen Patriotismus noch einem Feuer europäischer Koalitionen größerer benachbarter antideutscher Nationen, noch *einem härtenden und läuternden Feuer* auszusetzen."

6. Sprache von Versailles

Amerikanisches Vorspiel

Wer unter den europäischen Staatsmännern etwa zu Anfang des Jahres 1914 die Prophezeiung gewagt hätte, es würde sechs Jahre später einen selbständigen polnischen Staat geben, der sich vom Dnjestr bis an die Düna, von den Karpaten bis an die Danziger Ostseeküste, von der Warthe bis an die Pripjetsümpfe erstreckt, der das österreichische Galizien mit Krakau und Lemberg, das russische Polen, das russische Wolhynien, die russische Polesie, einen Teil des russischen Litauen mit Wilna, die grubenreicheren Gebiete des deutschen Oberschlesien mit Kattowitz, die preußische Provinz Posen, den größten Teil von Westpreußen umfasst, ein solcher Mann wäre der verdienten Lächerlichkeit verfallen.

Wer selbst noch im Jahre 1918 nach Wilsons feierlicher Verkündigung des Selbstbestimmungsrechtes der Völker die Forderung öffentlich aufgestellt hätte, der neu zu gründende Staat müsse, um lebensfähig zu sein, zwölf Millionen Nichtpolen in sich schließen, denen dieses Selbstbestimmungsrecht versagt bleibt, ein so ruchloser Annexionist wäre von Wilson selbst als ein Verbrecher an der Menschheit gegeißelt worden.

Trotzdem werden die Pariser Verhandlungen des Jahres 1919 diesen phantastischen und ruchlosen Zustand in Osteuropa herstellen. Wird das Versailler Kriegsdiktat die Unterschrift von fünfundsechzig Staatsmännern als Vertreter der siebenundzwanzig gegen Deutschland aufgebotenen Kaiserreiche, Königreiche, Republiken Europas, Amerikas, Asiens, Australiens, Afrikas tragen, an der Spitze den Namen des Präsidenten der Vereinigten Staaten: Woodrow Wilson. Hat Wilson nicht in seiner Ansprache an den Vereinigten Kongress zu Washington am 8. Januar 1918 seine „*Vierzehn Punkte*" proklamiert als „das *Prinzip der Gerechtigkeit allen Völkern und Nationalitäten gegenüber* und ihres Rechtes, unter den gleichen Bedingungen der Freiheit und Sicherheit miteinander zu leben, mögen sie nun stark oder schwach sein"? Hat Wilson nicht in seiner Kongressrede vom 11. Februar desselben Jahres verkündigt, dass „die Völker und Provinzen nicht mehr von einer Staatshoheit in eine andere verschoben werden dürfen, als ob es sich lediglich um *Sachwerte oder Steine in einem Spiel* handelt"? Gibt Wilson nicht in derselben Rede die feierliche Versicherung ab, dass „alle klar bestimmten nationalen Bestrebungen die vollste Befriedigung finden müssen, die ihnen gewährt werden kann, *ohne neue Gründe der Zwietracht und des Gegensatzes zu schaffen* oder alte Gründe der Zwietracht und des Gegensatzes zu verewigen, welche mit der Zeit den Frieden Europas und folglich den der Welt erneut zunichtemachen können"? Stellt Wilson nicht in seiner Rede vom 6. April in Baltimore als Grundsatz künftiger Friedensverhandlungen auf, „wir sind bereit, im Augenblick der endgültigen Regelung uns dem deutschen Volke wie allen anderen gegenüber gerecht zu zeigen. Deutschland etwas anders als *unparteiische und leidenschaftslose Gerechtigkeit* vorzuschlagen, zu welchem Zeitpunkt es auch immer sei und welches auch immer der Ausgang des Krieges sein möge, würde einen Verzicht auf unsere eigene Sache bedeuten, denn wir fordern nichts, was wir nicht zu gewähren bereit wären"? Und wie hört man Wilson am 4. Juli zu Mount Vernon sprechen, als er seinen vierzehn Punkten noch „Vier Punkte" hinzuzufügen sich verpflichtet hält, um die Zustimmung aller Nationen zu seinen Grundsätzen der Ehrfurcht und Achtung vor den gemeinsamen Pflichten der zivilisierten Welt zu gewinnen? Stellt er hier nicht als Punkt II fest, dass „die Erledigung jeder Frage, ob sie sich auf Gebiete, auf Souveränität, auf wirtschaftliche Vereinbarungen oder auf politische Beziehungen erstreckt, auf Grund der *freien Annahme* durch das unmittelbar davon betroffene Volk und nicht auf Grund des materiellen Interesses oder des Vorteils irgendeiner anderen Nation oder eines anderen Volkes" stattzufinden habe?

Ja, um auch nicht den geringsten Zweifel an der Aufrichtigkeit aller dieser feierlichen Erklärungen, Versicherungen, Versprechungen, Bindungen aufkommen zu lassen, bestätigt derselbe Präsident des großen

Freiheitsvolkes der Amerikaner nicht noch in Paris am 23. April 1919 in seiner „Erklärung in Sachen der Adria", dass „der Krieg beendet wurde, indem man Deutschland einen Waffenstillstand und *Frieden vorschlug, die auf bestimmten und klar definierten Prinzipien beruhen sollten und der Aufrichtung einer neuen Ordnung des Rechtes und der Gerechtigkeit zu dienen bestimmt waren*"?

Zuviel der Worte von Recht und Gerechtigkeit! Nicht nur Deutschland, die Völker der Erde haben an sie geglaubt. Sie glaubten und hofften, sie ersehnten und erflehten, was noch in der Mantelnote vom 16. Juni 1919 der deutschen Friedensdelegation gegenüber erklärt wurde: „*Die Gerechtigkeit ist die einzig mögliche Grundlage für die Abrechnung dieses fürchterlichen Krieges.*"

Wir kennen das Glaubensbekenntnis dieser menschlichen Gerechtigkeit, das sich „Der Friedensvertrag zwischen Deutschland und den Alliierten und Assoziierten Mächten" nennt. Es umfasst vierhundertvierzig Artikel, von denen sich nur zwei mit Deutschlands Grenzen beschäftigen. Diese zwei Artikel dieser neuen Rechtsordnung der Welt nehmen dem deutschen Volk einen Lebensraum von zweiundsiebzigtausend Quadratkilometern, so viel, wie die Schweiz und die Niederlande zusammen umfassen. Diese zwei Artikel unparteiischer und leidenschaftsloser Gerechtigkeit reißen über sieben Millionen deutscher Staatsbürger von ihrem Mutterland weg, so viel, wie Belgien Einwohner hat. Nicht eingerechnet in diesen Land- und Menschenraub die deutschen Kolonien im Umfang von fast drei Millionen Quadratkilometer mit fast fünfzehn Millionen deutscher Schutzangehöriger.

Drei Punkte in diesen beiden Artikeln genügen, um im deutschen Weichselland einen Zustand wiederherzustellen, der seine historische Begründung in den polnisch-litauischen Eroberungskriegen des frischgetauften Heidenfürsten Jagiello suchen muss. Er ist nach polnischem Urteil noch unvollkommen, da er nicht das ganze Reich Boleslaus des Kühnen in sich schließt. Dieser lebte um das Jahr Eintausend. Die polnische Sprache von Versailles beginnt mit diesem Datum.

Damals ist das christliche Europa von apokalyptischen Weltuntergangsstimmungen erfüllt. Man erwartet mit dem Erscheinen des Messias ein neues Gottesreich auf Erden. Auch die von der abendländischen Untergangsstimmung des Weltkrieges durchbebten Völker hegen messianische Hoffnungen. Ein Name, ein einziger Name auf Millionen Lippen: Wilson. Er hat die neue Religion des Glaubens an die Menschheit verkündigt, hat sie zum Gesetzbuch der Politik erhoben. Er bringt aus der Neuen Welt der Alten Welt das Gottesreich auf Erden: den Völkerbund.

Wir kennen aus der Schilderung Bakers seine Überfahrt auf der „George Washington", die, von Kriegsschiffen begleitet, die amerikanische Friedensmission zu Frankreichs verführerischen Küsten trägt. Es ist der Monat des großen Friedensfestes der Christenheit. Einsam wandelt der Präsident auf Deck. Die alte Engelsbotschaft rauscht mit den Hilferufen aus aller Welt um die Funkmaste. Tiefer hört er sie in mancher der schweigsamen Ozeannächte durch sein schottisch-irisches Sektiererblut rauschen: „Und Friede auf Erden und den Menschen ein Wohlgefallen!" Seine Lippen, von denen Psalmen der Menschenliebe geströmt, memorieren gewohnheitsgemäß eine neue Rede: „Ich sehe die Männer unserer ersten Generation, die gedankenreichen Gründer unseres großen Staatswesens, die Generation Washingtons, Hamiltons, Jeffersons und der beiden Adams, ich sehe sie in einer Art staunendem Entzücken herniederschauen auf das Schauspiel, wie der Geist Amerikas die Welt erobert." Er ist einer der besten Kenner der amerikanischen Geschichte und Verfassung, hat tief aus dem Freiheitsquell ihrer erhabenen Dokumente geschöpft. Wie heißt es in der Unabhängigkeitserklärung? „Die Regierungen werden von Menschen eingesetzt, empfangen ihre gerechte Macht durch die Zustimmung der Regierten." *Selbstbestimmungsrecht* – das ist die neue Losung der Menschheit!

Auch Mr. Lansing, sein unbequemer Staatssekretär des Auswärtigen, findet auf diesem Friedensdampfer keine Ruhe vor diesem Selbstbestimmungsrecht. Er schreibt in sein Tagebuch: „Die Phrase ist mit Explosivstoff überladen... Welch Unglück, dass sie überhaupt geprägt wurde! Welches Elend wird sie in der Welt schaffen!"

Und auf demselben „George Washington" liegen im Gepäckraum wohlverstaut in Kisten und Kasten die Gutachten der ersten amerikanischen Sachverständigen, die spielend alle Rätselfragen der großen Sphinx Europa lösen werden. Liegen die Berichte, die Denkschriften, die Gutachten, die Kommentare über die polnische Frage, die der

Leiter des amerikanischen Studienausschusses für Polen, Dr. Robert Howard Lord, Professor der Geschichte an der Harvard Universität, fleißig aus polnischen Händen zusammengetragen hat. Liegen als Programm des Weltfriedens die „Vierzehn Punkte".

Der XIII. lautet: „Ein unabhängiger polnischer Staat soll errichtet werden, der die von einer unbestreitbar (*indisputably*) polnischen Bevölkerung bewohnten Länder umfassen soll, der einen gesicherten, freien und zuverlässigen Zugang zum Meer besitzt und dessen politische und wirtschaftliche Unabhängigkeit und territoriale Unverletzlichkeit durch internationalen Vertrag garantiert sein müsste."

Man kennt Wilsons mystische Vorliebe für die Zahl XIII. Der Dreizehnte am Abendmahlstisch hat den Heiland verraten. Am 13. Dezember trifft der „George Washington" in Brest ein. Eine Pariser Sibylle prophezeit Wilsons Zusammenbruch, weil er sich selbst von der magischen Verbindung mit seiner Glückszahl gelöst. Er hat XIV Punkte als seine Erlöserbotschaft verkündigt. Einer ist zu viel.

Die Geschichte dieses XIII. Punktes ist die Gründungsgeschichte des heutigen polnischen Staates. Polen ist längst in Amerika geschaffen, bevor es in Versailles ausgehandelt wird. Es ist ein weiter Weg von Warschau nach Washington. Hier kennt man nicht die gefährliche Verflochtenheit der polnischen Frage mit dem gesamteuropäischen Problem. Fast drei Jahrhunderte deutscher Ostkolonisation haben dem Weichselland schon sein deutsches Kulturgesicht eingeprägt, bevor Amerika entdeckt wird.

Für die Entente gibt es noch zu Beginn des Weltkrieges keine polnische Frage. England hat auf allen internationalen Kongressen seit Jahrzehnten ihre Erörterung grundsätzlich abgelehnt. Frankreich rührt um des russischen Bündnisses willen mit keinem Finger an sie. Als Russland zur Sicherung des polnischen Aufmarschgebietes durch den russischen Großfürsten Nikolai Nikolajewitsch am 15. August 1914 die feierliche Erklärung abgibt, dass das polnische Volk künftighin wieder auferstehen soll, frei in seiner Religion, seiner Sprache, seiner Selbstverwaltung, lässt Sazonow sofort in Paris abbremsen: Man habe die russischen Polen nicht gemeint; auch sei es vorläufig verfrüht, die in diesem Aufruf enthaltenen allgemeinen Wendungen in juristische Formeln zu kleiden. Bei der Besetzung Galiziens verbittet sich der russische Oberkommandierende, General Rußki, als Befreier der Polen gefeiert zu werden. Der russische Generalgouverneur, Graf Bobrinski, entlässt die polnischen Beamten, schließt dreitausend polnische und ruthenische Schulen.

Nur in Österreich-Ungarn erhofft man sich eine polnische Erhebung. Noch vor der Kriegserklärung marschiert das Haupt der polnischen Sozialisten Pilsudski mit seinen polnischen Schützenverbänden über die russische Grenze, um vollendete Tatsachen zu schaffen. Das künftige Polen soll als dritte Macht dem habsburgischen Staatsverband eingegliedert werden.

Weder in Posen noch in Westpreußen gibt es bei der Mobilmachung polnische Zwischenfälle. Wenn von polnischer Seite behauptet wird, es seien an alle dortigen Mitglieder der geheimen nationalpolnischen Organisation Kreuze mit der Losung ausgeteilt worden: „Halte dich zu deinen Brüdern, und wo sich eine Gelegenheit ergibt, mach dich davon und eile dorthin, wo der weiße Adler zum Flug seine Flügel ausbreiten wird." – Von diesen Kreuzen hat man im Weltkrieg nichts gesehen. Wohl aber schmückt das Eiserne Kreuz die Brust manches braven polnisch sprechenden deutschen Soldaten.

Der polnische Verrat beginnt erst mit der Gründung des polnischen Staates durch die Zentralmächte. Kein Staatsmann der damaligen Feindbundmächte hat das geringste Recht, sich dieser deutsch-polnischen Staatsgründung wegen moralisch zu entrüsten. Wäre dieses Werk auf einem auch von Deutschland und Österreich-Ungarn beschickten wirklichen Friedenskongress zur Vollendung gediehen, es gäbe heute keinen neuen europäischen Brandherd im Osten. Ein wirklich ausgeübtes Selbstbestimmungsrecht der Völker hätte in den gemischtsprachigen Gebieten für die völkische Zusammenfassung der polnischen Nation gesorgt. Dieser Grundsatz moderner Staatsbildungen ist der allein gültige. Keinen anderen hat Amerika durch den Mund seines Präsidenten verkündigt.

Man kennt heute die politischen Hintergründe dieser verhängnisvollen Proklamation des 5. November 1916. Der Deutsche Kaiser hat vor ihr gewarnt. Sie ist der letzte ehrliche Versuch gewesen, zu einer deutsch-polnischen Verständigung zu kommen. Für Polen bedeutet sie die Erfüllung ihres seit Jahrzehnten vergeblich angestrebten Zieles, die polnische Frage wieder in die internationale Debatte geworfen zu sehen. Jetzt kann Polen nach allen Seiten Forderungen stellen. Der Weg zur politischen Offensive ihrer Vertreter in Petersburg, Warschau, Berlin, Paris, London ist frei. Die Masken fallen. Die polnische Nation geht den Weg ihres anarchischen Temperamentes und ungezügelten Ausdehnungsdranges, unstaatsmännische Leidenschaften, die sie schon einmal aus dem Buch der Geschichte gestrichen haben. Dieser Weg kann 1916 nur über Amerika zum Ziele führen. Die polnische Weltpropaganda setzt ein. Der heutige polnische Staat ist ihr Werk. Seine Schöpfer sind drei Männer: Georg Sosnowski, Ignaz Paderewski, Roman Dmowski.

Als erster fährt noch im Auftrag des russischen Kriegsministers Poliwanow der aus Kongress-Polen gebürtige Sosnowski zu den amerikanischen Kriegslieferanten. Seine Geschäfte müssen lohnend gewesen sein. Er bleibt im Dollarland, wird amerikanischer Staatsbürger, kann als solcher sich leichter in das Weltnetz der politischen Intrigen um Wilson einspinnen. Er hat fleißig in Wilsons Geschichtswerken, fleißiger noch seine Reden gelesen. Er übersetzt sich die amerikanischen Ideale in die polnische Praxis. Lernt den Zungenschlag amerikanischer Wahlparolen. Lässt den Präsidenten wissen, dass bei seiner Wiederwahl die Stimmen der amerikanischen Polen nicht bedeutungslos gewesen sind.

Dann beginnt Sosnowski, an Wilson seinen europäischen Geschichtsunterricht zu erproben. Er legt dem fassungslos unwissenden Präsidenten eine Denkschrift über den künftigen Staatenaufbau Europas vor, in dem ein neues polnisches Reich als die Idealform der Gleichberechtigung aller Völker erscheint. Kein Deutscher bezweifelt dem polnischen Volke sein Recht auf einen „geeinten, unabhängigen und selbständigen" Staat. Aber der gelehrige Schüler Wilson spricht in seiner Senatsbotschaft vom 22. Januar 1917 schon von „dem unmittelbaren Zugang zu den großen Verkehrsstraßen des Meeres", die jedem Volke nach Möglichkeit zugebilligt werden müssen. Wilson hat die Weichsel entdeckt. Sosnowski ist fürs erste zufrieden.

Neun Tage später erklärt Deutschland den uneingeschränkten U-Bootkrieg. Sosnowski fährt in seinem Geschichtsunterricht fort. Sein amerikanisches Bürgerpatent ist noch schreibfeucht, aber der Präsident müsse doch verstehen, dass jetzt die große Stunde der amerikanischen Weltsendung unter seiner Führung geschlagen habe. Der Krieg müsse erklärt werden. Schon diese Nachricht allein würde genügen, die deutsche Revolution zum Ausbruch zu bringen, Österreich von Polen her auseinanderzusprengen. In sechzig Tagen spätestens würden die Kanonen des Weltkrieges schweigen. Amerika müsse nur verkünden, es führe diesen Krieg allein gegen die Hohenzollern, nicht gegen das deutsche Volk; es kämpfe nur für die deutsche Demokratie; es werde diese Demokratie „einer herrlichen Friedenszukunft" entgegenführen.

Wilson zieht mit der einen Hand das Schwert gegen die Hohenzollern, segnet mit der anderen Hand die deutsche Demokratie. Dritte Geschichtsstunde Sosnowskis. Er übersendet seinem Schüler eine neue Denkschrift. Die schwankenden Umrisse des künftigen polnischen Staates haben sich gefestigt. Drei Karten über die drei sogenannten Teilungen Polens liegen bei. Hundertfünfzig Jahre europäischer Entwicklung sind auf ihnen gestrichen. Wilson erfährt nichts von einem Wiener Kongress, nichts von Katharina der Großen, nichts vom Thorner Blutgericht, nichts vom polnischen Rechtsbruch zu Lublin, nichts von den polnisch-litauischen Eroberungskriegen Jagiellos, nichts von der „Schutzmauer der Christenheit", dem deutschen Ordensstaat. „Mit den grausamsten Mitteln" haben die Deutschen die Polen aus Westpreußen vertrieben. Und Oberschlesien, das auf den Teilungskarten nicht als polnisch zu finden sei, müsse selbstverständlich an Polen kommen, weil Preußen nur durch die Vernichtung seiner Kohlen- und Koksindustrie „entmilitarisiert" werden könne.

Auch der englische Außenminister Balfour, in größter Sorge über diesen polnischen Geschichtsunterricht, schickt an Wilson Karten. Der Präsident möge sich von „dem Mischmasch von Nationalitäten" überzeugen, die in einem künftigen Polen nach dem Muster der polnischen Propagandisten zusammenhausen müssen. Es ist nichts mit der polnischen Geographie Sosnowskis. Die versprochenen sechzig Tage sind um. Die Kanonen haben noch immer das letzte Wort. Österreich ist nicht auseinandergesprengt. In Deutschland spricht kein Mensch von Revolution. Wilson wird misstrauisch.

Paderewski, der weltberühmte Klaviervirtuose, betritt das politische Parkett Amerikas. Von glühender Vaterlandsliebe beseelt, kommt er als Vertreter des neugegründeten polnischen Nationalkomitees zu Paris. Alle Türen und Steinwayflügel der Vereinigten Staaten stehen ihm offen. Er wendet sich an Lansing, den stärkeren Gegner. Dieser ist weder prophetisch wie Wilson, noch genialisch wie Paderewski. Mit kühl-sachlicher Kritik sieht er sich seinen berühmten Besucher an. „Ich hatte den Eindruck", schreibt er in seinen Denkwürdigkeiten, „einen Menschen vor mir zu haben, der sich an ein ausschweifendes Ideal verlor, an Visionen und Phantasien, eines Wesens, das nur von sprunghaften Begeisterungen beherrscht ist statt von der Vernunft und den Wirklichkeiten des Lebens." Paderewskis reiner Patriotismus erweist sich stärker als Lansings praktische Vernunft. Er kann als ersten Erfolg die offizielle Anerkennung des polnischen Nationalkomitees in Paris durch das amerikanische Staatssekretariat buchen. Dieses Komitee ist die von Frankreich mit enthusiastischer Begeisterung, von Italien mit patriotischen Erinnerungen, von England mit sachlicher Bestätigung begrüßte Organisation des zukünftigen souveränen und unabhängigen polnischen Staates.

Paderewski bedarf keiner Denkschriften. Er gewinnt die Männer, auf die es ankommt, durch den Zauber seiner Persönlichkeit. Wilsons gefügiges Ohr, der fatale Colonel House, der vollkommene Freund Frankreichs, wie ihn Tardieu genannt hat, wird ihm hörig. Stellt an die Spitze der amerikanisch-polnischen Sachverständigenkommission den Professor Dr. Robert Howard Lord, bekannt als Deutschenhasser und Polenfanatiker. Aus ihren polnischen Träumereien am Kamin erstehen die ersten Ansätze zum XIII. Punkt.

Professor Lord überreicht Wilson im Weißen Haus seinen Bericht über das künftige Polen. Dieser ist ebenso vorsichtig wie hinterhältig abgefasst. „Die Einheit Polens ist unmöglich, ohne Ostpreußen von Deutschland zu trennen. Indessen lässt sich das wohl wahrscheinlich im Rahmen einer praktischen Politik nicht verwirklichen." Und am Rande dieses Berichtes als Anmerkung von welthistorischer Bedeutung wird im eigenhändigen Stenogramm Wilsons der neue polnische Staat geboren: der XIII. Punkt in der kristallklaren Formulierung eines fanatischen Doktrinärs. Nicht Wilson, nicht Professor Lord, nicht Paderewski, nicht Sosnowski sind seine Schöpfer. Der geniale Einbläser aller dieser Vordergrundfiguren sitzt noch in

Paris: *Roman Dmowski.* Das anerkannte Haupt des kommenden großen Polenreiches.

Dieser ist kein Gelegenheitspolitiker wie seine nach Amerika entsandten Vorläufer. Schon zu Bismarcks Zeiten hat er als junger Warschauer Student zusammen mit dem eben aus sibirischer Verbannung zurückgekehrten Feuerkopf Pilsudski gegen Russland gekämpft. Hat sich als Herausgeber der Lemberger „Allpolnischen Rundschau" in der gedanklichen Zucht seines Lehrmeisters Poplawski auf die polnische Westpolitik ein für alle Mal festgelegt. Wird der Fahnenträger der russisch-polnischen Verbrüderung. Wird der Schöpfer der Nationaldemokratischen Partei und ihr unbestrittener Führer. „Um den allgemeinen Krieg bitten wir Dich, o Herr, für die Freiheit der Völker!", betet er mit den Worten des großen polnischen Nationaldichters Mickiewicz. Jubelt mit seinen Pariser Freunden, als ganz Europa in Flammen steht. Muss mit dem militärischen Zusammenbruch Russlands den völligen Niederbruch seines eigenen polnischen Programms erleben. Verlässt Russland, gründet in Lausanne mit dem Bruder des deutsch-polnischen Abgeordneten Segda eine polnische Pressestelle, geht nach London, organisiert von hier aus die polnische Propaganda in den Ententeländern, setzt mit der Maßlosigkeit seiner Denkschriften alle ihre diplomatischen Bureaus in peinlichste Verlegenheit. Immer neue propagandistische Kräfte erwachsen ihm aus seinen politischen Niederlagen. Als der revolutionäre Arbeiter- und Soldatenrat in Petersburg erklärt, dass Polen das Recht habe, in staatlicher und internationaler Beziehung vollkommen unabhängig zu sein, schafft er das Polnische Nationalkomitee zu Paris. Wird sein Präsident. Sieht schon das Reich Boleslaus' des Kühnen als Kernstück eines antideutschen Mitteleuropa gegründet. Und muss jetzt aus dem Munde des Schiedsrichters der Welt mit diesem XIII. Punkt vernehmen, dass nur ein polnischer Staat mit einer *„unbestreitbar polnischen"* Bevölkerung bewilligt werden soll. Wo gibt es eine unbestreitbar polnische Bevölkerung außerhalb Kongress-Polens? Hat er für ein Großherzogtum Warschau gekämpft? Seine Denkschriften haben Posen, Westpreußen, Danzig, Ostpreußen, Oberschlesien, Teile Mittelschlesiens, Teile von Pommern und Brandenburg gefordert.

Seine amerikanische Stunde ist gekommen. In den Augusttagen des letzten, schon zusammenbrechenden deutschen Widerstandes, als die große Beute endlich so gut wie sicher winkt, fährt er zu Wilson. Nicht als Bittender, als Fordernder wird er auftreten. Es geht um die *Auslegung* des XIII. Punktes.

Als Paderewski ihn bei Wilson einführt, stehen sich auf den ersten Blick zwei entschiedene Gegner gegenüber. Wilson denkt: Das ist der Mann, der es gewagt hat, sich öffentlich gegen einen Frieden ohne Annexionen und Kriegsentschädigungen zu erklären! – Dmowski denkt: Das ist der Mann, der es gewagt hat, das polnische Mitteleuropa auf Provinzen mit unbestreitbar polnischer Bevölkerung zu beschränken!

Dmowski beginnt seinen Vortrag. Jeden Satz, jedes Wort hat er hundertmal geschrieben. Als er die Weichsel mit Danzig als unmittelbaren Zugang zum Meer fordert, unterbricht ihn Wilson: „Würden Sie sich nicht mit der Neutralisierung der Weichsel und der Schaffung eines Freihafens in Danzig begnügen?" Und Dmowski: „Herr Präsident, was Sie mich fragen, kommt darauf hinaus: Wir werden euch die volle Freiheit geben, zu atmen, aber die Deutschen werden euch immer an der Kehle sein!"

Dmowski fährt fort, von politischen Zweckmäßigkeiten, von wirtschaftlichen Gründen, von strategischen Gesichtspunkten zu sprechen. Wieder unterbricht ihn Wilson: „Aber, Herr Dmowski, wer wird denn nach diesem Kriege noch von einem strategischen Gesichtspunkt sprechen können? Wir werden einen Völkerbund haben!" Und Dmowski: „Herr Präsident! Ich glaube an den Völkerbund, wie ich an die Gerechtigkeit der Vereinigten Staaten glaube. Aber damit die Gerechtigkeit eine Wirklichkeit wird, braucht man nicht nur Gesetze und Gerichte, sondern auch eine Polizei und Gefängnisse!"

Die Gegner haben sich erkannt. Hier steht der Mann des moralischen Pathos, unbeeinflussbar in seiner Unfehlbarkeit, gegen den Mann der eisernen Stirn. Jeder zieht sich auf seinen eigenen Kampfplatz zurück. Wilson, der nicht daran denkt, deutsches Reichsgebiet an ein künftiges Polen zu geben, wünscht Schriftliches, wünscht unwiderlegbare Beweise für die polnischen Ansprüche. Auch als Staatsmoralist bleibt er der Geschichtsprofessor. Dmowski, der Propagandist, ruft mittels seiner Presseverbindungen die öffentliche Meinung Amerikas auf, mobilisiert die vier Millionen amerikanischer Polen, um in klug geleiteten Volksversammlungen Danzig, Westpreußen, Posen,

Schlesien zu fordern. Im Weißen Haus häufen sich die polnischen Sympathietelegramme.

Am 8. Oktober überreicht Dmowski dem Präsidenten die gewünschte Denkschrift. Sie kann nicht aus der polnischen Staatsgründung weggeleugnet werden. Sie gehört zu den ungeheuerlichsten Dokumenten der Geschichte. Sie ist in Deutschland so gut wie unbekannt geblieben. Sie soll künftighin nicht mehr aus der öffentlichen Debatte verschwinden. Ihr erster Abschnitt über „Das Preußische Teilgebiet" beginnt mit dem fundamentalen Satz: „Das polnische Gebiet im preußischen Staat zerfällt in vier Provinzen: Posen, Westpreußen, Ostpreußen und Schlesien." So steht es wörtlich geschrieben. Man liest diesen Satz wieder und wieder, den ein ernstzunehmender Politiker dem Präsidenten der Vereinigten Staaten vorzulegen wagt. Hier spricht keine Fieberphantasie. Hier spricht der Mann der eisernen Stirn: „Posen, Westpreußen und ein Teil Ostpreußens gehörten zum polnischen Staat bis zur ersten (1772) und zweiten (1793) Teilung Polens. Schlesien und der Hauptteil Ostpreußens gehörten zur Zeit der Teilungen schon nicht mehr zu Polen, umfaßten aber in ihrer Sprache polnische Gebiete. Die Anwendung der antipolnischen Ausnahmegesetze durch die deutsche Regierung beweist unwiderleglich die Stärke des nationalen polnischen Gedankens in der dortigen Bevölkerung. Die preußischen Gebiete, in denen die antipolnischen Gesetze gelten, bestehen aus Posen, Westpreußen, dem südlichen polnischen Streifen Ostpreußens (Reg.-Bezirk Allenstein), Oberschlesien, den drei östlichen Kreisen Mittelschlesiens, endlich auch, was die Verhinderung des Anwachsens des ländlichen polnischen Eigentums betrifft, aus einigen östlichen Kreisen Brandenburgs und Pommerns." Das ist polnische Geographie.

Wie also sollen künftighin die Grenzen des Dmowskischen polnischen Staates gegen Westen verlaufen? Soweit die „antipolnischen Ausnahmegesetze" der deutschen Regierung Geltung haben. (Der Wirkungskreis der deutschen Gesetzgebung wird bekanntlich von Feldmessern abgesteckt.) Und was sind das für Gesetze? Der deutsche Minderheitenschutz, der in einem Jahrhundert das polnische Volkstum geschaffen hat. Schreibt doch Dmowski im einleitenden Abschnitt selbst: „Die polnische Bevölkerung und der polnische Grundbesitz wuchsen beständig, und der polnische Kaufmann ebenso wie die polnische Industrie fassten schnell Fuß in der Konkurrenz mit dem deutschen Handel und der deutschen Industrie." Das sei – so behauptet diese eiserne Stirne – „das schlagendste Beispiel einer Regierung, die *gegen den Willen und die Interessen des Volkes* handelt, einer Regierung, die ihren *destruktiven* Charakter so lange behalten wird, als die polnischen Provinzen einen Teil Deutschlands bilden werden." Es steht so geschrieben. Man muss es selbst lesen, um es glauben zu können.

Und die polnische Geschichte der deutschen Ostmark? Dmowski findet noch nicht zwanzig Worte für sie. Einen Satz, der mit der sogenannten ersten Teilung Polens beginnt und mit der sogenannten zweiten Teilung Polens schließt. Dass es diese Teilungen nicht gibt, am wenigsten aber vor den Augen des Mannes, der das Selbstbestimmungsrecht der Völker verkündigt hat, wissen wir. Wilson weiß es nicht. Er weiß nichts von dem tausendjährigen Zeugnis der deutschen Erde des Weichsel- und Warthelandes. Nichts von der grabenden, pflügenden, pflanzenden deutschen Bauernkolonisation, die aus Sumpf, Wildnis und Öde in der aufopferungsvollen Arbeit unzähliger Geschlechter das Kulturgesicht dieser Landschaft geschaffen hat. Nichts von der europäischen Kulturmission des deutschen Ordensstaates, dessen ritterliches Heldentum einst die Bewunderung der ganzen zivilisierten Welt erweckt hat. Und die siebenhundertjährige Sprache der deutschen Burgen? Der deutschen Städte? Die feierlich beschworenen Verträge der polnischen Fürsten und Könige? Die erschütternde Klage Posens unter der polnischen Gewaltherrschaft? Die polnischen Eroberungskriege? Die polnischen Raubzüge? Die polnischen Rechtsbrüche? „Posen, Westpreußen und ein Teil Ostpreußens gehörten zum polnischen Staat bis zur ersten und zweiten Teilung Polens." Mehr liest man nicht. Was geht den Präsidenten der Vereinigten Staaten eine europäische Geschichte an, die vor der Entdeckung des Landes liegt, das er im Rate der Völker vertritt?

Dmowski stellt nun in einzelnen Abschnitten über Posen, Westpreußen, Ostpreußen und Schlesien die Resultate dieser „polnischen Wissenschaft" zusammen. Posen: „Es ist der kultivierteste Teil der Nation. Hier stehen die Volksmassen hinsichtlich ihrer Bildung wie ihres Besitzstandes auf gleicher Höhe mit den entsprechenden Klassen der am meisten fortgeschrittenen westlichen Länder. Patriotismus und

Gefühl für Bürgerpflicht sind hier unter den Massen weit verbreitet, und kein anderer Teil Polens wird mehr dazu beitragen, aus dem polnischen Volk eine wirklich westliche Demokratie zu machen. Hinsichtlich der Sprache der Bevölkerung ist Posen ein kernpolnisches Land."

Wilson fragt nicht, welches Posen hier als kultiviertester Teil welcher Nation gemeint ist. Das Posen, das Friedrich der Große noch als „ein Stück Anarchie", als sein „Sibirien" bezeichnet? In dem Napoleons Marschall Lannes noch die Bevölkerung in einem Zustand vorfindet, den er „den polnischen, das heißt zwischen Mensch und Tier" nennt? In dem es kein freies Bauerntum, keinen Handwerkerstand, keinen Bürgerstand mehr gibt? Dessen von Deutschen gegründeten Städte von den polnischen Edlen samt ihrer Bevölkerung verkauft werden? Oder jenes Posen, in dem unter preußischer Verwaltung Tausende von Schulen jeder Art geschaffen sind, in dem die deutsche Städteverfassung die Bürger zu ihrer Bürgerpflicht erzogen hat, in dem deutsches Recht ohne Ansehen der Person gilt? Das deutsche Bauernarbeit zur Kornkammer Preußens gemacht hat? Dessen Industrie von deutschem Unternehmergeist geschaffen ist? In dem jeder Schienenstrang, jede Chaussee, jeder Wasserweg von deutscher Menschen Fleiß und Kulturwillen zeugen?

Keine dieser Fragen stellt Wilson. Dmowski behauptet, dass dieses Posen kernpolnisches Land ist, behauptet, dass der deutsche Teil der Bevölkerung nicht zwanzig Prozent überschreitet. Nach der Volkszählung von 1910 ergibt die deutsche Bevölkerung eine Mehrheit von 50,57 Prozent. Für Dmowski aber,– er bekundet es selbst – zählen die deutschen Beamten nicht, zählen die deutschen Arbeiter nicht, zählen die deutschen Lehrer nicht, zählen die deutschen Soldaten nicht, zählen auch jene Deutschen nicht, die eigentlich Polen sind, – sie wissen es nur nicht. Und so folgert die eiserne Stirn: „In Anbetracht der angeführten Tatsachen kann kein Zweifel bestehen an dem Recht des polnischen Volkes auf Posen." Es kann kein Zweifel bestehen. Wilson zweifelt nicht.

Westpreußen: „Die Besitznahme Westpreußens durch Friedrich II. versetzte nicht nur dem Gefühl der polnischen Bevölkerung einen schmerzlichen Schlag, sondern hatte auch den wirtschaftlichen Verfall Polens zur Folge." Der Satz steht geschrieben. „Die Germanisierung Westpreußens war schon seit der ersten Teilung Polens ständig das Hauptbestreben der preußischen Regierung." Auch dieser Satz – mir liegt die Denkschrift vor Augen – steht geschrieben. Es kann kein Zweifel bestehen. Auf amerikanische Verhältnisse übertragen, müsste dieser Satz etwa so lauten: „Die Besitznahme Amerikas durch die europäische Kolonisation versetzte nicht nur dem Gefühl der indianischen Bevölkerung einen schmerzlichen Schlag, sondern hatte auch den wirtschaftlichen Verfall der Indianer zur Folge. Die Amerikanisierung des Indianerlandes war ständig das Hauptbestreben der amerikanischen Regierung." Nein, selbst in dieser Fassung ist dieser Satz nicht richtig. Es gibt ja keine Polen als Urbevölkerung in diesem ältesten Germanenland. Es gibt Polen nur als Eindringlinge, als Nutznießer der gewaltigen Kulturschöpfungen eines Hermann von Salza, eines Winrich von Kniprode, eines Friedrich des Großen.

Dmowski fährt fort: „Man kann mit Sicherheit annehmen, dass nach dem Rückfall dieses Gebietes an den polnischen Staat ein erheblicher Teil der Bevölkerung sich als polnisch angeben würde." Die Bevölkerung hat es bekanntlich in jenen Gebieten getan, in denen man eine Abstimmung zugelassen hat. Nicht ein erheblicher Teil der Bevölkerung, sondern genau von einhundertfünftausendvier Stimmen geben sich siebenundneunzigtausendsiebenundfünfzig als *deutsch* an!

Danzig. Was wird die eiserne Stirne von der urdeutschen Stadt Danzig behaupten? „Die amtlichen Ziffern über Danzig stellen die Stadt als rein deutsche hin. Indessen zeigen private Forschungen auf polnischem Wege, dass fast die Hälfte der Bewohner polnisch ist, wenn auch oberflächlich germanisiert." Auch dieser Satz steht geschrieben. Und so folgt Dmowski: „Westpreußen muss nach dem Kriege aus folgenden Gründen zum polnischen Staat gehören. Es war ein unabtrennbarer Teil des polnischen Staates vor den Teilungen. Es ist polnisch auf Grund der polnischen Nationalität der Mehrheit seiner Bewohner, mit Ausnahme weniger Kreise, die allerdings germanisiert worden sind. Die Rückgabe Westpreußens an Polen ist das einzige Mittel diese Provinz wirtschaftlich zu heben und ihr eine schnelle Entwicklung des Handels zu sichern. Die Belassung Westpreußens in der Hand Deutschlands würde die Fortdauer des Regimentes der Ungerechtigkeit, der Gewalt und der Übergriffe in diesem Gebiet bedeuten, und dieses Regiment sollte man nach dem jetzigen Kriege aus Europa vertreiben, der so viel Opfer von Seiten der zivilisierten Völker mit sich gebracht hat."

Die polnische Hand, die diese Sätze niedergeschrieben hat, zitterte nicht. Ruhig bleibt auch die deutsche Hand, die sie nachschreiben muss, damit die Gründe des polnischen Raubes an Westpreußen nicht in Vergessenheit geraten. Diese Gründe können wie Kreidestaub von einer Tafel weggewischt werden. Ob wir noch Verlangen tragen, die Bekenntnisse dieser eisernen Stirn über Ostpreußen und Schlesien zu hören?

Es mag uns genügen, dass Herr Roman Dmowski, späterer Mitunterzeichner des Versailler Kriegsdiktates, über Ostpreußen schreibt: „In geographischer Beziehung gehört es zum polnischen Gebiet... In historischer und ethnographischer Hinsicht ist das Land nicht Deutsch... Was die sozialen Verhältnisse anbetrifft, so ist es fast ein mittelalterliches Land... Seine Bauern beherrscht einzig der Schrecken, der ihnen seit den Kreuzritterzeiten eingeimpft ist... Mit der wirtschaftlichen Verbindung mit Polen würde eine neue Periode des Wohlstandes für dieses dünnbesiedelte Land beginnen, in der Folge würde eine polnische Einwanderung einsetzen... Man kann durchaus erwarten, dass die wirtschaftlichen Einflüsse hinreichen werden, um die Sonderstellung des Deutschtums und des Königsberger Landes zu zerstören, und dass dieses Land ohne irgendeinen politischen Druck mit der Zeit polnisches Kerngebiet mit gemischter deutscher und polnischer Bevölkerung werden wird." Das weiß nun Wilson. Das wissen nun auch die Ostpreußen.

Kann noch ein Zweifel über Schlesien bestehen? „In geschichtlicher Beziehung ist dieses ein altes polnisches Gebiet... In nationaler Beziehung ist es ebenfalls polnisch... Geographisch gehört es zu Polen..." Aber es lässt und lässt sich nun einmal nicht in die Karten mit den drei Teilungen Polens einzeichnen. Was tut die eiserne Stirn? Sie konstruiert drei Teilungen des schlesischen Kohlenbeckens „durch die Vorkriegsgrenze". Teilungen sind Teilungen und müssen „wiedergutgemacht" werden. Es geht nicht mehr um die Einigung Polens, es geht um die Einigung des Kohlenbeckens. „Geeinigt werden aber kann es nur unter polnischer Herrschaft, da es völlig auf nationalpolnischem Gebiet liegt."

Man weiß nicht, wie Wilson, der Verkünder einer neuen Rechtsordnung der Völker, diese Denkschrift aufgenommen hat. Jedenfalls ist er Herrn Dmowski gegenüber in der Abschiedsaudienz sehr zurückhaltend. Und was tut nun Herr Dmowski? In keiner sehr diplomatischen Haltung stellt er sich vor den Präsidenten auf und erklärt ihm wörtlich: „Es gibt in den Vereinigten Staaten rund vier Millionen polnischer Einwanderer. Wenn man unsere Grenzen nach Deutschland hin nicht so errichtet, wie wir es wünschen, das heißt, dass wir nicht nur Posen, sondern darüber hinaus Schlesien, unsere Ostprovinzen und Danzig bekommen, so wird kein einziger der Polen in Amerika begreifen können, wie das hat geschehen können. Und das sind Leute, die ein großes Vertrauen zu Ihnen haben."

Was tut der Mann des moralischen Pathos? Antwortet er, nicht seinen Staatssekretär, sondern den Hausdiener herbeiklingend: „Aber, Herr Dmowski, fordern Sie von mir, dass ich Ihnen um eines polnischen Wahlmanövers willen für die kommenden Kongresswahlen das Leben, das Eigentum, das Recht von Millionen deutschen Menschen aufopfere?!" Nicht also wird von diesen Apostellippen gesprochen. Wilson, das Oberhaupt des Volkes der *Virginia Bill of Rights*, der Unabhängigkeitserklärung, der freien amerikanischen Verfassung, sieht seinen Gegner scharf an. Dieser Blick ist keine Niederlage, sondern die Gegenforderung. Dann spricht er: „Ich hoffe, dass sie – er meint die vier Millionen polnische Wahlstimmen – sich nicht täuschen werden."

Der Franzose René Martel, der uns in seiner Schrift über „Deutschlands blutende Grenze" diese Szene nach einem Selbstzeugnis Dmowskis schildert, fühlt sich veranlasst sie mit den Worten zu beschließen: „Dieses Mal schlug die Beweisführung durch. Wilson sah sich in der Zwangslage, seine Grundsätze zu beugen. Würde er nicht sehr bald die Stimmen aller seiner Wähler nötig haben? Der Sieg Dmowskis, so verspätet er kam, war vollkommen. Wilson wird auf der Friedenskonferenz die polnischen Ansprüche unterstützen. An diesem Tage, das kann man mit Gewissheit sagen, war das Schicksal der deutschen Ostgrenzen entschieden."

Dmowski kann beruhigt von Amerika abreisen. Der Mann, der ihm am 5. Dezember auf der „George Washington" nachreisen wird, hat allen Grund, eines Abends auf Deck in vertrautem Gespräch zu seinem

Freunde Mr. Creel zu sprechen: „Was sich meinem Geiste darstellt,– von ganzem Herzen wünsche ich, ich möchte mich irren – ist eine einzige Tragödie von Enttäuschungen." Er ist schon in dieser Stunde nicht mehr der Held dieser Tragödie. Er hat seine Glückszahl XIII verraten.

Der Verrat an Posen

Es ist kein gutes Gefühl, mit dem Herr Roman Dmowski aus Washington nach Paris zurückkehrt. Er hat seinen Gegner Wilson in keinem Punkt überzeugt. Er hat ihn nicht einmal niedergerungen. Er hat ihm nur ein unsauberes Geschäft unter vier Augen vorgeschlagen. Unsauber sind auch die Unterlagen, die er ihm für diesen Handel zurückgelassen. Wenn Wilson zum Dank für den letzten polnischen Erpressungsversuch Dmowskis Denkschrift der Öffentlichkeit preisgibt, ist der polnische Traum am Kamin des Colonel House ausgeträumt.

Man muss vollendete Tatsachen schaffen. Dmowski ist sehr genau von dem ersten englisch-französischen Zusammenstoß während der Waffenstillstandsverhandlungen unterrichtet. Pichon, der französische Außenminister, hat erklärt: „Die Wiederherstellung Polens in den Grenzen vor 1772 entspricht den ersten Vereinbarungen der Regierungen vom Anfang des Krieges." (Er erinnert sich just in diesem Augenblick nicht mehr an jenes Geheimabkommen mit dem zaristischen Russland vom 11. März 1917, das Frankreich die selbständige Festsetzung seiner Ostgrenzen, Russland die selbständige Festsetzung seiner Westgrenzen zubilligt, wobei die polnische Frage aus der internationalen Debatte auszuscheiden hat.) Balfour, der englische Staatssekretär des Äußeren erwidert aus der tieferen Kenntnis der englischen Kontinentalpolitik des letzten Jahrhunderts: „Ich habe diesen Vorschlag mit Ängstlichkeit gehört: das Polen von 1772, sagen Sie, müsste das Polen von 1918 werden. Das ist nicht das, worauf wir uns geeinigt haben. Wir waren uns einig geworden, ein aus Polen zusammengesetztes Polen wiederherzustellen. Dasjenige von 1772 entsprach diesem Ziel nicht." Balfour dringt durch. Der erste polnische Versuch, vollendete Tatsachen zu schaffen, ist abgeschlagen.

Auch der zweite Versuch misslingt. Dmowski, kaum in Paris, stellt im Namen des polnischen Nationalkomitees den Antrag, die polnische Haller-Armee nach Danzig zu transportieren, um von hier aus die Grenzen des künftigen polnischen Staates mit Bajonetten abzustecken Die Vertreter der Alliierten lehnen ab. Sie fürchten bei einer polnischen Truppenlandung einen neuen Krieg zwischen Polen und

Deutschland. Und wenn englische und französische Bajonette den polnischen Vormarsch von Danzig nach Thorn sichern?", fragt Dmowski. England verbittet sich diese Zumutung. Frankreich, für das einst siebzigtausend Polen unter Napoleons Fahnen nach Moskau marschiert, aber nicht nach Warschau zurückgekehrt sind, bedauert feststellen zu müssen, dass kein einziger französischer Soldat für Polen nach Westpreußen marschieren wird.

Dmowski macht den dritten Versuch. Wie heißt doch die polnische Jahrtausendparole? Deutsche vor die polnische Front! Ja, mit diesem letzten Antrag sind England und Frankreich zufrieden. Die deutschen Truppen haben solange die polnischen Grenzen nach Osten gegen die einbrechenden Fluten des Bolschewismus zu halten, bis die Räumung von den Alliierten gestattet wird. Und die Grenzen des künftigen Polen im Westen? Wozu hat man ein demokratisches Deutschland geschaffen? Wozu mit den goldenen Kugeln der Entente die marxistische Revolution?

Am Morgen nach jener Extraausgabe des „Vorwärts", die unter der fetten Schlagzeile *„Generalstreik!"* der Berliner Bevölkerung verkündigt: „Die Bewegung wird gemeinschaftlich geleitet von der Sozialdemokratischen Partei Deutschlands und der Unabhängigen Sozialdemokratischen Partei Deutschlands", bricht auch für die deutsche Stadt Posen die glorreiche Zeit der Arbeiter- und Soldatenräte an. Hier brauchen die polnischen Drahtzieher nicht erst lange Vorbereitungen. Sie haben nur das Programm der Achtundvierziger Revolution noch einmal abzuspielen.

Beginnt sie nicht mit polnischen Loyalitätserklärungen? Schwingt nicht der Hochverräter Mieroslawski vor dem Fenster des preußischen Königs die schwarzrotgoldene Fahne, die „nun künftighin einträchtig neben der polnischen wehen" wird? Verteilt man nicht mit dem Eintreffen der ersten Berliner Revolutionsnachrichten in Posen polnische Kokarden, hisst polnische Fahnen? Gründet man nicht ein „paritätisches" Nationalkomitee, um die Berliner Regierung solange zu täuschen, bis die polnischen Nationalgarden aufgestellt sind? Sendet man nicht beruhigende Deputationen nach Berlin? Streckt nicht das polnische Nationalkomitee dem deutschen Nationalkomitee die Bruderhand hin, bis die ganze Provinz von polnischen Kreis- und Lokalkomitees zur Austreibung der Deutschen übersponnen ist? Stehen nicht an ihrer Spitze die polnischen Geistlichen?

Dieses Programm wird auch im Jahre 1918 in den Grundzügen beibehalten. Nur hat man es polnischerseits nicht mehr nötig, die alten französischen Revolutionsphrasen von der „Freiheit und Brüderlichkeit der Völker" lange zu missbrauchen. Die Novemberrevolutionäre in Berlin verkünden: „Ein gewaltiger, berauschender Sieg ist errungen. Wir grüßen die sozialistische Republik Deutschland mit dem Ruf, der ein Gelöbnis, ein Schwur ist: Hoch die Republik! Hoch die Internationale!" Die Posener Polenführer veröffentlichen am selben Tage einen von allen Parteien und politischen Organisationen unterschriebenen Aufruf: „In diesem Augenblick, der über unsere Zukunft entscheidet, bildet die ganze Nation – (die polnische!) – auf dem ganzen Gebiet der polnischen Landesteile in allen seinen Schichten von einem gemeinsamen Gedanken beseelt ein großes, geschlossenes und solidarisches *nationales* Lager... Indem wir diese unsere nationale Eintracht und Geschlossenheit feststellen, erklären wir feierlichst, dass wir in dieser großen und verantwortlichen Stunde der Geschichte die weitere Leitung der Politik im Sinne der beteiligten Interessen und der *unwandelbaren Ideale der Nation* in vollem Vertrauen in die Hände unserer Abgeordneten im Preußischen Landtag und im Deutschen Reichstag legen."

Diese Abgeordneten, seit Generationen innige Bundesgenossen der Deutschen Fortschrittspartei, des deutschen Zentrums, der deutschen Sozialdemokratie sind durch ihre Spionagezentralen in Paris, London, Stockholm, der Schweiz genau über den Termin des Ausbruchs der deutschen Revolution unterrichtet. Sie haben noch ihre Diäten quittiert, reisen mit den Freifahrkarten 1. Klasse der deutschen Reichseisenbahn nach Posen und sind am 10. November in dieser deutschen Festung versammelt.

Vormittags: Der Arbeiter- und Soldatenrat wird gebildet. Im Arbeiterrat finden sich die Sekretäre der sozialdemokratischen und polnischen Gewerkschaften einträchtig beisammen. Ihr diktatorischer Erlass verkündigt: „Politische Strömungen, die sich gegen die neue Regierung richten, werden nicht geduldet."

Um die Mittagsstunde: Eine Versammlung der polnischen „*Nationalen Arbeiterpartei*" unter starker Beteiligung der polnischen „*Nationalen*

Intelligenz" wird eröffnet. Ansprache eines preußisch-polnischen Abgeordneten über die zukünftige Verfassung Polens, die demokratisch und völkisch sein wird. Der Führer der polnischen Fraktion Abgeordneter Seyda, dessen Bruder als polnischer Agitator und Spion in der Schweiz mit Roman Dmowski gearbeitet hat, erklärt „unter ungeheurer Begeisterung", es habe sich schon vor einiger Zeit in Posen ein polnisches Bürgerkomitee gebildet, es werde heute in erweiterter Form an die Öffentlichkeit treten.

Drei Uhr nachmittags: Das „Bürgerkomitee" tritt zusammen. Man braucht sich gegenseitig nicht erst vorzustellen. Man hat es bereits „in den letzten Tagen des deutschen Kaisertums" getan. Alle polnischen Abgeordneten auch hier zur Stelle. Aus dem Schoße des schon lange hochverräterisch wirkenden „Exekutivausschusses werden Kommissare gewählt, die die Aufgabe haben, „für die Zeit bis zur Übernahme der preußischen Landesteile durch die polnische Regierung einen Obersten Volksrat zu bilden." Diese sind der Vorsitzende des polnischen Genossenschaftsverbandes, der Prälat Adamski, der Redakteur Poszwinski und Herr Korfanty, der preußische Abgeordnete und spätere schlesische Bandenführer.

Abends: Polnische Straßenversammlungen, polnische Flugschriften, polnische Schleifen, polnische Kokarden, polnische Fahnen werden verteilt. Für einen deutschen Groschen kann man sich auch den polnischen Adler kaufen. Die Deutschen werden gewarnt, alles zu vermeiden, was die polnischen Empfindungen verletzen kann. Korfanty spricht: „Im Deutschen Reiche, das bisher der Ausdruck der Knechtschaft, des Mitfüßetretens der Menschenwürde gewesen ist, an dessen Spitze blutbesudelte Verbrecher gestanden, erklinge heute die Losung: Befreiung von der brutalen Faust. Das polnische Volk sympathisiere mit den Deutschen..."

Am nächsten Tag ist der „Oberste polnische Volksrat" gebildet. Es gibt keinen Sozialdemokraten in diesem Volksrat. In allen Landkreisen tauchen polnische Volksräte aus der Versenkung auf. Polnische Pröbste stehen an der Spitze. Sie fordern die preußischpolnischen Soldaten auf, in die Arbeiter- und Soldatenräte einzutreten: „Friedlich und einträchtig muss das gegenseitige Verhältnis sein, bis die staatliche Zukunft Polens auf Grund des Selbstbestimmungsrechtes entschieden ist." Freilich ist hierbei von keinem nationalen Polen zu vergessen: „Die Revolution, die sich vollzieht, ist eine innere Angelegenheit Deutschlands. Wir Polen müssen uns abseits halten und uns nicht hineinmischen, weil unsere Länder an Polen zurückfallen werden." Man habe nur überall die Mehrheit zu gewinnen, um die deutschen Landräte, die deutschen Bürgermeister, die deutschen Polizeibehörden, die deutschen Kreisschulinspektoren, die deutschen Lehrer, die deutschen Eisenbahn- und Postbehörden abzusetzen. Bis zum Eintreffen nationalpolnischer Beamter seien den deutschen Beamten polnische „Vertrauensmänner" an die Seite zu stellen.

In Berlin veröffentlicht der Arbeiter- und Soldatenrat einen Aufruf „An das werktätige Volk". Dieser beginnt: „Das alte Deutschland ist nicht mehr. Das deutsche Volk hat erkannt, dass es jahrelang in Lug und Trug gehüllt war" und schließt: „Die sozialistische Republik ist einzig imstande, die Kräfte des internationalen Sozialismus zur Herbeiführung eines demokratischen Dauerfriedens in der ganzen Welt auszulösen." Die deutschen Zeitungen melden die Absetzung der deutschen Fürsten, die Ermordung Fochs, die Flucht Poincarés, den Sturz der Regierung Clemenceau, die Abdankung des Königs von England, das Hissen der roten Fahne auf der englischen Flotte, die Verbrüderung der französischen Frontsoldaten mit den deutschen, die Ankunft des polnischen Legionsbrigadiers Pilsudski aus seiner Magdeburger Gefangenschaft in Warschau.

Dritter Tag: Der gebührende polnische Einfluss in den Arbeiter- und Soldatenräten ist gesichert. Die „Vertrauensmänner" sind ernannt. Der deutsche Oberbürgermeister von Posen ist durch einen polnischen ersetzt. Die Städteverwaltungen werden durch die zwangsweise Einsetzung von polnischen Magistratsmitgliedern, polnischen Stadtverordneten polonisiert. Der Oberste polnische Volksrat ruft die polnischen Bürger vom zwanzigsten bis zum fünfzigsten Lebensjahr zur Bildung polnischer Bürgerwehren auf: „Jetzt, wo das Vaterland – das polnische –euch ruft, stellt euch in Reih und Glied, sei es in der Volkswehr oder in der militärischen Organisation, diszipliniert und gehorsam…"

Die deutschen Soldaten werden nach der Heimat entlassen, die polnischen in den Kasernen und vorbereiteten Standorten zusammengezogen. Es wird ein Wach- und Sicherheitsdienst, natürlich paritätisch, eingerichtet, seine Mitglieder tragen die polnischen Kokarden. Es wird ein Provinzialernährungsamt geschaffen, natürlich paritätisch, um bei dem geringsten Widerstand der neuen Berliner „Provisorischen Regierung" der Reichshauptstadt die Lebensmittelzufuhr zu sperren. Polnische Zeitungen verbreiten Tatarennachrichten, um die Deutschen Posens durch Schrecken zu lähmen: Polnische Legionen haben die Grenzen überschritten; polnische Truppenverbände marschieren auf Posen. Nach Berlin wird gedrahtet: „Der Arbeiter- und Soldatenrat hat sofort eine Kommission, der sich unter Führung des Abgeordneten Dr. Seyda die Vertreter der polnischen Reichstags- und Landtagsfraktion angeschlossen haben, nach der Landesgrenze entsandt. Die polnischen Abgeordneten erklären, dass sie es auf keinen Fall zu einem Zusammenstoß mit den deutschen Soldaten kommen lassen werden. Der Arbeiter- und Soldatenrat erklärt, dass eine Gefahr für die Bevölkerung Posens gänzlich ausgeschlossen ist." Die Berliner provisorische Regierung ist beruhigt.

Nein, es kommt wirklich zu keinem Zusammenstoß mit den deutschen Soldaten. Diese geben auf der Rückfahrt nach der Heimat den polnischen Bahnhofskommandos ihre Gewehre, ihre Patronentaschen, ihre Munition ab, verkaufen die Pferde, lassen die Kanonen den polnischen Brüdern zurück. Geht es nicht freiwillig, so geht es mit Gewalt. Dann nehmen ihnen die polnischen Brüder auch die Mäntel weg, reißen ihnen die Stiefel von den Füßen. Alles wird in den polnischen Sammelstellen abgeliefert.

Schon exerzieren preußisch-polnische Soldaten unter dem Kommando ihrer Offiziere, denen die polnischen Soldaten nicht die Achselstücke abreißen. Alle tragen den weißen polnischen Adler auf den Mützen und auf dem preußischen Koppelschloss die Devise: Gott mit uns. In Ostrowo bildet sich das 1. polnische Infanterieregiment, bezieht die deutschen Kasernen. In Berlin stellt sich der neugegründete „Rat geistiger Arbeiter" dem Arbeiter- und Soldatenrat mit einer Erklärung an die Seite: „Der 9. November hat uns den Glauben an die Menschheit wiedergegeben. Wir reichen unsere Hand den Brüdern in allen Ländern..."

Achthundertfünfzigtausend deutsche Brüder in der deutschen Provinz Posen sehen sich mit dem Abströmen und der Entwaffnung der deutschen Soldaten rettungslos dem kommenden polnischen Terror ausgeliefert. Sie schließen sich zu deutschen Volksräten zusammen, schicken Deputationen an die Berliner Regierung, fordern den Schutz der deutschen Interessen, rufen zur Bildung von Freiwilligenverbänden als „Heimatschutz Ost" auf.

Die polnische Presse spricht von den „Drohungen der reaktionären und chauvinistischen Elemente, aus der polnischen Frage einen Zündstoff zur Entfachung des deutschen Nationalismus zu machen." Dieser „deutsche Geist der Annexion" sei „eine Herausforderung der Polen". Die polnische Frage sei dem künftigen Friedenskongress vorbehalten. Man denke polnischerseits nicht daran, den „Friedenskongress vor eine vollendete Tatsache stellen zu wollen".

Nein, daran denkt nicht Herr Prälat Adamski, nicht Herr Redakteur Poszwinski und schon gar nicht Herr Korfanty. Im Namen des Obersten polnischen Volksrates setzen diese die Wahlen zu einem polnischen Landtag an, den sie bezeichnenderweise den „Teilgebietslandtag" nennen. Schon sind polnische Wahlorganisationen gebildet, polnische Redner reisen durch Dörfer und Städte. Wahlberechtigt sind alle Polen im Deutschen Reich vom zwanzigsten Lebensjahr an. Es gibt keine Parteien. Der Berliner „Vorwärts", das neue Regierungsorgan, schreibt: „Das Haus der Abgeordneten wird hierdurch aufgelöst. Das Herrenhaus wird beseitigt. Es finden endlich jene beiden Rumpelkammern das verdiente Ende: in Schmach davongejagt!"

Anfrage der preußischen Regierung, was es mit diesem Teilgebietslandtag in Posen für ein Bewenden habe? Eine Kabinettssitzung wird einberufen, polnische Vertreter werden geladen. Sie versichern – ich weiß nicht, ob in polnischer oder deutscher Sprache – dieser Teilgebietslandtag sei „ein Übersetzungsfehler". Es handle sich um einen Volkstag, der die polnischen Vereine in einem Verband zusammenschließen soll. Das polnische Volk denke nicht daran, die junge Freiheit des deutschen Volkes in irgendeiner Weise anzutasten: „Getreu der in letzter Zeit gegebenen Versicherung, dass die Polen durchaus nicht gewillt sind, den Bestimmungen des künftigen Friedenskongresses gewaltsam vorzugreifen, sind sie nach wie vor bereit, auf dem Boden der jetzt bestehenden Verhältnisse weiterzuarbeiten. Fort mit jeder grundlosen Beunruhigung, fort mit jeglicher Verhetzung!"

Am 3. Dezember tritt der „Teilgebietslandtag", der „Übersetzungsfehler", in Posen feierlich zusammen. Die Kinder haben schulfrei, um für das Glück Polens zu beten. Der Erzbischof Dalbor, noch von der kaiserlichen Regierung gegen den Willen der deutschen Katholiken eingesetzt, segnet ihn in feierlichem Hochamt ein. In seinem Beisein predigt in der Posener Pfarrkirche der Landtagsabgeordnete Prälat Stychel „von der satanischen Verabredung der drei beutegierigen Nachbarn", von dem „satanischen Knirschen der in ihren Berechnungen getäuschten Eroberer", von „dem kreuzritterlichen Reptil, das das polnische Volk nach dem Siege von Tannenberg leider nicht vollständig zertrat", von „den satanischen Anstrengungen, das der staatlichen Freiheit beraubte Volk in allen seinen Gliedern vollständig zu vernichten", von dem preußischen „Räubervolk", von „den Raubstaaten, die Polen verbrecherisch zerstückelt haben." Er würzt seinen polnischen Hassgesang mit Bibeltexten aus Jesaias, aus Jeremias, ja aus dem Evangelium des Mannes, der gesprochen hatte: Liebe deinen Nächsten wie dich selbst. Er ruft alle Schutzheiligen Polens auf, das Werk des Hochverrates zu segnen. Appelliert an den Erlöser, an die Jungfrau Maria, an den Gott der himmlischen Heerscharen, die polnischen Banden bei den kommenden Deutschenpogromen liebevoll zu unterstützen. Dann sammelt sich das aufgehetzte „polnische Volk" zum Festzug durch die Straßen.

Voran in polnischen Nationalkostümen die Sokols. Folgt mit polnischen Kokarden die paritätische „Wach- und Schließgesellschaft". Folgt in den gestohlenen preußischen Uniformen die Bürgerwehr. Folgen die Landtags- und Reichstagsabgeordneten. Folgen die „Delegierten" für Posen, für Schlesien, für Westpreußen, für Ermland, für Masuren, für das Auswanderertum links und rechts der Elbe. Es lebe Polen! Es lebe Ermland! Es lebe die Kaschubei! Es lebe Schlesien! Es lebe Marschall Foch! Sechsundsechzigtausend deutsche Menschen, die ihre Fenster verschließen, müssen diese Hochrufe hören. Die deutschen Soldaten, denen man die Waffen genommen, die deutschen Offiziere, denen man die Achselstücke heruntergerissen hat, müssen dieses schmähliche Schauspiel des von der preußischen Staatsregierung geduldeten offenen Landesverrates mitansehen. Die deutschen Frauen, deren Söhne und Männer in den Marterlagern der französischen Gefangenschaft schmachten, müssen es dulden, dass ihnen von ihren polnischen Mitbewohnern die französischen Fahnen einträchtig neben den polnischen vor die Augen gehängt werden. Die deutschen Kinder müssen sich von ihren polnischen Schulkameraden anspucken lassen.

Der „Teilgebietslandtag", der „Übersetzungsfehler", wird durch den Vorsitzenden der polnischen Fraktion des Deutschen Reichstages Seyda mit Sympathietelegrammen an Wilson, an Lloyd George, an Clemenceau, an Marschall Foch eröffnet. Diesem werden die „aufrichtigen Glückwünsche zu den ruhmvollen Erfolgen des französischen Heeres" ausgesprochen. Dann beginnen die Verhandlungen, die vier Tage dauern. Nicht der geringste Einspruch erfolgt von Berlin.

Eine kleine Auswahl der Beschlüsse und Kundgebungen: Die Entente wird aufgefordert, für den Zusammenschluss der Landesteile „des *früheren* preußischen Staates" mit dem polnischen Staat zu sorgen. Wird aufgefordert, militärische Hilfe „gegen die Knebelung der Freiheit unserer nationalen Bewegung" zu entsenden. Der Schutz der Posener Angelegenheiten wird dem polnischen Nationalkomitee in Paris übertragen. In jeder Ortschaft ist eine polnische Volkswehr zu bilden, der Sold aus der Kreis- und Ortskasse zu zahlen. Die Ernährungspolitik der Provinz hat sich „der neuen Lage anzupassen". Bei der Bildung eines deutschen Heimatschutzes sind die Lebensmittelsendungen zu sperren. Alle Beamten, die gegen das Polentum feindlich austreten, sind zu entfernen. Die Übernahme der Verwaltung und des Gerichtswesens durch die Polen ist vorzubereiten. Eine polnische Nationalsteuer ist in der Höhe der Staatseinkommensteuer des letzten Jahres zu erheben. Der Oberste Volksrat ist „während der Übergangszeit" als polnische Landesregierung anzusehen.

Auf dem Stuhl Bismarcks als preußischer Ministerpräsident thront der Jude Paul Hirsch. Hat sich zum Staatssekretär den Landesverräter Hellmut von Gerlach an die Seite gestellt. Dieser kann bei den ihm zu Ehren gegebenen polnischen Saufereien in Posen nur feststellen: „Die Tätigkeit der Arbeiter- und Soldatenräte vollzieht sich ordnungsgemäß auf paritätischer Grundlage. Das Zusammenarbeiten der beiden Nationen ist harmonisch. Die Befürchtung, dass die Polen den Beschlüssen der Friedenskonferenz vorgreifen werden, erscheint unbegründet. Die Bildung des A.O.K. Heimatschutz-Ost ist nicht glücklich gewesen."

Die ersten polnischen Schüsse knallen. Noch fehlt deutsche Munition, deutscher Proviant, fehlen deutsche Uniformen. Polnische Banden versuchen in Posen die Kleiderdepots, die Proviantämter, die Munitionszüge in die Hände zu bekommen. Versuchen die Kasernen zu überrumpeln. Von überall laufen dringende Telegramme bei den deutschen Militärbehörden der Provinz, beim Kriegsministerium in Berlin um Schutz gegen die polnischen Überfälle ein. Die preußische Regierung wird durch eingehende Schreiben über die hochverräterischen Beschlüsse des „Teilgebietslandtages" unterrichtet. Im Namen von Achthundertfünfzigtausend Deutschen fordern die deutschen Volksräte die Verteidigung und Erhaltung des Deutschtums im Osten.

Sechstausend deutsche Heimatsoldaten marschieren mit ihren alten Fahnen unter dem Jubel der Posener Deutschen durch die Stadt. Freiwillige deutsche Männer sammeln sich im Heimatschutz-Ost, stellen sich unter den Befehl ihrer braven Offiziere. Die Grenzschutzbataillone stehen Gewehr bei Fuß.

Telegramm des Obersten polnischen Volksrates an den Staatssekretär von Gerlach – Berlin: „Wir fordern die sofortige Beseitigung der fremden Soldaten aus den Heimatschutzabteilungen und die Beseitigung der Führer. Wir erwarten telegraphischen Bescheid. Wenn dieser Bescheid nicht bis morgen Abend eintrifft, werden einige Kreise die Lebensmittelversorgung einstellen."

Sechstausend deutsche Soldaten warten in Posen auf das erlösende Wort... Der Heimatschutz wartet... Die Grenzbataillone warten...

Antwort des Staatssekretärs von Gerlach: „Auf Grund Ihres heutigen Telegramms habe ich sofort bei der Reichsregierung eine schleunige gemeinsame Sitzung mit allen interessierten Instanzen beantragt zwecks endgültiger Regelung der Heimatschutzangelegenheit. Ich bitte dringend, bis zum Ergebnis dieser Sitzung keine Maßnahme mit unberechenbaren Folgen zu treffen, besonders die Versendung von Lebensmitteln nicht einzustellen. Am Sonnabend werden Minister Hirsch und ich nach Posen kommen zwecks mündlicher Verhandlungen."

Hirsch, Gerlach und Genossen kommen in die Geburtsstadt des Oberbefehlshabers der deutschen Armee, Feldmarschall von Hindenburg. Hirsch, Novembernachfahre Bismarcks, erklärt für Gerlach und Genossen: „Die Regierung hält einen besonderen Heimatschutz für die Provinz Posen nicht für nötig... Die zur Zeit noch in der Provinz befindlichen Truppen aus fremden Bezirken sollen sofort zurückgezogen werden, sobald Truppen aus den zuständigen Generalkommandos zur Verfügung stehen..."

Die Truppen werden zurückgezogen. Die einheitliche, geschlossene Durchführung eines deutschen Widerstandes gegen die polnischen Staatsstreichpläne unterbleibt. Achthundertfünfzigtausend Deutsche sind schutzlos dem erwarteten polnischen Bandenkrieg preisgegeben.

So haben ein paar hundert polnische Hetzer, an der Spitze die polnische Geistlichkeit, in einem Monat die Städte und Dörfer ganz Posens in zwei feindliche Lager auseinandergerissen. Der polnische Mittelstand, die polnischen Genossenschaften, die polnischen Bauernvereine, die polnischen Schützengesellschaften, alle unter dem deutschen Minderheitenschutz entstanden, stehen einträchtig im nationalen polnischen Lager. Die Deutschen, von ihrer eigenen Regierung preisgegeben und verraten, in Parteien zerspalten, von der allgemeinen Verkommenheit des öffentlichen Lebens angesteckt, täglich und stündlich Zeugen der schmachvollen Behandlung ihrer aus dem Felde zurückgekehrten Heldenkämpfer, betrogen von der ganzen Welt, finden nicht mehr die Kraft, sich zu einheitlicher Abwehr zusammenzuschließen. „Die preußische Regierung Hirsch, Gerlach und Genossen hält einen besonderen Heimatschutz für die Provinz Posen nicht für nötig."

Im polnischen Nationalkomitee zu Paris, Vorsitzender Herr Roman Dmowski, gibt dieses Wort den Ausschlag. Alle politischen und militärischen Vorbereitungen zum Bürgerkrieg sind getroffen. Bevor Wilson, der eben an der französischen Küste gelandet ist, sich einfallen lassen könnte, von einem Polen „mit unbestreitbar polnischer Bevölkerung" zu sprechen, werden die vollendeten Tatsachen in Posen vollzogen sein.

Dmowski verhandelt nicht mit Herrn Balfour, um England für seinen Schelmenstreich zu gewinnen. Es genügen ihm ein englischer Oberst, ein englischer Schiffskommandant und ein englischer Fähnrich. Sie repräsentieren die siegreiche englische Armee zu Wasser und zu Lande. Bitte, Herr Paderewski, fahren Sie im Schutze dieser Armee mitten hinein ins feindliche Land. Fahren Sie nach Posen. Sie können sich von Ihrer Gattin begleiten lassen. Die Deutschen schwärmen für polnische Frauen und mehr noch für polnische Klaviervirtuosen. Sie werden wie ein König empfangen werden.

Paderewski besteigt ein Kriegsschiff. Die englischen Offiziere freuen sich auf diese deutsche Köpenickiade. Die polnischen Presseagenturen werfen sich gegenseitig Telegramme zu, die in Paris geschrieben und in den Posener Zeitungen abgedruckt werden: „Die polnische Haller-Armee ist unter der Führung von englischen, französischen, amerikanischen Generalstabsoffizieren nach Danzig unterwegs... Fünfzigtausend, sechzigtausend, siebzigtausend Mann werden in Danzig landen... Der Stab der Armee ist schon auf der Halbinsel Hela eingetroffen... Das polnische Expeditionskorps steht im Begriff, den Danziger Hafen zu besetzen... Teile der Danziger Garnison sind mit fliegenden Fahnen zu den Polen übergegangen... Der Vormarsch durch Westpreußen nach Posen steht bevor."

Die Berliner Regierungsstellen sind beunruhigt, fragen in Posen an. Der Oberste Volksrat dementiert und lässt durch den Posener Arbeiter- und Soldatenrat dem in Berlin tagenden deutschen Rätekongress „herzliche und brüderliche Wünsche einer gedeihlichen Arbeit für das ganze Volk" übermitteln.

Paderewski landet mit seiner englischen Schutztruppe, drei Mann, in Danzig. Ein polnischer Major der Haller-Armee verstärkt diese Wehrmacht. Die Posener Zeitungen melden: Paderewski wird in Begleitung des Generals Haller eine polnische Wehrmacht mitbringen, damit sich „die durch unaufhörliche Herausforderungen deutscherseits bedrohte polnische Bevölkerung zu Hause sicherer fühle." Paderewski reise im amtlichen Auftrag nach Warschau. Eine englische Militärmission mit offiziellen Vollmachten habe sich ihm angeschlossen. Sie werden den Weg über Posen nehmen. Korfanty, schon in Danzig, begrüße sie im Namen der geeinigten polnischen Nation.

Es gibt einen unerwünschten Aufenthalt in Rogasen. Ein deutscher Offizier verbietet im Auftrag der Regierung die Weiterfahrt. Von einer offiziellen englischen Militärmission sei nichts im Auswärtigen Amt bekannt. Für Herrn Paderewski stehe ein Sonderzug nach Warschau ohne Umweg über Posen bereit. Korfanty spielt den Empörten, Paderewski den Liebenswürdigen, der englische Oberst Wade den Unverschämten. Er lügt, in Uniform, den deutschen Offizier an, er habe die

Genehmigung der deutschen Waffenstillstandskommission zu Spaa. Er müsse sofort nach Posen weiterreisen. Er erwarte dort eine englische Studienkommission. Der deutsche Offizier protestiert. Der Zug fährt nach Posen.

Hier gibt es das übliche polnische Propagandaprogramm: Sokols, Bürgerwehr, hohe Geistlichkeit, Delegierte, Abgeordnete, Gesangvereine, polnische Hassgesänge, polnische Hochrufe auf England, auf Frankreich, auf Amerika, polnische Fahnen, polnische Adler. Nur die zwei polnischen Greise in Zobelpelzen, die sich vor allem Volk mit Tränen des Glückes umarmen, fehlen. Diesmal hat man die Kinder aufgeboten. Triumphzug durch die terrorisierte Stadt zum „Bazar Poznanski", jenem berüchtigten Hotel, das just in diesem Jahr sein achtzigjähriges Jubiläum als Zentralstelle des polnischen Landesverrates feiern kann. Der polnische Oberste Volksrat versichert in der Ansprache seines Vorsitzenden in Gegenwart der englischen Militärs, seine Arbeit habe sich „während des ganzen Krieges in der Richtung des Sieges der Ententemächte" bewegt. Ein polnischer Seelsorger führt anderen Tages der Gattin Paderewskis in Gegenwart der englischen Militärs das Werk der polnisch-christlichen Heilslehre vor. Zwanzigtausend polnische Schulkinder der deutschen Stadt Posen, in der es zu polnischen Zeiten keine einzige Volksschule gab, sind zum Festzug kommandiert, bringen auf Befehl Korfantys Hochrufe auf England aus. Zwei polnische Knaben treten vor, falten die Hände und sprechen ihr auswendig gelerntes Sprüchlein: „Die polnischen Kinder, gepeinigt und drangsaliert durch das schreckliche unmenschliche preußische System in den polnischen Schulen, verfolgt durch die kreuzritterliche Brutalität, wie der ganzen Welt bekannt ist, haben sich niemals gebeugt..."

Bis zu dieser schamlosen Szene verläuft alles programmmäßig. Dann knallen Schüsse. Die deutschen Frontsoldaten, die 6. Grenadiere, die eben vom Feld in die Heimat zurückgekehrt sind, marschieren durch die Stadt, sehen die englischen und französischen Fahnen. Es bleiben nur Fetzen von ihnen übrig. Diese Braven haben die Internationale im Trommelfeuer der englischen Geschütze noch nicht gelernt und singen: „Deutschland, Deutschland über alles". Zehntausende deutsche Männer, Frauen, Kinder ziehen und singen mit. Sie biegen in die Straße zum „Bazar Poznanski" ein, um sich die Pariser Gäste etwas genauer anzusehen. Polnische Postenschüsse empfangen sie.

Wie würde Herr Dmowski in Paris aufjubeln, wenn er das Knattern der Maschinengewehre, das Explodieren der Handgranaten in diesem Augenblick in den Posener Straßen hören könnte? Endlich die so fein eingefädelten, so heuchlerisch abgeleugneten, so dreist herausgeforderten „vollendeten Tatsachen". Wie werden sich – programmmäßig – die polnischen Presseagenturen entrüsten: „Die Deutschen schießen auf eine englische Militärkommission... Die Deutschen wollen durch das Einsetzen bewaffneter Truppenkörper den Entscheidungen des Friedenskongresses vorgreifen... Der brutale Überfall der Deutschen in Posen stelle eine schwere Beleidigung Polens und aller Alliierten Mächte dar... Clemenceau müsse eingreifen... Es müsse eine feierliche Genugtuung von der deutschen Regierung gefordert werden und Garantien, dass die Deutschen auf polnischer Erde ähnliche Exzesse nicht mehr verüben werden..."

Die polnischen Offiziere mit dem preußischen Koppelschloss haben ihre Bürgerwehren fest in der Hand. Den deutschen Offizieren mit den abgerissenen Achselstücken gehorchen nur die Freiwilligen. Diese warten auf den Befehl des Generalkommandos, fühlen sich noch immer stark genug, die polnischen Hetzer in wenigen Stunden zu Scharen zu treiben. Der Befehl wird nicht gegeben. „Die preußische Regierung Hirsch, Gerlach und Genossen hält einen besonderen Heimatschutz für die Provinz Posen nicht für nötig."

Die Polen stürmen das kaiserliche Residenzschloss, das Oberpräsidium, das Rathaus, die Post, das Telegraphenamt, das Hauptzeughaus, besetzen den Bahnhof, versuchen mit Handgranaten in die deutschen Kasernen einzudringen. Ein polnischer Stadtkommandant wird ernannt. Er verhängt das Standrecht. Verfügt, dass alle Offiziere – die deutschen – sofort zu entwaffnen sind und die Stadt zu verlassen haben. Die deutschen Mannschaften haben unbewaffnet in der Stadt zu erscheinen. Alle öffentlichen Gebäude sind vom polnischen Wach- und Sicherheitsdienst zu besetzen. Auch die Garnisonbäckerei und Lebensmittelmagazine. Durch Aushungerung will man die letzten deutschen Munitionsdepots und die Kasernen in die Hand bekommen. Auch das verläuft programmmäßig.

Die drei englischen Offiziere, das erzwungene Gastrecht gröblichst missbrauchend, lähmen durch ihre Berufung auf völkerrechtlichen Schutz und unter Androhung scharfer Repressalien die letzte Widerstandskraft der deutschen Behörden. Die deutsche Festung Posen ist in polnischen Händen. Endlich trifft von der britischen Delegation in Spaa die telegraphische Mitteilung ein, dass die englischen Offiziere ohne jeden Auftrag reisen und unverzüglich sich mit Herrn Paderewski nach Warschau zu begeben haben. Diese zucken, als man ihnen dieses Schriftstück vorlegt, bedauernd die Achseln und reisen ab. Paderewski lässt noch wie nebenbei die Äußerung fallen: „Die Entente, insbesondere Amerika habe den Polen die Lostrennung preußischer Gebietsteile abgelehnt. Man sei aber bereit, ihnen diejenigen Gebiete zuzusprechen, die sie beim Friedensschluss *militärisch* besetzt haben würden."

Das ist das verabredete Losungswort zum allgemeinen polnischen Vormarsch. Schon ist Gnesen besetzt, dessen Infanterieregiment vorher durch die Bestechung des Soldatenrates nach Schneidemühl abtransportiert ist. In Zechau kommt es zu einem ersten Gefecht. Die aus Bromberg herbeigeeilte deutsche Kompanie erliegt der polnischen Übermacht. Feierlicher Einzug der polnischen „Sieger" mit Musik und Fackeln in die deutsche Stadt Gnesen. Die deutschen Offiziere müssen als Gefangene in diesem Triumphzug mitschreiten. Den Abschluss bildet ein Kartoffelwagen mit den Leichen der deutschen Heimatkämpfer. „Die preußische Regierung Hirsch, Gerlach und Genossen hält einen besonderen Heimatschutz nicht für nötig."

Aber sie hält es für nötig, noch einmal zwecks gütlicher Einigung einen Genossen zu schicken. Hirsch und Gerlach haben keine Zeit, sich aus Posen die Quittung der verratenen Deutschen persönlich abzuholen. Genosse Minister Ernst und ein Vertreter des Kriegsministeriums treffen im Posener Oberpräsidium ein. Ein polnischer Posten nimmt sie mit aufgepflanztem Bajonett in Empfang. Genosse Ernst stellt fest: Vor vierzehn Tagen ist die Situation mit militärischer Gewalt für die Berliner Regierung noch zu retten gewesen, jetzt ist es zu spät. Posen und der östliche Teil der Provinz befindet sich völlig in den Händen der Polen. Man muss eine Verständigung mit den Polen auf gütlichem Wege zu erreichen suchen, zumal die polnische Regierung durchaus nicht die Absicht hat, vollendete Tatsachen zu schaffen. Im Übrigen hat er „einen großartigen Eindruck von Posen" empfangen: nicht ein einziges Haus ohne rotweiße polnische Nationalflaggen. Genosse Ernst reist zu den Berliner Genossen zurück.

Sechsundsechzigtausend Posener Deutsche protestieren gegen die schamlose Unterstellung des preußischen Ministers, dass sie polnisch geflaggt haben. Das Deutschtum der Provinz Posen erkennt jetzt – endlich! – den bewussten Landesverrat der eigenen Regierung. Es greift zum Selbstschutz. Freiwillige vor! Überall bilden sich deutsche Volkswehren. Von allen Städten, aus allen Dörfern Kundgebungen: Wir sind deutsch und wollen deutsch bleiben!

> *„Ostmark, hervor! Ostmark, empor!*
> *Heiliger Notruf hallt dir ins Ohr:*
> *Schreit aus Sumpf und Sand und Moor,*
> *Rauscht aus Wiese, Ried und Rohr,*
> *Bricht aus der Schollen dunklem Schoß,*
> *Reißt aus hoffender Saat sich los:*
> *Ostmark, hervor! Ostmark, empor!"*

Viel kostbares deutsches Blut muss in Dorf und Stadt für Hirsch, Gerlach und Genossen fließen. Die deutschen Bauern stehen auf. Deutsche Studenten, Kaufleute, Beamte, Handwerker stellen sich an ihre Seite. Mit den Grenzschutzbataillonen der jungen Freiwilligen, der alten Frontkämpfer marschieren die Bürgerwehren. Überall sind die polnischen Insurgentenbanden in der Überzahl. Aber hier kämpft deutsches Recht gegen polnische Tücke, deutsche Ehre gegen polnischen Verrat.

Unter schweren Opfern geht es auf allen Kampffronten langsam und zäh vorwärts. Immer dringlicher die Telegramme des polnischen Obersten Volksrates an die vorgesetzte Pariser Behörde des Polnischen Nationalkomitees, die Entente zum militärischen Eingreifen zu veranlassen. Immer dringlicher die Telegramme der Berliner Genossen an die Arbeiter- und Soldatenräte, den deutschen Widerstand, der die Solidarität des internationalen Sozialismus störe, zu brechen.

„Ostmark, hervor! Ostmark, empor!
Gierige Feinde wittern ums Tor!
Was am Weichsel- und Warthestrand,
Was im Brahe- und Netzeland
Schuf der schaffende deutsche Geist,
Deutscher Arm zusammengeschweißt:
Ostmark, hervor! Ostmark, empor!"

Durch die Posener deutschen Lande fliegt die Kunde: Posens größter Sohn, Feldmarschall Hindenburg, stellt sich zum deutschen Freiheitskampf der Ostmark an die Spitze der heimattreuen deutschen Ostregimenter.

Ostmark, hervor! Ostmark, empor!

Eine trügerische Kunde. Das Waffenstillstandsabkommen der Entente läuft ab. Der Zentrumsabgeordnete und Volksbeauftragte Staatssekretär Erzberger verhandelt in Trier. Marschall Foch legt eine polnische Karte vor mit einer grün eingezeichneten Demarkationslinie. Selbst der anwesende deutsche General kennt die polnischen Ortsbezeichnungen auf ihr nicht. Die grüne Linie spricht den polnischen Aufständischen das Gebiet bis zur Weichsel, bis Thorn, neue Eroberungen an der Netze, die Städte Birnbaum, Bentschen, Lissa, Rawitsch und den größeren Teil des östlich der Oder gelegenen schlesischen Landes zu. Der preußische General zeichnet mit Bleistift die tatsächlich vom polnischen Gegner gewonnenen Stellungen ein. Foch verweist den deutschen General an seinen Stabschef Weygand. Zwei Offiziere stehen vor den Karten. Das Wort des Preußen genügt. Die deutsche Demarkationslinie mit kleinen Abweichungen wird bewilligt. Die „deutsche Offensive" muss eingestellt werden.

Aber noch immer knallen die polnischen Schüsse. Noch immer fallen deutsche Männer. Im polnischen Konzentrationslager von Szczypiorno sind achttausend deutsche Zivilgefangene interniert. Unter ihnen fünfzig Offiziere, vierundzwanzig evangelische Pastoren mit ihrem Generalsuperintendenten. Greise und Kranke, Frauen und Kinder. Die deutschen Lehrerinnen sperrt man mit Dirnen in einer Baracke zusammen. Es gibt – im Januar – weder Stroh, noch Decken, noch Mäntel.

Bei den geringsten Vergehen fünfundzwanzig Hiebe mit Stahlruten und Lederknuten. Auch nachts muss gearbeitet werden. Züge mit Koks werden ausgeladen. Ohne Schaufel. Mit den Händen.

Noch ein letztes Aufflammen des deutschen Widerstandes; ein Aufruf des Reichskommissars des Ostens, Oberpräsidenten Winnig: „Wir werden die Waffen ergreifen in dem Bewusstsein, so zu handeln, wie wir es unserem Volke und seiner Zukunft schuldig sind. Sollte es uns nicht möglich sein, durch unseren Widerstand das Reich zu retten, so retten wir doch wenigstens das letzte und schönste, was ein Volk zu verteidigen hat: die Ehre!"

Telegramm der Novemberregierung: Es wird der Generalstreik proklamiert und der Eisenbahnverkehr in der ganzen Ostmark stillgelegt, wenn von irgendeiner unverantwortlichen Seite versucht wird, durch militärische Gewalt die soeben unterschriebenen Friedensbedingungen abändern zu wollen.

Versailles hat gesprochen.

Aus der deutschen Provinz Posen und dem alten deutschen Ordensland der Weichsel ist der polnische Korridor geschaffen. Der deutsche Verrat an Posen hat die erhofften polnischen Früchte getragen. Viereinhalb Millionen deutscher Staatsbürger dürfen sich bei Hirsch, Gerlach und Genossen bedanken.

Der blutige Schnitt

Roman Dmowski hat von seinem Standpunkt aus recht, wenn er es beklagt, dass der Krieg nicht noch ein paar Millionen Opfer mehr gekostet hat. Er hätte Foch gern in Berlin und die Salonikiarmee in Warschau einmarschieren gesehen. Der polnische „Sieg" über Deutschland wäre vollkommen gewesen.

Die vollendeten Tatsachen sind nicht so beschaffen, wie es die Denkschriften in Wilsons Hand eigentlich erwarten ließen. Wohl sind Stadt und Festung Posen durch den Landesverrat der preußischen Regierungsvertreter in die Hände der Polen gefallen. Die polnischen Volkswehren haben den größten Teil der Provinz mit deutschen Waffen überwältigt. Aber die künstlich aufgepeitschte polnische Aufstandsbewegung ist zum Stehen gekommen. Das deutsche Bromberg mit seinem deutschen Hinterland bleibt fest in deutschen Händen. Weder in Westpreußen noch Oberschlesien kommt es auch nur zu polnischen Kundgebungen. Das Selbstbestimmungsrecht hat schon entschieden, bevor es noch angerufen ist.

Am 15. Januar ergeht an das polnische Nationalkomitee zu Paris die Einladung, zur ersten Sitzung der sogenannten Friedenskonferenz zwei bevollmächtigte Vertreter zu entsenden. Die Einladung übermittelt der französische Außenminister Pichon. Er erklärt ausdrücklich, dass „ein großes, ein starkes, ein sehr starkes Polen" unbedingt nötig sei.

Anders urteilt Lloyd George. Wir wissen aus den Reparationsverhandlungen, dass der Hexenmeister von Wales das Hexeneinmaleins aus dem Grunde versteht. Er hat seinen Novemberwählern große, sehr große Versprechungen gemacht. Aber das sehr große Polen ist nicht unter diesen Versprechungen. Er findet, dass Polen „eher eine Verpflichtung als ein Guthaben" darstelle. Wilson hat seinen dreizehnten Punkt. Der „Kampf der Drei" kann beginnen.

Hinter Clemenceau steht der napoleonische Imperialismus und Frankreichs Traditionspolitik der Rheingrenze. Nicht 1871 ist „wiedergutzumachen", sondern 1813. Hinter Lloyd George steht keine Erinnerung mehr an Waterloo und nur noch eine ganz verblasste an das „europäische Gleichgewicht". Er hofft, durch die „Zurückdrängung

Russlands in seine natürlichen Grenzen" die englische Randstaatenpolitik des Krimkrieges verwirklichen zu können. Sie geht bekanntlich auf die Anregungen des seinerzeit in englischen Diensten stehenden polnischen General Chryzanowski zurück. Lloyd George weiß nicht, dass er mit diesem Ziel schon im polnischen Fahrwasser schwimmt. Hinter Wilson steht der Idealismus der amerikanischen Unabhängigkeitserklärung, der Wahn vom Völkerbund, das moralische Pathos und die Viermillionen-Armee seiner polnischen Wähler. Der Kampf des Messias der Neuen Welt mit dem Tiger der Vendée und der walisischen Eidechse kann beginnen.

Uns interessiert in diesem ungleichen Ringen nur die Feststellung: Wie gründet sich im Jahre 1919 der polnische Staat? Wir kennen das amerikanische Vorspiel. Erst mit der Einladung zur Teilnahme an den „Friedensverhandlungen", die wir – um keine falschen Begriffe aufkommen zu lassen – künftighin die Beuteverhandlungen nennen werden, ist Polen zum ersten Mal von Seiten der Entente als Staat anerkannt. Dieser hat damals noch zwei Regierungen. Die eine sitzt in Warschau: die Regierung der künftigen eisernen Faust Pilsudskis. Die andere in Paris: die Regierung der eisernen Stirn Roman Dmowskis. Paderewski übernimmt die Aufgabe, eiserne Stirn und eiserne Faust, Dmowski und Pilsudski, die beiden schärfsten Gegner, zusammenzubringen. Es spricht für die glühende Vaterlandsliebe dieser drei Männer, dass dieses Werk noch vor Beginn der Pariser Beuteverhandlungen gelingt. Das Nationalkomitee erkennt die Warschauer Regierung an, diese bestätigt Dmowski als einen der angeforderten Delegierten und ernennt zum zweiten den zum Ministerpräsidenten und Außenminister bestimmten Paderewski. Dieser trifft erst im April in Paris ein, als die polnische Krise auf dem Höhepunkt steht.

Es bedarf keiner Erinnerung, dass es die deutschen Waffen waren, die Polen die Freiheit vom russischen Joch erkämpft haben. Die für Deutschland so verhängnisvolle Proklamation „eines selbständigen polnischen Staates mit erblicher Monarchie und konstitutioneller Verfassung" hatte endlich auch die Erfüllung des jahrhundertelang gehegten polnischen Wunsches geschaffen, in die internationale Debatte wieder eingeschoben zu sein. Nun liegt dieses Deutschland entwaffnet am Boden, ausgeliefert den sechsundzwanzig verbündeten Siegerstaaten Europas, Amerikas, Asiens, Afrikas und Australiens. Nun ist für Polen die Stunde gekommen, sich als siebenundzwanzigste Siegermacht gegen dieses Deutschland einzureihen. Es geht um die Beute. Wer wird als erster gegen die feierlich verkündigten Grundsätze einer neuen Rechtsordnung unter den Völkern sprechen? Wer wird das Selbstbestimmungsrecht der Nationen, diese aus dem grenzenlosen Leid des Weltkrieges gleich einer messianischen Hoffnung emporgestiegene erhabene Staatslehre, mit gefälschter Geschichte, gefälschten Karten, gefälschten Statistiken zu umgehen versuchen? Wir kennen diesen Mann und erwarten uns keinen anderen: Roman Dmowski.

Als er zum ersten Mal vor dem „Rat der Zehn", es sind die Premierminister und Minister des Auswärtigen der fünf Hauptmächte, erscheinen darf, spricht er fünf Stunden. Keiner der Anwesenden versteht ein Wort Polnisch. Keiner hat auch nur eine ungenaue Vorstellung, wo etwa Bromberg, Kattowitz, Elbing oder Allenstein liegen. Von Wilson wird behauptet, er habe noch vor Monaten geglaubt, Danzig beherrsche die Adria. Ein anderer dieser großen Staatsmänner wird noch während der Verhandlungen über Oberschlesien verzweifeln, da er Silesia, wie die Engländer es nennen, mit Silizien in Kleinasien verwechselt und nicht verstehen kann, warum man den Armeniern nicht ein Recht auf Oberschlesien zugestehen will. Die Zehn wissen nur: Es geht um die Beute. So spricht Dmowski abwechselnd französisch und englisch die Sprache der Beute. Diese verstehen alle.

Wie man sie auf Polnisch spricht, wissen wir aus Dmowskis berüchtigter amerikanischer Denkschrift. Ob er es wagen wird, diese auch nur im Auszug einer Konferenz europäischer Staatsmänner vorzutragen? Dmowski spielt den weisen, den gerechten Richter: „Die deutsch-polnische Frage ist an der Ostsee durch die Geschichte so verwickelt worden, dass man sie heute nicht mehr entscheiden kann, ohne dass einer der beiden Kontrahenten geschädigt würde." Wer fällt ihm ins Wort mit dem einfachen Hinweis, dass an der Ostsee keine Polen leben? Wer bittet um Aufklärung, ob er etwa die Kaschuben meine, die von den Polen jahrhundertelang unterdrückt und bekämpft wurden, bis ihnen der deutsche Minderheitenschutz Recht, Freiheit und die polnische Unterrichtssprache gewährt hat? Dmowski, der gerechte Richter, kann, von keinem Zwischenruf gestört, fortfahren: „Entweder die fast zwei Millionen starke deutsche Bevölkerungsinsel in Ostpreußen wird von ihrem deutschen Vaterland abgetrennt, was sie als Unrecht ansehen wird, oder die bis an die Meeresküste reichende polnische Bevölkerung Westpreußens wird der Ausrottung überliefert und damit das ganze Fünfundzwanzigmillionenvolk der Polen daran verhindert, einen wirklich unabhängigen Staat zu bilden und infolgedessen der deutschen Überflutung ausgesetzt. Und das wird ein Unrecht sein, mit dem sich das erste nicht vergleichen lässt." Wer im Rate der Zehn steht auf und ersucht, das Kunststück dieses Satzes noch einmal Wort für Wort zu wiederholen? Wer stellt Satz für Satz diese Fragen: Seit wann Ostpreußen eine Insel, oder richtig, eine deutsche Bevölkerungsinsel ist? Auf welchem Wege die polnische Bevölkerung in das alte deutsche Ordensland Westpreußen gekommen ist? Ob man polnischerseits unter Ausrottung die statistisch nachweisbare Zunahme der polnischen Eindringlinge unter dem Schutz der deutschen Gesetzgebung versteht? Wieso ein Fünfundzwanzigmillionenvolk gehindert ist, einen unabhängigen Staat zu bilden, wenn das deutsche Westpreußen wie in allen Jahrhunderten deutsch bleibt? Ja, wieso eigentlich fünfundzwanzig Millionen Polen? Ob vielleicht – Hokuspokus – fünf Millionen Ukrainer, zwei Millionen Deutsche, zwei Millionen Russen und die Litauer und die Kaschuben und die Masuren und die Tschechen und die Juden, auch zweieinhalb Millionen, in die polnische Mütze mitverschwinden sollen? Keiner hat so gesprochen, keiner diese Fragen gestellt. Es geht um die Beute. Da fragt man nicht viel, man nimmt.

Aber schließlich – es lässt sich nicht ableugnen – ist man um der Gerechtigkeit willen zusammengekommen. Wer die Gerechtigkeit in der Welt will, bildet Kommissionen. Zur Sicherung des künftigen polnischen Staatsgebäudes werden gleich drei geschaffen. Die Kommission für die polnischen Angelegenheiten unter dem Vorsitz natürlich eines Franzosen, des Herrn Tambon, des früheren Botschafters in Berlin. Die Kommission zur Ausarbeitung der künftigen Grenzen unter dem Vorsitz natürlich eines Franzosen, des Herrn General Le Rond, späteren Helfershelfer der polnischen Banden Korfantys bei der oberschlesischen Abstimmung. Und die Kommission zur örtlichen Prüfung dieser Grenzen unter dem Vorsitz natürlich eines Franzosen, des Herrn Botschafters a.D. Noulens. Keine Frage, wer die offiziellen

Verhandlungen in den beiden Grenzkommissionen als Vertreter des künftigen polnischen Staates führen wird: Roman Dmowski.

Nicht genug mit drei Kommissionen! Aus Warschau rückt eine besondere Grenzbestimmungskommission – zumeist polnische Hochschullehrer – in Paris an. Als Dmowski diese gelehrten Herren und ihre Dokumentensammlung sieht, schlägt er sich an die eiserne Stirn: Will man in dieser Pariser Atmosphäre mit Doktorarbeiten einen Staat gründen? – Ach, er hat mit der „polnischen" Wissenschaft nicht gerechnet! Diese Professoren setzen ihre Namen, anerkannte Namen, auf eine Sammeldenkschrift, die den harmlosen Titel trägt: „Fragen über die polnischen Gebietsteile unter preußischer Herrschaft." Es ist das zweite Dokument, das die Geschichtsschreibung zu den Gründungsurkunden des polnischen Staates zählen muss.

Was ist vor dieser polnischen Wissenschaft die Entwicklung Preußens? „Nur ein Gewebe von Lehnsfrevel, Treubruch und Gewalttat." Diese polnische Wissenschaft weiß nichts von dem „deutschen Glauben", der wie ein Morgengestirn über Polen aufgegangen ist. Nichts von den Gründungsurkunden der deutschen Städte im polnischen Staat: „Wir gründen diese Stadt zu deutschem Recht, weil wir auf die Hebung unseres Landes bedacht sind." Nichts von dem Hilferuf eines ihrer Herzöge an den deutschen Ritterorden, nichts von dem Lehnsfrevel und Treubruch ihrer Könige, nichts von den Gewalttaten ihres Adels gegen die deutschen Bürger und Bauern, nichts von den beschworenen Verträgen Kasimirs des Großen.

Was ist Danzig für diese polnischen Professoren? Eine polnische Stadt, deren Germanisierung auch jetzt nur „oberflächlich ist" und die „bald eine vorwiegend polnische Stadt wieder werden wird und das ohne irgendeinen Druck und ohne quälende Maßnahmen von Seiten der polnischen Autoritäten." Was Elbing? Elbing muss polnisch werden, denn man muss „das Weichseldelta als Ganzes betrachten, umso mehr, als Ostpreußen, das schon Königsberg besitzt, Elbing nicht braucht." Was Königsberg? Ja, aus diesem Königsberg könne man eine kleine Republik in engster Verbindung mit Polen schaffen. „Die territoriale Isolierung Ostpreußens, dieses Herdes des preußischen Militarismus, ist notwendig für einen dauernden Frieden und muss zu einer freiwilligen und fortschreitenden Degermanisation dieses wichtigen strategischen

Gebietes führen, von welchem die preußische Dynastie ausgezogen ist, die Welt zu erobern." Und also fordern diese polnischen Professoren mit den anerkannten Namen: „Polen muss eine Grenzziehung zu seinem Vorteil in allen den Fällen haben, wo eine unerbittlich streng ethnographische Grenze aus geographischen, wirtschaftlichen oder strategischen Gründen der Verbesserung – der *retouche*, wie es heißt – bedarf.

Man hat sich in allen Fällen auf die Retusche geeinigt. So kann am 19. März der Vorsitzende Jules Cambon den Bericht der polnischen Grenzregulierungskommission unter dem Vorsitz des General Le Rond zur offiziellen Verlesung bringen.

Aus dem „Rat der Zehn" ist der „Rat der Vier" geworden: Wilson, Clemenceau, Lloyd George und als Vertreter Italiens Orlando. Jeder hat seine besonderen Sorgen. Wilson den Völkerbund, Clemenceau Frankreichs „Sicherheiten" am Rhein, Lloyd George die Aufteilung der Türkei, Orlando die Adriafrage. Keiner hört recht zu. Cambon fordert als polnischen Beuteanteil: Posen, Oberschlesien, Teile Mittelschlesiens, den größten Teil von Westpreußen mit Marienwerder, Stuhm, Rosenberg, einen Teil des Marienburger Kreises, ein Stück von Pommern, ein Stück von Ostpreußen, die ganze deutsche Weichsel, beide Ufer, er fordert Danzig.

Man ist versucht, sich vorzustellen, dass in diesem Augenblick eine andere Stimme in diesem Raum zu sprechen fortfährt: „Ich habe die Vierzehn Punkte aufgestellt als das Prinzip der Gerechtigkeit allen Völkern und Nationen gegenüber... Ich habe mich verbürgt, feierlich und vor der ganzen Welt, dass dieses Prinzip zur Grundlage des Friedens gemacht wird, ohne das kein Teil des Gebäudes internationaler Gerechtigkeit bestehen kann... Ich habe verkündigt, dass künftighin die Völker und Provinzen nicht mehr von einer Staatshoheit in die andere verschoben werden dürfen, als ob es sich um Sachwerte oder Steine in einem Spiele handle... Ich habe dem deutschen Volke eine unparteiische und leidenschaftslose Gerechtigkeit zugebilligt, zu welchem Zeitpunkt auch immer, und wie auch immer der Ausgang des Krieges sein möge... Ich habe gefordert, dass die Erledigung jeder Frage auf Grund der freien Annahme durch das unmittelbar davon betroffene Volk und nicht auf Grund des materiellen Interesses oder des Vorteils irgendeiner anderen Nation oder eines anderen Volkes stattzufinden habe."

Der Mann, der diese Worte zu Washington, zu Baltimore, zu Mount Vernon gesprochen hatte, sitzt in diesem Rat der Vier. Alle Blicke wenden sich ihm zu, als er aus dem Munde des Franzosen diese polnischen Annexionsforderungen hört. Man weiß, das Wort Annexion kann er noch immer nicht ohne Wallung des Herzens ertragen. Wird Wilson aufstehen? Wird er antworten? Wird er das Zimmer verlassen? Er bleibt. Er antwortet. Aber erst lässt er Lloyd George sprechen.

Es ist die große Stunde dieses „Mannes der Stunde". Lloyd George spricht als englischer Staatsmann. Polen ist ihm herzlich gleichgültig. Die Polen sind ihm zuwider. Aber wenn Frankreich sich schon für seine Armeen die polnische Weichselposition schaffen will, braucht es nicht auch noch für seine U-Boote in Danzig einen polnischen Stützpunkt. Lloyd George kämpft nur gegen Clemenceau: „Ungerechtigkeit und Anmaßung, ausgespielt in der Stunde des Triumphes, werden nie vergessen und vergeben werden... Aus diesem Grunde bin ich aufs schärfste dagegen, mehr Deutsche als unerlässlich nötig ist, der deutschen Herrschaft zu entziehen, um sie einer anderen Nation zu unterstellen. Der Vorschlag der polnischen Kommission, zweihundertzehntausend Deutsche der Aufsicht eines Volkes mit einer anderen Religion zu unterstellen, das noch niemals im Laufe seiner Geschichte die Fähigkeit zur Selbstregierung bewiesen hat, muss meiner Beurteilung nach früher oder später zu einem neuen Krieg in Osteuropa führen..." Lautlose Stille. Das Lächeln von den Gesichtern verschwindet. Furcht kehrt in die Herzen der Zuhörer ein. So schildert ein amerikanischer Bericht diese Szene.

Jetzt antwortet Wilson. Alle seine Stichworte von der neuen Rechtsordnung der Völker, von einem unparteiischen Schiedsrichteramt der Nationen, von einem Frieden ohne Hass und ohne Leidenschaft sind gefallen. Er hat, wenn er will, alle Trümpfe in der Hand. Und was sagt er in dieser lautlosen Stille, die im Schatten tragischer Furcht selbst diesen Männern das Augurenlächeln von den Lippen jagt? Er spricht sachlich, nüchtern, fast möchte man sagen, mit der eisernen Stirn Roman Dmowskis. Er erklärt sich mit den Forderungen der polnischen Grenzschutzkommission einverstanden. Wenn man den Polen Danzig gibt, – er hat nichts dagegen – so muss man ihnen auch den Weg von Warschau nach Danzig lassen.

In diesem Augenblick gibt Wilson nicht nur seine Grundsätze, nicht nur die Ehre seines Volkes preis, er hat die Menschheit verraten. Die Furcht ist gebannt, die Auguren lächeln wieder. Clemenceau weiß es schon seit gestern, was Wilson heute sagen wird. Ihm hat es Roman Dmowski telefoniert, dem es Colonel House telefoniert hat: „Gestern Abend hat mir der Präsident gesagt, er sei zur Überzeugung gekommen, dass man Euch Danzig zuerkennen müsse."

Es bleibt Lloyd Georges geschichtliches Verdienst, dass er den einmal aufgenommenen Kampf mit Hartnäckigkeit gegen Wilson, gegen Clemenceau, gegen die einstimmige Hetzkampagne der Pariser Presse, gegen das Trommelfeuer der polnischen Propaganda-Deputationen durchführt. Es gelingt ihm, Danzig den Polen zu entreißen. Nicht um es Deutschland zu lassen. Man einigt sich auf die napoleonische Lösung: Danzig wird Freistaat.

Als die Delegierten der alliierten und assoziierten Mächte am 7. Mai zur Überreichung des Versailler Kriegsdiktates vor dem Trianon-Palace-Hotel auffahren, ist, wie Augenzeugen berichten, die Flagge am Auto des polnischen Ministerpräsidenten Paderewski dreimal so groß wie alle anderen. Er flaggt für Posen, für Westpreußen, für Oberschlesien. Der Sieg der letzten siebenundzwanzigsten Macht ist vollkommen. Proteste sind keine Revisionen.

Es erscheint uns heute kaum glaublich, dass der vom Leiter der deutschen Friedensdelegation Graf Brockdorff-Rantzau entschlossen aufgenommene, geistige Kampf um diese Revisionen in einer solchen Atmosphäre noch Erfolge zeitigen kann. Sie wären größer gewesen, wenn dieser letzte Staatsmann des Bismarck'schen Deutschland nur gegen Clemenceau zu kämpfen gehabt hätte. Aber er muss auch gegen Matthias Erzberger kämpfen, den gelehrigen Schüler seines Lehrmeisters Windthorst. Erinnern wir uns, dass dieser einst Bismarck gegenüber in der polnischen Frage von Exzessen deutsch-nationaler Gesinnung gesprochen hatte. Solche Exzesse sind in der Novemberrepublik wahrlich nicht zu befürchten. Der größte Teil der deutschen Kulturprovinz Posen mit seiner von dem Deutschen Thomas aus Guben 1252 gegründeten Hauptstadt Posen wird ohne Widerspruch preisgegeben. Für alle weiteren Gebietsabtretungen werden „mindestens gemeindeweise Volksabstimmungen" gefordert.

Lloyd George kann Hoffnung fassen, die französisch-polnische Vormachtstellung an der Weichsel noch um einige Positionen zu verringern. Wird man in Deutschland sein Wort, das er fleißig kolportiert, richtig verstehen, „die Deutschen werden nicht unterschreiben"? Noch einmal nimmt er den Kampf um Westpreußen, um das ganze Oberschlesien auf. Gab es nicht einmal einen sogenannten XIII. Punkt? Las man dort nicht, dass Polen nur die „von einer unbestreitbar polnischen Bevölkerung bewohnten Gebiete" umfassen soll? Er fordert Volksabstimmungen.

Ein furchtloser Mitkämpfer tritt ihm an die Seite. Der Vertreter der Südafrikanischen Union, der Burengeneral und Verteidigungsminister Jan Christian Smuts. „Ich bin überzeugt", schreibt er an Llogd George, „dass wir bei der ungebührlichen Vergrößerung Polens nicht nur das Verdikt der Geschichte umstürzen, sondern einen politischen Kardinalfehler begehen, der sich noch im Laufe der Geschichte rächen wird. Das neue Polen wird Millionen Deutscher und Russen und Gebiete mit einer deutschen und russischen Bevölkerung oder solche, die lange Zeit hindurch Teile Deutschlands oder Russlands gewesen sind, umfassen. Es ist doch wohl sicher anzunehmen, dass sowohl Deutschland wie Russland wieder Großmächte werden, und dass das zwischen ihnen eingeklemmte neue Polen nur bei ihrem guten Willen gedeihen kann. Wie können wir unter diesen Umständen erwarten, dass Polen etwas anderes als ein Fehlschlag wird, selbst wenn es die nötige Herrschafts- und Verwaltungsfähigkeit besäße, die es, wie die Geschichte beweist, nicht besitzt? Ich glaube, wir sind dabei, auf Flugsand ein Haus zu errichten. Und im Hinblick auf diese und zahlreiche andere Erwägungen würde ich die Grenzen Polens, wie sie im Friedensvertrag provisorisch festgelegt sind, einer Revision unterziehen, Oberschlesien und alle wirklich deutschen Gebiete Deutschland belassen, die Grenzen der Freien Stadt Danzig enger ziehen und sie, anstatt sie unter die Oberherrschaft Polens zu stellen, wie wir es vorgeschlagen haben, unter der Souveränität Deutschlands mit einer dem Völkerbund unterstellten Verwaltung belassen."

So spricht ein Mann von Ehre, der in diesem Augenblick mehr staatsmännische Erkenntnis der europäischen Verhältnisse besitzt als alle in Versailles versammelten Staatsmänner zusammen. Auch an

Wilson schreibt er einen Brief: „Es wird eine furchtbare Enttäuschung geben, wenn die Völker zu der Auffassung gelangen, dass wir keinen Wilsonfrieden schließen, dass wir der Welt unsere Versprechungen und der Öffentlichkeit nicht die Treue halten. Wenn wir das tun, wird es so scheinen, als brächen wir das förmliche Abkommen, das wir in vollem Bewusstsein (wie ich wenigstens glaube), geschlossen haben, und wir werden mit schwerster Schande überschüttet werden, und *dieser Friede könnte dann wohl sogar noch ein größeres Unglück für die Welt bedeuten, als es der Krieg war.*"

Welch eine Stimme in der letzten Minute der letzten Stunde vor der Weltkatastrophe des Versailler Kriegsdiktates! Wilson kann diese peinliche Stimme nicht ganz überhören. Er beruft achtunddreißig Mitglieder der amerikanischen Sachverständigenkommission in das Hotel Crillon am 3. Juni 1919. Wir kennen den stenographischen Bericht aus den Wilsondokumenten Bakers. Es bleibt dem Verkünder des Wilsonfriedens auch die letzte Rolle nicht erspart, der Verteidiger des Versailler Kriegsdiktates zu sein. Woodrow Wilson spricht: „Die Vereinbarungen des Friedensvertrages sind hart, aber die Deutschen verdienen das... Ich habe nicht den Wunsch, den Friedensvertrag zu mildern, aber ich habe den aufrichtigsten Wunsch, jene Abschnitte, von denen gezeigt wird, dass sie ungerecht sind oder den Grundsätzen, die wir selbst aufgestellt haben, zuwiderlaufen, abzuändern."

Und um diesem aufrichtigsten Wunsch für seine polnischen Freunde die vollkommenste Erfüllung zu verschaffen, fragt er wen um seine letzte entscheidende Meinung? Den Dr. Robert Howard Lord, den Professor für Geschichte an der Harvard Universität, den alten Deutschenhasser und Polenfanatiker, der die Einheit Polens unmöglich fand, ohne Ostpreußen von Deutschland zu trennen.

„Die Gebiete, welche der Vertrag vorschlägt, Polen zu übergeben", so hebt dieser Sachverständige sein polnisches Plädoyer an, „sind so eindeutig polnisch, dass die Deutschen im allgemeinen unfähig wären, wirklich ernsthafte Mängel in dem Vertrage vom Standpunkt der Nationalität, der Statistik oder des Prinzips der Vereinigung eindeutig polnischer Territorien mit Polen aufzudecken... In diesem Teile der Welt hat eine außerordentliche Mischung der beiden Rassen stattgefunden, eine Mischung, die hauptsächlich der systematischen Arbeit der preußischen Regierung mit ihren Kolonisationsmethoden zuzuschreiben ist, die gewisse Teile durch rein künstliche Mittel mit Deutschen überschwemmt hat und die Deutschen dort durch rein künstliche Mittel ansässig hielt..."

Als Professor Lord von Oberschlesien spricht, unterbricht ihn sein Freund Colonel House, der Anbeter Paderewskis, mit der Frage, was er von einer Volksabstimmung dort halte. Professor Lord, der Sachverständige, zweifelt nicht daran, dass sie für Polen günstig ausfallen wird, aber, versichert er, da gegenwärtig in Oberschlesien ein wahres Schreckensregiment – ein deutsches – herrsche sei eine gerechte Volksabstimmung unmöglich, wenn ganz Oberschlesien nicht vorher mit alliierten Truppen besetzt werde.

Wilson unterbricht ihn mit der Frage, ob es wahr ist, dass Oberschlesien nie einen Teil des alten Polen gebildet habe?

Prof. Dr. Lord: „Nicht ganz, Herr Präsident! Das deutsche Memorandum ist in seinen historischen Daten ein außerordentlich trügerisches Machwerk... Oberschlesien war von Anfang an polnisch, war polnisch mehrere Jahrhunderte hindurch."

Der Präsident: „Meinen Sie, dass es ein Teil des polnischen Staates war oder nur polnische Bevölkerung hatte?"

Prof. Dr. Lord: „Ein Teil des polnischen Staates und daraus ergab sich dort eine polnische Bevölkerung. Von Polen ging es einige Zeit an Böhmen über; 1600 ging es von Böhmen an Österreich über, und an die Deutschen ging es 1700 über; daher gehörte es zum deutschen Staat, zu den Deutschen etwa zweihundert Jahre."

Mit so ruchloser Leichtfertigkeit wird auch noch in der letzten entscheidenden Sitzung die polnische Frage behandelt. Man muss diesen amerikanischen Sachverständigen, der sich Professor der Geschichte an der Harvard Universität nennen darf, in seiner ganzen abgründigen Unwissenheit einmal zur Schau gestellt haben. Dass es einen polnischen König Kasimir den Großen gab, ist ihm unbekannt; dass dieser im Vertrag von Trentschin 1335 auf die unter böhmischer Lehnshoheit stehenden schlesischen Herzogtümer verzichtete, ist ihm unbekannt; dass das damalige böhmische Herrscherhaus, die Luxemburger, deutschen Stammes war, ist ihm unbekannt; dass dieses Schlesien 1526 an den deutschen Kaiser Karl V. und nicht 1600 an den deutschen

Kaiser Rudolf II. kam, ist ihm unbekannt; dass Friedrich der Große es im ersten Schlesischen Krieg 1742 erwarb, ist ihm unbekannt. Er hatte damals in der Schule gefehlt, als man den kleinen Yankees für ihre künftige Harvard-Professur deutsche Geschichte einpaukte. Ach, er weiß nicht einmal, dass die Habsburger – aufpassen! – Deutsche gewesen sind.

Diese letzte polnisch-amerikanische Schulstunde Wilsons ist am Vormittag. Am Nachmittag desselben Tages kann Wilson schon im Rate der Vier das Lordsche Pensum repetieren. Lloyd George hat ihn an den Verhandlungstisch über die oberschlesische Abstimmung gezwungen. Clemenceau bestreitet das Recht zur Volksabstimmung.

Lloyd George: „Gerade Herr Wilson hat bei jeder Gelegenheit das Recht der Völker auf die Selbstbestimmung über ihr Schicksal verkündigt; wir veranstalten Volksabstimmungen an der Saar, in Fiume, in Klagenfurt, warum sollen wir davon in Schlesien absehen?"

Wilson: „Ich gebe nichts von meinen Grundsätzen auf, aber ich will nicht, dass die Polen unter deutschem Druck abstimmen." Wilson fordert die Austreibung der deutschen Beamten.

Wilson stellt den *„deutschfreundlichen Einfluss der polnischen Geistlichen"* fest. Wilson versichert, dass in Oberschlesien „die Vereinigung mit Polen von allen gewünscht wird." Wilson kämpft als „Sicherheit für Polen" um einen zweijährigen, um einen einjährigen Aufschub. Wilson ruft zu den sich immer dramatischer zuspitzenden Sitzungen Herrn Paderewski, Herrn Dmowski, Herrn Cambon, den General Le Rond, endlich sogar den gründlichsten Sachverständigen, den Amerika zu vergeben hat, den Dr. Robert Howard Lord, Professor an der Harvard Universität.

So klein, so jämmerlich klein wird dieser Mann, der einst gehofft hat, es würden „die gedankenreichen Gründer des großen amerikanischen Staatswesens, die Generationen Washingtons, Hamiltons, Jeffersons, die beiden Adams" in einer Art von staunendem Entzücken hierniederschauen auf das Schauspiel, wie der Geist Amerikas die Welt erobert. Er muss die oberschlesische Abstimmung zubilligen. Paderewski droht mit seinem Rücktritt. Da springt Lloyd George auf, schüttelt seine Löwenmähne, brüllt ihm ins Gesicht: „Was denn? Gestern war Polen noch in drei Stücke geteilt, Ihre Mitbürger schlugen sich, die einen gegen die anderen und alle gegen die Unabhängigkeit Ihres Landes; heute sind Sie sicher, dass ein wiedererwecktes Polen zwanzig Millionen Einwohner haben wird, und da fordern Sie obendrein nichtpolnische Bevölkerungen? Das fordern Sie von uns, Sie, deren Freiheit errungen worden ist durch die 1 500 000 Toten Frankreichs, die 800 000 Toten Englands und die 500 000 Toten Italiens? Unser Blut hat Ihre Unabhängigkeit bezahlt!"

Lloyd George vergisst die zwei Millionen Toten Deutschlands. Desselben Deutschland, das am 28. Juni die Unterschriften des Sozialdemokraten Hermann Müller und des Zentrumsabgeordneten Dr. Bell unter das Kriegsdiktat von Versailles setzt. Vertreter jener Parteien, von denen einst bei Beginn des Bismarck'schen Kulturkampfes und seiner Sozialistengesetzgebung – wir erinnern uns – der polnische Emigrantenführer Graf Plater geschrieben hat: „Das kaum geeinigte Deutschland wird von zwei sehr entschiedenen Parteien durchwühlt, der katholischen und der sozialistischen... Heilige Pflicht der Polen ist es, beide Parteien durch Wort und Tat zu unterstützen."

Es kommt die *dritte Teilung Preußens*. Die erste war der polnische Rechtsbruch von Lublin (1569); die zweite (1807) der Schmachvertrag von Tilsit. Die dritte wird nun (1919) das Kriegsdiktat von Versailles, Teil II, Artikel 27, Abschnitt 7, Artikel 28.

Die Antwort der Ententemächte auf die deutsche Mantelnote vom 16. Juni 1919 hat diese dritte Teilung Preußens als einen „Frieden der Gerechtigkeit" bezeichnet. Er entspräche nur den für die deutsche Waffenstreckung maßgebenden Grundsätzen und suche die Grenzen möglichst im Einklang mit dem Willen der interessierten Bevölkerung festzulegen. Diese Grenzen sind in den entsprechenden Abschnitten mit Linien und Punkten angegeben, Grenzlinien und Schnittpunkten, die zumeist die Namen von Dörfern, Straßen, Eisenbahnstrecken, Bächen und Flüsschen tragen. Außer den Ortsangesessenen kennt sie in Deutschland wohl niemand. In der dem Vertrag beigefügten Karte verläuft diese Grenze in Rot.

Wir wollen einen anderen Maßstab hier wählen, wir wollen auch eine andere Sprache als die von Feldmessern sprechen. Diese Grenze in Rot schneidet sich wie ein blutiger Schnitt mitten durch das deutsche Land. Es ist das in Versailles leidenschaftslos und unparteiisch abgewogene Pfund Fleisch aus dem Herzen Preußens. Es ist der Shylockschnitt der dort versammelten fünfundsechzig weisen und gerechten Richter der siebenundzwanzig alliierten und assoziierten Mächte, an deren Spitze steht: „Der Ehrenwerte Woodrow Wilson, Präsident der Vereinigten Staaten, handelnd sowohl in seinem eigenen Namen wie aus eigener Machtvollkommenheit." Um bei Shakespeare zu bleiben, wie lässt er Marc Anton vor der Leiche des von dreiundzwanzig, nicht siebenundzwanzig, Dolchstößen niedergestreckten Cäsar sprechen?

„Denn Brutus ist ein ehrenwerter Mann,
Das sind sie alle, alle ehrenwert."

Diese Grenze in Rot geht nicht durch unbekannte Dörfer und gleichgültige Eisenbahnlinien und Straßen, nicht durch Fluren, auf denen Gottes Korn auch weiterhin wächst, nicht durch Flüsse und Bäche, die keine Menschenhand geschaffen, dieser blutige Schnitt geht durch Hunderttausende, durch Millionen deutsche Menschenherzen. Er reißt sie von ihrem deutschen Vaterlande weg, er raubt ihnen die deutsche Heimat, er zerstört die lebendige Gemeinschaft von Blut und Boden, er trennt Brüder von Brüdern, Schwestern von Schwestern, Leben von Leben. Was sieben Jahrhunderte hier an deutschen Städten aufgebaut, an deutscher Bürgerkultur geschaffen, mit deutschen Bauernhänden gerodet und gegraben, gepflügt und gepflanzt haben, was sich deutsches Heldenblut erkämpft, deutscher Geist erobert hat, ein Federstrich in Rot: Städte und Dörfer, Land und Strom, deutscher Technik Schöpfung, deutschen Kaufmanns Lebenswerk, Schweiß und Mühe unzähliger Generationen, alles, alles fällt einem Volke zu, das nichts mit dieser Erde, diesen Menschen verbindet als die Erinnerung an Raub, Zerstörung und Sklaverei.

Nicht ein einziger der hier ansässigen und – wie man wohl annehmen darf – auch „interessierten" Viermillionenbevölkerung wird gefragt, ob ihr Land polnisch werden soll. Sie werden alle, ausnahmslos, bald aus politischen, bald aus wirtschaftlichen, bald aus strategischen Gründen dem neuen polnischen Staate zugesprochen. Und das Memelland, des Deutschen Ordens äußerster Wachtposten, einst die letzte Zufluchtsstätte des preußischen Königspaares auf der Flucht vor

Napoleon, diesen geheiligten Boden teuerster Erinnerungen reißt man von Ostpreußen weg, stellt es mit seinen hundertfünfzigtausend Menschen gleichsam als Schacherobjekt zur Verfügung des Völkerbundes.

Wie einst die polnischen Grundherren deutsche Städte mit ihrer Bevölkerung „ganz und ungeteilt" unter sich als Handelsobjekte verschoben haben, so werden nun die deutschen Städte und Dörfer der deutschen Provinzen Posen und Westpreußen mit ihrem gesamten Hinterland und allen ihren Bürgern und Bauern den Polen zugeschoben. Als Sachwerte stellen sie sich im Überschlag etwa so dar: 3½ Millionen Hektar landwirtschaftlich genutzter Fläche mit 22 Millionen Doppelzentner Brotgetreide und 132 Millionen Doppelzentner Hackfrüchte, 1½ Millionen Rindvieh, 2½ Millionen Schweinen, ½ Million Pferden, 150 000 gewerbliche größere Betriebe. Die Menschen zählen in dieser Rechnung nicht mit. Sie werden ja nicht gefragt. Sie werden um der Gerechtigkeit willen mit dem Rindvieh und den Schweinen übernommen nach dem Grundsatz des ehrenwerten Woodrow Wilson: „Selbstbestimmung ist keine bloße Redensart, sie ist ein drängendes Prinzip des Handelns, welches Staatsmänner hinfort nur auf ihre Gefahr missachten können."

„Denn Brutus ist ein ehrenwerter Mann,
Das sind sie alle, alle ehrenwert."

Neunhunderttausend deutsche Menschen bilden von Bromberg über Thorn, die ganze Weichselniederung bis Danzig hin ein fest geschlossenes uraltes deutsches Sprach- und Siedlungsgebiet. Der blutige Schnitt trennt sie, den einmütigen Aufschrei ihres Protestes nicht achtend, von ihrem deutschen Mutterland. Die Entente verkündigt feierlich, dass diese deutsche „Minderheit" – es stehen neunhunderttausend Deutschen noch nicht zweihunderttausend Polen gegenüber – „einer interessierten polnischen Mehrheit" dieses Opfer habe bringen müssen.

Der blutige Schnitt reißt aus Pommern einen Fetzen heraus, aus jenen deutschen Kreisen Bütow, Lauenburg und Stolp, die einst der Große Kurfürst für die den Polen gegen die Schweden geleistete Waffenhilfe feierlich im Frieden von Oliva bestätigt erhielt. Der blutige

Schnitt reißt einen Fetzen der brandenburgischen Neumark an sich. Reißt einen Fetzen aus dem südlichen Ostpreußen, das Soldauer Gebiet, um das im Weltkrieg so viel tapferes deutsches Heldenblut geflossen ist. Man braucht aus strategischen Gründen die Bahnlinie und den Eisenbahnknotenpunkt Soldau.

Man braucht noch viel mehr solcher das geraubte Land im Halbkreis umfassenden Eisenbahnknotenpunkte. So schneidet der blutige Schnitt vom deutschen Hinterland Krotoschin, Rawitsch, Lissa, Bojanowo, Wollstein, Bentschen, Birnbaum, Neutomichel, Filehne, Czarnikau, Kolmar, Konitz, Garnsee weg. Schneidet der blutige Schnitt dem herausgeschnittenen neuen Staatsgebilde Danzig den wichtigsten Eisenbahnknotenpunkt, das deutsche Dirschau, weg. Fährt der blutige Schnitt um der Eisenbahn willen in den mittelschlesischen Guhrauer Kreis. Ach, und das Hultschiner Ländchen, das unglücklicherweise einige nicht ganz wertlose Steinkohlengruben besitzt, muss mit seinen fünfzigtausend Seelen ohne Seelenbefragung noch schnell für den anderen erlösten slawischen Bruder herausgeschnitten werden. Diese fünfzigtausend Deutschen, schon das Versailler Raubmesser an der Kehle, veranstalten dort noch schnell eine Probeabstimmung, ob sie zu dem neuen tschechoslowakischen Staat kommen wollen. Neunundneunzig Prozent erklären sich für Deutschland. Das Messer fragt nicht, es schneidet.

Man muss bis in die barbarischsten Zeiten der menschlichen Geschichte zurückgreifen, um ein Beispiel für eine solche Sprache der Rache, des Hasses, der Lüge, teuflischen Hohnes auf jede göttliche und menschliche Gerechtigkeit zu finden, wie sie in Versailles gesprochen wird. Sie ist die Sprache der dreiundzwanzig, nein der siebenundzwanzig Dolchstöße, die den großen Cäsar zu Füßen seiner Mörder hinstreckten.

> *„Die diese Tat getan, sind ehrenwert.*
> *Was für Beschwerden sie persönlich führen,*
> *Warum sie's taten, ach! das weiß ich nicht,*
> *Doch sind sie weise, ehrenwert und werden*
> *Euch sicherlich mit Gründen Rede stehn."*

7. Sprache der Nationen

Von der deutschen Treue

Das Selbstbestimmungsrecht der Nationen als die „Zustimmung der Regierten zu ihrer Regierung" ist als eine der beiden großen zentralen Friedensideen Amerikas durch den Mund seines Präsidenten wiederholt und feierlich verkündigt worden. Dieses Recht bildet zugleich die völkerrechtlich bindende Grundlage für die deutsche Waffenstreckung. Man muss sich dieses zerrissene, zerschlissene moralische Mäntelchen Deutschland gegenüber einmal umgehängt haben, um als ehrlicher Makler vor den Augen der betrogenen Welt dastehen zu können.

Da die neuen Staatsgründungen Polen, Tschechoslowakei, Litauen, die baltischen Randstaaten ohne jede Befragung der Bevölkerung nur aus machtpolitischen Erwägungen durch die „Regierungen" entstanden sind, stellen sie kein Beispiel für die Erfüllung des Wilsonschen Friedensprogrammes dar. Sie haben die fremden Nationen als Bestandteile der eigenen nicht in freier Selbstbestimmung gewonnen, sondern durch das alte Gewaltmittel der Annexion. Gewiss ist es für die in Paris versammelten unzähligen politischen, geographischen, wirtschaftlichen Sachverständigen nicht leicht, auf der von „Regierten" bewohnten Erde ein Fleckchen zu finden, wo sich dieser erhabene Grundsatz verwirklichen lässt.

Da ist von Korea ein flehender Ruf an alle Völker der zivilisierten Welt ergangen, die Sache Koreas im Sinne der Selbstbestimmung gegen Japan zu vertreten. Legen wir Korea zu den Akten. Da hat Persien sich in gleichem Sinne über die russische und britische Tyrannei beklagt. Legen wir Persien zu den Akten. Da hat Armenien nach einem tröstlichen Wort über seine Zukunft verlangt. Legen wir Armenien zu den Akten. Da wünschen sich die Ukrainer die Durchführung der

„amerikanischen Regierungsideale". Legen wir die Ukrainer zu den Akten. Ja, wenn man großzügig sein will, gibt es in den Nil-Ländern auf einer Fläche von fünf Millionen Quadratkilometer Völkerschaften, die nach ihrer Unabhängigkeit verlangen, es gibt auch dreihundert Millionen Inder... Legen wir Ägypten, legen wir Indien zu den Akten.

Das alte deutsche Land Elsass-Lothringen hat achtzig Prozent deutsche Bevölkerung; im Elsass zählt man achtundneunzig. Es ist so recht das Schulbeispiel, wie durch die unparteiische Anwendung des Selbstbestimmungsrechtes endlich ein jahrhundertealter Konflikt von Nachbarreichen beigelegt werden kann. Kein Mensch wird hier gefragt. Elsass-Lothringen wird von Frankreich „desannexioniert".

Man fragt nicht die dreieinhalb Millionen auf geschlossenem Sprachgebiet lebenden Deutschen Böhmens, bevor man sie an den neuen Staat der Tschechoslowakei ausliefert. Man fragt nicht die vier Millionen deutschen Staatsbürger Posens und Westpreußens, bevor man sie nebst den Sachwerten in den neuen Staat der Polen verschiebt. Man fragt nicht die dreihunderttausend Deutschen Danzigs, ob sie einen Zwergenstaat mit polnischer Außenvertretung und polnischen Eisenbahnen bilden wollen. Neun Millionen Deutsch-Österreicher fordern schon aus Selbsterhaltungsgründen den Anschluss an Deutschland. Man verweigert ihn, ja verpflichtet Deutschland, ihn in keinem Fall zu gestatten. Die abgetrennte memelländische Bevölkerung erklärt sich, Regierung und Regierte, in einmütigem Protest gegen jede Vergewaltigung. Regierung und Regierte werden zur Verfügung des Völkerbundes gestellt.

Die Verlegenheit in Versailles ist groß. Jeder der dort versammelten Staatsmänner wünscht nichts leidenschaftlicher als das Selbstbestimmungsrecht der Nationen, und alle müssen feststellen, dass es auf dem ganzen Erdenrund nur Regierungen mit Zustimmung der Regierten gibt. Wo ist ein Kolumbus, der das unauffindbare Land für die Veranstaltung von Abstimmungen endlich entdeckt?

Man erzählt sich die Anekdote, wie die Großen Vier auf einer deutschen Karte Europas verzweifelt nach der Vistule suchen und sie nicht finden können, bis ein schnell herbeigerufener Geographieprofessor von der Sorbonne seinen Finger auf die Weichsel legt: das sei die Vistule... man spräche in Deutschland deutsch. – In solch einem

Augenblick stellt man sich Lloyd George vor, wie er aus seinem Sessel aufspringt, seinen Finger auf diese Vistule legt: hier an einem Eckchen dieser unbekannten Weichsel könne man ohne Schaden für die künftige Weltpolitik das Grundprinzip des Wilsonfriedens verwirklichen, hier eine Volksabstimmung veranstalten, hier in den Kreisen Marienwerder, Stuhm, Rosenberg, Marienburg – man hat nie diese Namen gehört – die neue Rechtsordnung der Völker stabilisieren. Schnell rechnet man 399 Gemeinde- und Gutsbezirke zusammen, die mit ihren Bürgern, Bauern, Mägden, Knechten vor aller Welt Zeugnis ablegen sollen, dass in ihren Landstädtchen, auf ihren Äckern und Viehweiden der glorreiche Kampf für das amerikanische Friedensideal ausgefochten wurde: „Die Herrschaft des Gesetzes, gegründet auf die Zustimmung der Regierten und getragen von dem organisierten Willen der Menschheit."

Man kann diese Groteske nicht anders als mit Hohn abfertigen. Das Selbstbestimmungsrecht der deutschen Menschen des Weichsellandes wird nach Quadratkilometern abgesteckt. Ihr Bauern von Groß-Nebrau: Ihr dürft abstimmen. Ihr Schwestern, Brüder, Vettern, Basen vom Nachbardorf Groß-Wolz: Ihr dürft nicht abstimmen. Ihr Bauern von Klein-Golmkau, der Teufel hole euch, wenn ihr nicht ohne Widerspruch polnisch werdet! Ihr Schwieger und Schwäger von Groß-Golmkau, ein Hosianna den Weisen von Versailles: Ihr seid künftighin nicht deutsche, nicht polnische, ihr seid Danziger Staatsbürger!

Auch in Ostpreußen werden auf diesen kolumbischen Entdeckungsfahrten solche unbekannte Abstimmungsinseln gefunden: Teile von Ermland, Teile von Masuren, ein Kreis des Regierungsbezirkes Gumbinnen, die Kreise Allenstein und Rössel. Es geht dabei landschaftlich, politisch, geschichtlich alles durcheinander. Die Neidenburger Südwestecke mit dem Eisenbahnknotenpunkt Soldau bleibt bei Polen, obwohl, wie Augenzeugen berichten, die Neidenburg-Soldauer Menschen auch nicht anders aussehen als die Neidenburg-Tannenberger.

Den politischen Kampf um die oberschlesische Abstimmung kennen wir. Diese Abstimmung bleibe einer eigenen Darstellung im Zusammenhang mit dem gesamtschlesischen Lebenskampf vorbehalten. Auch Belgien erwischt in Eupen-Malmedy solch einen Abstimmungsfetzen. Schon meldet als achtundzwanzigste alliierte und assoziierte Macht Dänemark Ansprüche auf Nordschleswig an. Endlich – wer zweifelt daran – entdeckt auch Frankreich ein Abstimmungsrecht auf die Saarkohlengruben. „Ramsch in Idealismus", nennt es Wilsons Freund Baker.

Hätten diese Entdecker das Ergebnis der „Volksabstimmungen" auch nur in ungefährer Abschätzung vorausgesehen, sie hätten eher das Gottesreich auf Erden gefunden als Marienwerder und Allenstein. Niemals ist ein Weltbetrug in so kurzer Zeit und so völlig aufgedeckt worden wie durch die west- und ostpreußischen Abstimmungen. In diesem winzigen Stück Deutschland, wo die an sich schon ruchlose Frage gestellt wird, ob die deutschen Bürger und Bauern deutsch sein und bleiben wollen, gibt es – Ehre allen Männern aller Klassen, Stände, Konfessionen dort! – keine Parteien. Es gibt nur Deutsche. Und als solche sprechen sie in den Sälen und Schulen der Städte und Dörfer von ihrer Arbeit an diesem Lande, von ihrer unvergänglichen Liebe zu dieser Erde.

Wir kennen die Sprache dieser Erde, dieser Burgen, dieser Städte des deutschen Ordenslandes. Wir kennen die Aufbauarbeit der Hohenzollern, die europäische Sendung Friedrichs des Großen. Wir haben die Schöpferstimme des letzten Jahrhunderts vernommen, diesen Weckruf zu neuem fruchtbarem Blühen der alten bäuerlichen und bürgerlichen deutschen Kultur. Wir brauchen kein Wort mehr über die deutsche Seele, den deutschen Geist dieses Landes zu verlieren.

Wir kennen auch die polnische Sprache, die in Washington, in Paris, in Versailles gesprochen war. Wie fabelte Roman Dmowski in seiner Denkschrift über Westpreußen? „Viele von denen, die längst polnisch zu reden vergessen hatten, haben das Bewusstsein ihrer polnischen Abstammung bewahrt und fühlen sich im Herzen als Polen... Man kann mit Sicherheit annehmen, dass nach dem Rückfall dieses Gebietes an den polnischen Staat ein erheblicher Teil der Bevölkerung sich als polnisch angeben wird." Wie las man über Ostpreußen? „In historischer und ethnographischer Beziehung ist das Land nicht deutsch... Deutsche öffentliche Angelegenheiten bekümmern diese Bauern überhaupt nicht, die noch die Erinnerung an ihre nichtdeutsche Abstammung bewahren..." Wie log der amerikanische Sachverständige Professor Dr. Robert Howard Lord: „Die Gebiete, welche der

Vertrag vorschlägt, Polen zu übergeben, sind so eindeutig polnisch, dass die Deutschen im allgemeinen unfähig wären, wirklich ernsthafte Mängel in dem Vertrage vom Standpunkt der Nationalität, der Statistik oder des Prinzips der Vereinigung eindeutig polnischer Territorien mit Polen aufzudecken." Erinnern wir uns genau dieser Worte, wenn nun die Probe auf das Exempel stattfindet.

Schon haben die Interalliierten Kommissionen, Vertreter Italiens, Englands, Frankreichs, Japans ihre Standquartiere in Marienwerder und Allenstein bezogen. Mit ihnen italienische, englische, französische Bataillone, um die Sicherheit und Freiheit der Abstimmung zu gewährleisten. Vergeblich setzen die polnischen Propagandisten, die ihre Entlarvung vor aller Welt fürchten, einen neuen Lügenfeldzug ins Werk. Senden spaltenlange Berichte von deutschem „Terror" im Abstimmungsgebiet durch die gefügige Ententepresse. Lassen den polnischen Agitator, den Probst Ludwiczak, Anträge im polnischen Landtag stellen: Die deutsche Sicherheitspolizei, die deutschen Beamten mögen entfernt werden, da es unmöglich sei „unter diesen Bedingungen" eine Abstimmung durchzuführen; die polnische Regierung möge sich bereit erklären, zum Nutzen der Polen in Masuren, Ermland und dem Weichselgebiet mit allen Mitteln handelnd einzugreifen, falls die Abstimmungskommission weiter ihre Unfähigkeit zum Schutz der polnischen Bevölkerung beweisen würde. – Im Warschauer Kriegsministerium erwägt man schon den Plan, mit Hilfe der polnischen Knüppelbande, der Bojuwka, und einer als „Masurenwehr" getarnten polnischen Militärorganisation einen Aufstand zu erregen, um zum „Schutz der polnischen Bevölkerung" mit polnischen Divisionen einmarschieren zu können. Der polnisch russische Krieg vereitelt diesen Anschlag. Die Kommissionen können nach Paris nur berichten, dass von deutschen Terrorakten nichts bekannt ist. Wenigstens in diesem kleinsten Teil der geraubten deutschen Ostgebiete wird die dort gebürtige und eingesessene Bevölkerung ihr Recht wahrnehmen dürfen, das Glaubensbekenntnis für ihr Vaterland abzulegen.

Noch zum sogenannten Posener Teilgebietslandtag hatten sich die polnischen Agitatoren einundzwanzig „Abgeordnete" aus Ermland und Masuren verschrieben, damit diese in schwungvollen Reden das deutsche Ermland, das deutsche Masuren „als die endlich heimkehrenden Töchter der großpolnischen Mutter" preisen. Gedenken wir auch dieser Worte!

Und lassen wir nun alle Erinnerungen an diesen letzten deutschen Freiheitskampf des Ostens, alle Schilderungen seiner in ihrer einfachen Großartigkeit erschütternden Szenen beiseite. Wie als älteste Zeugen der germanischen Ursiedlung in allen Museen dieses Landes die Urnen stehen, so stehen nun, am 11. Juli 1920, in allen Wahllokalen die allerjüngsten Urnen stumm bereit, von hunderttausenden Händen das Zeugnis von hunderttausenden Herzen in sich aufzunehmen. Lassen wir nichts als die Zahlen, die nüchternen, kalten, unparteiischen Zahlen sprechen. Die Frage ist ganz eindeutig und klar gestellt: Deutsch oder polnisch? Es sind keine Parteien zu wählen. Jeder soll sich zu dem bekennen, was ihm das Nächste und Tiefste ist, zu seinem Vaterland. Es kann hier keinen Zweifel geben. Sehe sich jeder dieses Vaterland noch einmal an, prüfe er, wenn er schon willens hierzu ist, was das Vaterland, das er wählen will, ihm und seinen Kindern künftighin bieten kann.

Hier ist Deutschland, von einer Welt von Feinden bis zur völligen Wehrlosigkeit durch trügerische Versprechungen niedergeschlagen, von den Fesseln des Versailler Kriegsdiktates an allen Gliedern umschnürt, Westpreußen geviertteilt, Ostpreußen jeder natürlichen Verbindung mit dem Mutterland durch den polnischen Korridor beraubt, das Deutsche Reich selbst für tributversklavte Generationen zu einem Helotenstaat herabgewürdigt, von wüsten Parteikämpfen zerrissen, in Schmach und Schande einer Sintflut von Hass und Rache ausgeliefert, die Männer verbittert, die Frauen vergrämt, die Kinder ohne Zucht, alle von Hunger entkräftet, Volk und Land dem Ausbruch unbekannter und umso mehr gefürchteter Katastrophen nahe.

Und hier ist Polen, die neue stärkste Großmacht des Ostens, das gehätschelte Schoßkind der allmächtigen Entente, die Taschen mit guten Francs und Pounds und Dollars vollgestopft, gemästet von der deutschen Kornkammer Posen, von der geraubten Milch- und Viehwirtschaft Westpreußens, der nächste Nachbar, der in der einen Hand drohend die Peitsche schwingt, – die ganze Abstimmung sei nur ein Scheinmanöver, alles schon in Paris beschlossene Sache, – und mit der anderen Hand auf der alten polnischen Lockflöte das Lied vom „edlen"

Polen spielt, den Sang von der polnischen „Brüderlichkeit", die Mär von der „polnischen Freiheit".

Und jetzt ihr deutschen Bürger und Bauern dieses Fetzens von Westpreußen, „die ihr in treuer Brust das Bewusstsein eurer polnischen Abstammung bewahrt", ihr Bauern und Bürger dieses Zipfels von Ostpreußen, die „einzig der euch seit den Kreuzritterzeiten eingeimpfte Schrecken beherrscht", – so schrieb doch Roman Dmowski – tretet an die Stimmurnen, die stummen und gerechten, die nie eure Namen, eure Gesichter verraten können, werft eure namenlosen verschlossenen Stimmkuverts nun hinein.

Jeder Einzelne ist vorher von vielen Augen auf seine Papiere geprüft, ob er im Abstimmungsgebiet geboren oder dort seit dem 1. Januar 1914 seinen Wohnsitz oder seinen gewöhnlichen Aufenthalt gehabt, oder ob er am 10. Januar das zwanzigste Lebensjahr vollendet hatte. Das sind die Bedingungen. Die aus dem Reiche gekommen sind, müssen ihre Zettel in besondere Urnen stecken. Die Polen haben ja behauptet, es seien die Deutschen hier nicht nur mit den moralisch verwerflichsten Mitteln angesiedelt, sondern der unerträglich barbarische Druck der preußischen Verwaltung habe die bodenständigen Polen – nur diese sind bodenständig – zu Tausenden aus dem Lande getrieben. Alle diese Tausende sind fast vollzählig zur Stelle. Auch hier gibt es keine Ausrede.

Wir schütten die Urnen vor uns aus, wir zählen die abgegebenen Stimmzettel. In den ostpreußischen Bezirken sind es 371 159, in den westpreußischen 105 004.

Wir beginnen unsere Zählung bei dem östlichen, zur Abstimmung aufgerufenen Kreis Oletzko. Sein Mittelpunkt ist das Städtchen Marggrabowa, eine gute Wegstunde von der neuen polnischen Grenze entfernt. Von 121 Gemeinden werden 28 627 Stimmen abgegeben. In die eine Urne fallen die Zettel der „mit moralisch verwerflichsten Mitteln angesiedelten" Deutschen, in die andere Urne die der „mit brutaler preußischer Gewalt vertriebenen" Polen. Nach der Sprachenstatistik befinden sich hier 1117 echte Polen, 406 Masuren, 9981 Zweisprachige, der Rest Deutsche. Da nach der Pariser Polenrechnung Zweisprachige und Masuren auf jeden Fall Polen sind, zählt man hier also 11 504 Polen. Hierzu müssen noch alle jene Deutschen gerechnet werden, die „in treuem Herzen die Erinnerung an ihre polnische

Abstammung bewahrt haben." Wie viel Stimmen werden von diesen Erinnerungspolen und von diesen errechneten Polen und von diesen echten Polen für das großmächtige neue Polen abgegeben werden? Man scheut sich, die Zahl niederzuschreiben, glaubt an einen Irrtum, schlägt wiederholt die Abstimmungstabellen auf. Die fatale Zahl bleibt immer dieselbe. Sind es 10 000 Stimmen? 5000? Sind es die 1117 der „echten" Polen? Ach was! Es sind genau 2 – in Buchstaben *zwei*! – Stimmen! In hunderteinundzwanzig, vom künftigen polnischen Nachbar bedrohtesten Grenzgemeinden erklären sich unter achtundzwanzigtausendsechshundertsiebenundzwanzig abgegebenen Stimmen zwei für den polnischen Staat. Zufällig kennt man die Besitzer dieser beiden Stimmzettel. Es sind zwei von den Polen gekaufte deutsche Sozialdemokraten, die für diesen Landesverrat, wie behauptet wird, aus der Partei ausgeschlossen wurden. Die Bauern dieser Gemeinden haben diese Abstimmung als eine Unverschämtheit aufgefasst, sich deutsche und gar erst polnische Redner verbeten. Einsprachige und zweisprachige Deutsche und masurische Deutsche und polnische Deutsche, Ansässige und Zurückgekehrte, Mann für Mann und Frau für Frau, ohne eine einzige Ausnahme – denn zwei gekaufte Landesverräter werden sich ja wohl auch selbst die Polen nicht anrechnen – erklären sich für ihr geknechtetes, ausgepresstes, von der ganzen Welt verleumdetes, in Tributsklaverei gestoßenes deutsches Vaterland. Eine unvergängliche deutsche Ehrenurkunde den hunderteinundzwanzig Gemeinden des ostpreußischen Kreises Oletzko!

Zählen wir die Stimmen des masurischen Kernlandes, des Kreises Lötzen mit seinen 116 Gemeinden aus. Es sind 29 387.

Erinnern wir uns einen Augenblick, dass diese Masuren einen polnisch-masurischen Dialekt reden. Sprachlich stehen sie den Polen näher als die Kaschuben, die zwecks Bildung des polnischen Korridors als echte Polen auf den gefälschten polnischen Karten angegeben waren und ungefragt zu Polen verschoben wurden. Von den fast dreißigtausend Menschen dieser hundertsechzehn masurischen Gemeinden werden sich doch wohl – wir sind schon bescheidener geworden – dreitausend für den neuen sprachlich verwandten polnischen Staat erklären. Wir suchen nach diesen 3000 Stimmen. Wir finden nicht 1000, nicht 100, nicht 10, 9 Stimmen – in Buchstaben *neun*! – und nicht eine einzige mehr wünschen künftighin von ihren polnischen Brüdern regiert zu werden. Ob der polnische Raub von Versailles ein Verbrechen ist?

Da ist noch ein echt masurischer Grenzkreis Johannisburg mit 198 Gemeinden, in denen 34 050 Stimmen abgegeben werden.

Wir werden noch viel, viel bescheidener und fragen, ob wir vielleicht diese fünfzig Stimmen, die das vierunddreißigste Tausend übersteigen, auf das polnische Staatskonto schreiben dürfen? Vergessen wir nicht: Es ist die letzte Entscheidungsstunde für die Zukunft dieser Männer und Frauen, ihrer Kinder und Kindeskinder. Erinnern wir uns an diesem 11. Juli 1920, dass nun das „polnische Masuren" endlich als „erlöste Tochter zur großpolnischen Mutter heimkehren" kann, wenn... Ja, wenn zum Beispiel von diesen 34 050 Johannisburger Kreisstimmen sich 17 050 für Polen erklären. Es sind nicht – die Tabelle liegt vor uns – die so ganz, ganz bescheiden gefragten 50 Stimmen. Es sind nicht 30, es sind nicht 15. In Buchstaben *vierzehn* Stimmen bestätigen dem hochgelehrten polnischen Geschichtsschreiber Dr. Kentrzynski seine tiefgründigen Forschungen über Masuren, dass diese Landschaft „rein polnisch" ist. Ob die polnischen Sachverständigen in Paris, die hochgelehrten, tiefgründigen Professoren, auch heute noch zu ihrer „polnischen" Wissenschaft stehen?

Genügen diese Proben ostpreußischer Abstimmungsurnen?!

Ein Teil des Neidenburger Kreises ist, wie wir wissen, wegen des Soldauer Bahnknotenpunktes abstimmungslos den Polen zugesprochen worden. Und wie viel von den 142 Restgemeinden, in denen zusammen 5788 wirklich reine und echte Polen neben 12 434 Deutschen und 16 844 Masuren leben, haben sich für den Anschluss an Polen erklärt? *Eine.* Eine einzige! Hat sich eine, eine einzige Stimme im Völkerbund zum Wort gemeldet, um die Urnen dieser hundertzweiundvierzig Neidenburger Restgemeinden vor den Augen der weisen und gerechten Richter auszuschütten und zu sprechen: „Wir haben uns verpflichtet einen Frieden der Gerechtigkeit zu schließen, wir haben uns verpflichtet, nur die von einer *unbestreitbar* polnischen Bevölkerung bewohnten Gebiete an Polen zu geben. Hier steht *eine* polnische Gemeinde gegen *einhunderteinundvierzig* deutsche, die unter unserer Kontrolle, unter dem Schutz unserer Bataillone abgestimmt haben.

Warum haben wir diesen zu neunundneunzig Prozent deutschen Kreis auseinandergerissen? Warum haben wir den Soldauer Deutschen die Abstimmung verweigert? Wir sind in Paris belogen und betrogen worden. Ich fordere die Abstimmung für alle an Polen abgetretenen deutschen Gemeinden!"

Keine Stimme hat so gesprochen. Kein Mitglied dieses Völkerbundes, der sich verpflichtet hatte „in aller Öffentlichkeit auf *Gerechtigkeit und Ehre* gegründete internationale Beziehungen zu unterhalten, die *Gerechtigkeit* herrschen zu lassen und alle Vertragsverpflichtungen in den gegenseitigen Beziehungen der organisierten Völker *peinlich* zu achten", nicht ein einziger der „Hohen vertragschließenden Teile" hat es für *gerecht und ehrenhaft* erachtet, das angeforderte und vor aller Welt nun offen zutage liegende Abstimmungsergebnis zum Anlass einer Revision der polnischen Vertragsbestimmungen des Versailler Kriegsdiktates zu machen. Sie haben alle auch diesen deutschen Aufschrei Ostpreußens zu den Akten gelegt.

Wir aber legen ihn nicht zu den Akten. Wir stehen zu unserem Rechte. Wir lassen die Zahlen und nichts als die Zahlen sprechen. Nach der in Versailles vorgelegten polnischen Bevölkerungsstatistik dürfen die Vertreter der fünf Hauptmächte annehmen, dass die Abstimmung in den elf ostpreußischen Kreisen, wenn auch keine polnische Mehrheit, doch immerhin etwa eine viertel Million polnischer Stimmen ergeben wird. Es leben ja dort 77 000 echte Polen und 182 000 „polnische" Masuren. Und wie ist das Gesamtergebnis?

Dass alle Deutschen für Deutschland stimmen werden, ist selbstverständlich. Dass offenbar keine einzige masurische Stimme sich für Polen entscheidet, muss überraschen, ist aber ein unumstößlicher Beweis, wie sehr sich diese Masuren trotz ihres polnischen Dialektes aus Dankbarkeit für die jahrhundertlangen Segnungen der deutschen Kultur als gute Deutsche fühlen. Was aber fangen wir mit den 77 000 echten Polen an, von denen über 69 000 – in Buchstaben neunundsechzigtausend – ein Jahr nach der Gründung des großpolnischen Staates sich gleichfalls für ihr deutsches Vaterland entscheiden? Es werden in allen Abstimmungskreisen Ostpreußens 7980 Stimmen für Polen und 363 209 Stimmen für Deutschland abgegeben. 9 Gemeinden erklären sich für Polen, 1695 Gemeinden für das Deutsche Reich von 1920.

Wie heißt es in der deutschen Note zum vorgelegten Versailler Friedensvertrag? „Der neue Friede muss ein Friede des Rechts und deshalb der freiwilligen Zustimmung sein." Wie lautet die Antwort der Ententemächte? „Man kann nicht zweifeln an der Absicht der alliierten und assoziierten Mächte zur Grundlage der europäischen Ordnung das Prinzip zu machen, die unterdrückten Völker zu befreien und die nationalen Grenzen möglichst in *Übereinstimmung mit dem Willen der interessierten Bevölkerung zu ziehen*..."

Als dieser fast hundertprozentige deutsche Sieg bei der Hohen Interalliierten Kommission in Allenstein bekannt wird, gibt es verschiedene Gesichter und Stimmen. Der Japaner schweigt und lächelt. Der Franzose empört sich und schreit: „*C'est incroyable* – das ist unglaublich!" Der englische Major schlägt auf den Tisch und bekennt: „Nun haben die dreckigen Polen den Sieg des Rechtes doch nicht hindern können!" Der italienische Marchese tut die klügste Äußerung: „Wo waren da eigentlich die Sachverständigen von Versailles?"

Und das Endergebnis für dieses hundertprozentig deutsche Ostpreußen? Reißt man den polnischen Korridor, der Ostpreußens Lebensstraßen nach Deutschland sperrt, wieder auf? Gliedert man wenigstens schleunigst ohne viel Aufsehen über diese Sachverständigenblamage den Grenzkreis Neidenburg dem geraubten Soldauer Zipfel an? Man gibt nicht einen Fußbreit Landes den Deutschen zurück. Man nimmt ihnen noch drei Grenzdörfer: Klein-Nappoli, Groschkau und Lobenstein. Man gibt sie an Polen um der Gerechtigkeit willen.

Noch niederträchtiger treibt man es mit dem armen, schon gevierteilten Westpreußen. Hier ist das ganze deutsche Land westlich der Weichsel mit allen seinen Städten und Dörfern bis auf einen schmalen Grenzstreifen bei Schneidemühl und Deutsch-Krone abstimmungslos den Polen zugesprochen; dazu das alte deutsche Kulmerland; das Graudenzerland östlich der Weichsel. Zur Volksbefragung werden nur Teile der vier Kreise Marienwerder, Marienburg, Stuhm und Rosenberg aufgerufen. Es leben dort 160 000 Menschen, unter ihnen etwa 24 000 echte Polen. Zur Urne gehen 105 004. Man zählt die Zettel: 96 894 – in Buchstaben sechsundneunzigtausendachthundertvierundneunzig – stimmen für Deutschland, nein genauer für das von Deutschland völlig abgetrennte und zum langsamen Untergang verurteilte Ostpreußen, 7947 – in Buchstaben siebentausendneunhundertsiebenundvierzig – stimmen für Polen. Das sind 7,57 Prozent. Auch Westpreußen, soweit es gefragt wird, entscheidet sich mit über zweiundneunzig Prozent seiner Bevölkerung für die deutsche Kulturnation, die dieses Land diesseits und jenseits der Weichsel geschaffen hat.

Und wie lohnt die interalliierte Grenzkommission dieses einmütige Bekenntnis zu Deutschland? Gibt es keine, keine Revision für die hunderttausenden Deutschen jenseits dieses ausgezirkelten Abstimmungsstreifens? Es gibt nur eine Revision gegen die Abstimmungsdeutschen.

Bei Marienwerder liegt der kleine Hafen Kurzebrack. Dort sind mit deutschem Geld neuzeitlich eingerichtete Deckwerke, Umschlag- und Bahnanlagen erbaut. Es ist der einzige Hafen, den dieses Reststück von Westpreußen und ganz Ostpreußen an der neuen deutsch-polnischen Weichselgrenze noch besitzt. Es ist der einzige Zugang zur Weichsel, den das Versailler Kriegsdiktat der ostpreußischen Bevölkerung als „Benutzung des Stromes für sie selbst, für ihre Waren und für ihre Schiffe unter billigen Bedingungen und unter vollster Rücksichtnahme auf ihre Interessen" feierlich zugesichert hat. Man revidiert, weil sich 92,43 Prozent der anwohnenden Bevölkerung für Deutschland erklären, den unverletzlich und heilig gesprochenen „Friedensvertrag". Man gibt diesen Hafen an Polen.

Nicht genug mit dieser einen Revision des Vertrages zugunsten Polens. Bei allen schiffbaren Strömen der Welt bildet immer die Mittellinie der Hauptschifffahrtsrinne die Grenze. Das haben schon die Staatsmänner des fünfzehnten Jahrhunderts hier gewusst, wie man aus alten Karten ersehen kann. Dort bildet „gemäß dem Landes-Privilegio de anno 1436" die Mitte des Stromes die Grenze. Das wissen auch die Staatsmänner des Jahres 1919, die es im Artikel 30 des Versailler Kriegsdiktates ausdrücklich festgelegt haben. Sie revidieren den Vertrag zum zweiten Mal, weil sich unter 105 000 stromanwohnenden und strombenutzenden Menschen 7947 für Polen erklärt haben. Sie schlagen Polen die *ganze Weichsel* zu.

Nicht genug hiermit. Sie schlagen Polen auch das ganze rechte Ufer, das ostpreußische, zu, die sogenannten Außendeichländereien, die überdies für die Viehernährung der Marienwerder Niederungsbauern unentbehrlich sind. Nicht genug hiermit. Sie revidieren den Vertrag nicht für das deutsche Thorn und Kulm und Schwetz und Graudenz und Mewe und Dirschau, sie revidieren ihn zum dritten Mal für Polen. Sie geben an Polen noch fünf deutsche Weichseldörfer, ziehen die neue Grenze durch die Grundstücke der Bauern, die ihren garantierten „freien Zugang zur Weichsel", ach was, zu ihrer eigenen Scheune nur an bestimmten Tageszeiten mit Pass und mit Visum in Anspruch nehmen dürfen. Nicht genug hiermit. Die deutschen Weichseldämme brauchen einen einheitlichen Deichschutz, wie er jahrhundertelang zur Sicherung der Marienwerder Niederung bestanden hat. Polen aber braucht eine Verstärkung seines militärischen Brückenkopfes. So zerschneidet man diesen Deich sechsmal, gibt noch drei Stücke dieses Deiches an Polen. Und die deutschen Weichselbauern müssen ihre Blutsbrüder, die zwangsweise polnisch gewordenen Bauern, ja selbst die hier stationierten polnischen Pioniere bei gefährlichem Eisgang oder Hochwasser auch ohne Pass und Visum, wenn der Übergang gesperrt ist, schützen und ernähren.

So geht für dieses westpreußische Restland die Abstimmung aus. Noch immer steht da die Schandtafel in polnischer Aufschrift – wir kennen sie –: „Zugang zur Weichsel für die Bevölkerung Ostpreußens..."

Wann wird man ihr eine deutsche Tafel gegenüberstellen, auf der vielleicht das Wort zu lesen steht, das hier im Angesicht dieser Weltschande ein amerikanischer Diplomat gesprochen hatte:

„Wenn ich ein Deutscher wäre, ich würde die Welt in Brand stecken!"

So spricht Polen

Wir haben die Stimme Polens in den deutschen Kulturprovinzen Westpreußen und Posen oft vernommen. Sein erster Ruf ist ein Hilferuf: Deutsche vor die polnische Front! Dieser Ruf ist durch alle Jahrhunderte der polnischen Geschichte erschollen. Mal braucht man den schützenden Schild der deutschen Kaisermacht, mal das Heldenschwert der deutschen Ordensritter, mal den opferbereiten Glaubenseifer der deutschen Mönche, mal die rodende Axt und den segenschaffenden Pflug der deutschen Bauern, mal den städtegründenden Rechtsgeist und Ordnungssinn des deutschen Bürgertums.

Und immer, wenn die Deutschen gekommen und ihr kulturschöpferisches Werk getan haben, wenn Land und Städte in hoher Blüte prangen, erhebt sich ein anderer polnischer Ruf: Nehmt den Deutschen ihren Raub ab! Nieder mit den Deutschen! – Dann gelten keine feierlich beschworenen polnischen Verträge, ob sie auch die Unterschrift von polnischen Herzögen, polnischen Kirchenfürsten, ja polnischen Königen tragen, gelten keine Loyalitätsversprechungen, nicht Recht, nicht Treue, nicht Glaube. Über die deutschen Felder, durch die deutschen Städte, kein Gebot der Menschlichkeit achtend, dem deutschen Bauern Haus und Hof, den deutschen Kindern die Schulen, den deutschen Gläubigen die Kirchen raubend, rast die polnische Zerstörungswut. Wo wir auch die polnische Geschichte Westpreußens und Posens aufschlagen, es zeigt sich uns immer das gleiche Schauspiel.

Auch die englischen und französischen Staatsmänner von Versailles haben diesen wie gesetzmäßig ablaufenden historischen Prozess genau gekannt. Wir wissen, wie der englische Außenminister Balfour schon im Mai 1917 Wilson vor dem „Mischmasch von Nationalitäten" warnte, aus dem die Polen sich einen Staat aufbauen wollen, der „tief nach Österreich und Deutschland hineinreicht und Ostpreußen von dem Rest des Deutschen Reiches abschneidet." Und noch deutlicher sprach Lloyd George im Rate der Vier: „Der Vorschlag der polnischen Kommission, dass wir 2 100 000 Deutsche der Autorität eines Volkes mit einer anderen Religion unterstellen sollen, eines Volkes, das im Laufe seiner Geschichte niemals gezeigt hat, dass es sich zu regieren versteht, dieser Vorschlag würde uns früher oder später zu einem neuen Krieg im Osten Europas führen." Clemenceau, der unter allen Umständen zum Aufbau seines französischen Vasallenstaatensystems dieses neue Polen in Deutschlands östlicher Flanke brauchte, hat geschwiegen. Aber er hat gehandelt! Er wird der Mitschöpfer jener internationalen Rechtsordnung, die den Minderheitenschutz in feierlichen Verträgen festlegt.

Alle polnischen Forderungen in Paris hat Clemenceau mit leidenschaftlicher Hartnäckigkeit unterstützt. Er hätte Polen ganz Schlesien, ganz Ostpreußen, ganz Pommern zugesprochen. Deutsches Land? So viel sie haben wollen! Deutsche Menschen? Je mehr, um so besser! Aber bitte keine polnischen Gesetze über diesem deutschen Land! Kein polnisches Recht an diesen deutschen Menschen! Frankreich bedarf der polnischen Stärke und nicht der polnischen Anarchie!

Es genügt diesem Frankreich, das seine polnischen Freunde kennt, nicht die feierliche Versicherung des Ministerpräsidenten Paderewski: „Polen wird den Minderheiten dasselbe Recht gewähren wie in den westlichen Staaten... Das edle Polen ist bekanntlich immer vom Geiste der Duldung beseelt... Es ist nicht der geringste Grund zu der Befürchtung vorhanden, es könne sich irgendeine nationale oder konfessionelle Minderheit im polnischen Staat weniger sicher fühlen als unter dem Schutze des Völkerbundes." – Frankreich will dem polnischen Staat die Kraft seines geraubten Deutschtums unter der Garantie der Völkerbundmächte erhalten wissen.

In diesem letzten Kampf Polens um das Recht der rücksichtslosen Polonisierung des deutschen Landes steht ihm Clemenceau als Gegner – weiß Gott nicht um der Deutschen willen – gegenüber. Unbeugsam. Der Minderheitenschutz wird als ein Artikel in das Versailler Kriegsdiktat eingefügt. Er hat dieselbe unbedingte Geltung wie die Artikel, die Polens neue Grenzen festlegen.

Prägen wir uns diesen Artikel 93 genau ein: „Polen ist damit einverstanden, dass die alliierten und assoziierten Hauptmächte in einen mit ihm zu schließenden Vertrag die Bestimmungen aufnehmen, die sie zum Schutz der Interessen der nationalen, sprachlichen und religiösen Minderheiten für notwendig halten."

Prägen wir uns auch die wichtigsten Artikel dieses Minderheitenschutzvertrages ein. Es hängen von ihnen die höchsten Heiligtümer der deutschen Nation ab.

Artikel 2: „Die polnische Regierung verpflichtet sich, allen Einwohnern ohne Unterschied der Geburt, der Staatsangehörigkeit, der Sprache, des Volkstums und der Religion den umfassenden Schutz ihres Lebens und ihrer Freiheit zu gewähren."

Artikel 7: „Alle polnischen Staatsangehörigen sind vor dem Gesetz gleich und genießen ohne Unterschied des Volkstums, der Sprache oder der Religion die gleichen bürgerlichen und staatsbürgerlichen Rechte... Kein polnischer Staatsangehöriger darf in dem freien Gebrauch einer beliebigen Sprache irgendwie beschränkt werden, weder in seinen persönlichen oder wirtschaftlichen Beziehungen, noch auf dem Gebiete der Religion, der Presse oder bei Versammlungen jeder Art, noch endlich in öffentlichen Versammlungen."

Artikel 8: „Die polnischen Staatsangehörigen, die zu einer völkischen, religiösen oder sprachlichen Minderheit gehören, sollen die gleiche Behandlung und die gleichen rechtlichen und tatsächlichen Sicherheiten genießen wie die übrigen polnischen Staatsangehörigen. Sie sollen insbesondere ein gleiches Recht haben, auf ihre Kosten Wohlfahrts-, religiöse oder soziale Einrichtungen sowie Schulen und andere Erziehungsanstalten zu errichten, zu leiten und zu beaufsichtigen und in ihnen ihre Sprache frei zu gebrauchen und ihre Religion frei auszuüben."

Artikel 12: „Polen ist damit einverstanden, dass jedes Mitglied des Völkerbundrates befugt ist, die Aufmerksamkeit des Rates auf jede Verletzung oder jede Gefahr einer Verletzung irgendeiner dieser Verpflichtungen zu lenken, und dass der Rat befugt ist, alle Maßnahmen zu treffen und alle Weisungen zu geben, die nach Lage des Falles zweckmäßig und wirksam erscheinen..."

Diesen Minderheitenschutzvertrag unterschreiben, heißt für Polen, den neuen polnischen Staat unter die moralische Kontrolle Europas und Amerikas stellen. Vierzig Prozent seiner Bevölkerung werden nichtpolnisch sein. Was soll Polen mit seinen elf Millionen Ukrainern, Großrussen, Weißrussen, Litauern, Kaschuben, Masuren, Tschechen, und mit den Deutschen anfangen, wenn es sie nicht polonisieren darf?

Das großpolnische Reich von Versailles kann nur von Bestand sein, wenn es mit rücksichtsloser Gewalt die fremden Volksgruppen ausrottet und sich in kürzester Zeit aus einem Nationalitätenstaat in einen Nationalstaat umformt. So denken die polnischen Unterhändler und überbieten sich in polnischen Loyalitätserklärungen.

Vier Tage vor der Versailler Unterschrift, die schon in der Weimarer Nationalversammlung beschlossen ist, fordert Clemenceau kategorisch die polnische Unterschrift unter diesen Minderheitenschutzvertrag. Er sendet ihn an Paderewski mit einer Note, in der wir lesen: „Bei dieser Gelegenheit muss ich Ihre Aufmerksamkeit an die Tatsache erinnern, dass die polnische Nation den Anstrengungen und den Opfern der Mächte, in deren Namen ich mich an Sie wende, Ihre Unabhängigkeit zu verdanken hat... Daraus erwächst für diese Mächte die Verpflichtung, der Sie sich nicht entziehen können, *in der dauerhaftesten und feierlichsten Form*, die Garantien gewisser Hauptrechte sicherzustellen, die den Einwohnern den nötigen Schutz bieten, welches auch immer die Veränderungen sein mögen, die in der inneren Verfassung des polnischen Staates sich ereignen können..."

Der neue polnische Staat muss durch seine bevollmächtigten Vertreter Paderewski und Roman Dmowski diesen Minderheitenschutzvertrag als die völkerrechtliche Grundlage seiner politischen Existenz unterschreiben. Paderewski selbst stellt in der Seym-Sitzung vom 30. Juli des Jahres der polnischen Staatsgründung ausdrücklich fest: „Der Vertrag zwischen Polen und den Hauptmächten entspringt dem Artikel 93 des Vertrages mit den Deutschen. Der Zusammenhang darin ist organisch, er ist in diesem unserem Buch enthalten und bildet eine der *Hauptbedingungen unserer Unabhängigkeit*." Erinnern wir uns jenes ersten Versuches einer Minderheitenschutzgesetzgebung durch die Garantiemächte des Wiener Kongresses. Erinnern wir uns jenes preußischen Königswortes, das den polnischen Untertanen in den preußischen Provinzen zurief: „Auch ihr habt ein Vaterland!" Schuf Friedrich Wilhelm III. nicht ein eigenes Großherzogtum Posen, um die nationalen Empfindungen seiner Posener Polen zu schonen? Gab er diesem Großherzogtum nicht einen polnischen Statthalter, einen polenfreundlichen Oberpräsidenten? Ließ er den Kreisverwaltungen nicht die polnischen Landräte? Bestätigte er nicht alle polnischen Richter und Lehrer in ihrem Amte? Übergab er nicht dem polnischen Klerus die Oberaufsicht über das gesamte Schulwesen? Half er nicht mit der Gründung eines Kreditvereins der tiefverschuldeten polnischen Landwirtschaft auf? Wurde nicht unter seinen Nachfolgern der polnische Bauernstand, der polnische Mittelstand, das polnische Volkstum erst geschaffen?

Wir wissen die Antworten auf alle diese Fragen. Damals gibt es freilich noch keinen Minderheitenschutzvertrag als internationales Recht. Es gibt keinen Völkerbund und kein Haager Schiedsgericht als Hüter dieses Rechtes. Es gibt nur die Grundanständigkeit des deutschen Menschen und die unerschütterliche Rechtsauffassung der preußischen Verwaltung.

Zwölf Millionen Nichtpolen im neuen polnischen Nationalitätenstaat sind nun durch Vereinbarungen internationalen Charakters und durch die polnische Verfassung in ihrem völkischen Eigenleben, ihrer Sprache und ihrer Religion geschützt. Es kann nicht anders sein, als dass das kulturelle und völkische Leben der Ukrainer wieder aufblüht, und dass das Deutschtum, in seinem alten deutschen Kulturboden wurzelnd, wenn auch unter eine andere Staatshoheit gestellt, sich wenigstens erhalten kann.

Wir haben hier nicht die Sache der Ukrainer zu führen. Ihre Bewohner hoffte Roman Dmowski „innerhalb von zehn bis fünfzehn Jahren zu polonisieren". Man kennt die polnischen Pogrome in den ukrainischen Dörfern und Städten, die „Pazifierungsaktion" mit Feuer, Schwert und mittelalterlicher Folter, die für viele Jahre das ukrainische Kulturleben zerstört hat.

Wir führen die Sache der Deutschen. Wir kennen nun die Theorie des polnischen Minderheitenschutzes. Wir weisen seine Praxis auf. Kein Wort ist zu verlieren, dass die Deutschen in Westpreußen und Posen keine „Minderheit", sondern eine überwältigende Mehrheit gebildet haben. Wir zählen in diesen um ihre Volksbefragung betrogenen deutschen Provinzen eine sprachlich deutsche Bevölkerung von etwa einer Million zweihunderttausend Menschen. Noch nicht zehn Jahre polnischen Minderheitenschutzes über diesem Lande, und wir zählen im Jahre 1929 etwa dreihundertfünfzigtausend deutsche Menschen. Es mögen jetzt wohl wieder hunderttausend weniger sein. Eine Million sind mit allen Mitteln der polnischen Entdeutschungspolitik aus Stadt und Land, von Hof und Haus, aus Gewerbe und Gewerke, aus ihren Siedlungs- und Arbeitsstellen vertrieben worden – eine Tragödie, wie sie sich in solchem Ausmaß wohl kaum in der Geschichte bis heute jemals zugetragen hat. Geschehen, ohne dass ein Mitglied des Völkerbundrates als Garant des Minderheitenschutzes von seiner Rechtsbefugnis Gebrauch machte (Artikel 12), „die Aufmerksamkeit des Rates auf jede Verletzung oder jede Gefahr einer Verletzung irgendeiner dieser Verpflichtungen zu lenken".

Als der preußische Staat in verzweifeltem Rechtskampf gegen die Schliche der polnischen Parzellierungsinstitute polnischen Gutsbesitz mit hoher Entschädigung im Umfange von etwa anderthalbtausend Hektar enteignete, rief Sienkiewicz, der polnische Unterhaltungsschriftsteller, der in keiner deutschen Hausbibliothek fehlt, die großen Geister aller Länder zum Protest auf. Wie flogen ihm aus allen Teilen der Welt die Entrüstungsrufe nur so zu!

Als der neue polnische Staat deutschen Grundbesitz im Umfange von 350 000 Hektar im Liquidationsverfahren entschädigungslos oder unter Zahlung von durchschnittlich zehn Prozent des Friedenswertes an sich reißt und die Musterwirtschaften der deutschen Domänenpächter verschleudert, keine Stimme des Protestes hat sich in keinem zivilisierten Staat der Welt von keinem seiner Kulturträger erhoben! Es wird Gewalt und Unrecht ja nur an *deutschen* Menschen verübt!

Im Oktober 1919 erklärt der spätere polnische Kultusminister Stanislaus Grabski: „Der Prozentsatz der Fremden ist bei uns entschieden zu groß. Posen kann uns einen Weg weisen, wie dieser Prozentsatz von 14 oder sogar 20 vom Hundert auf 1½ vom Hundert gebracht werden kann... Das polnische Land ausschließlich für die Polen." Der polnische Oberprokurator Kierski fordert als *„Politik der Beutestücke"*, wie er es selbst bezeichnet, dass die künftige polnische Politik zwei Ziele im Auge behalten müsse: „eine möglichst große Einschränkung der Zahl der im Gebiete der polnischen Republik vorhandenen Deutschen und die Liquidierung des deutschen Eigentums." Der polnische Ministerpräsident Witos höhnt deutschen Domänenpächtern ins Gesicht: „Es ist höchste Zeit, dass die sogenannten deutschen Kulturträger verschwinden." Der polnische Ministerpräsident Sikorski befiehlt, dass „der Prozess, den man Entdeutschung der westlichen Wojewodschaften nenne, in einem möglichst kurzen Zeitraum und raschen Tempo vor sich gehen müsse nach dem Grundsatz: Der Starke hat immer recht!" Der polnische Starost Kasprzak schreit auf dem Marktplatz von Reichthal: „Die Peitsche auf die Deutschen!" Der polnische Starost Ossowski wütet auf dem Marktplatz von Kulm: „Wenn ein Deutscher oder Jude wagt, irgendetwas gegen den polnischen Staat zu sagen, so bindet ihn mit Stricken und schleift ihn durch die Straßen!" Ein polnischer Pfarrer in Adelnau tobt: „Alle Deutschen, die sich in Polen befinden, müssen aufgehängt werden!" So erklären, so fordern, so höhnen, so befehlen, so schreien, so wüten, so toben diese polnischen Kulturträger. Die unter dem Schutze der deutschen Pressefreiheit gegründeten polnischen Zeitungen, die unter dem Schutze des deutschen Vereinswesens gegründeten polnischen Vereine stimmen in diesen Chor des Hasses mit ein: „Eine geschlossene Front gegen das Deutschtum! Intensive Polonisierung der westlichen Grenzgebiete! Die nationalen Minderheiten sind nur ein Geschwür am Volkskörper! Man muss sie mit unseren erprobten und einzig erfolgreichen Hausmitteln herausschneiden, ganz gleich, ob das dem Völkerbund gefällt oder nicht!" So spricht Polen.

Das ist nach dem Urteil höchster polnischer Regierungsbeamter *„der große historische Prozess der Entdeutschung"*. Historisch ist er, wir können es nicht bezweifeln. Wir kennen ihn seit dem Jahre Eintausend, haben ihn durch die Zeiten der Piasten und Jagiellonen bis zum Thorner Blutgericht verfolgt, kennen die polnischen Deutschenpogrome in allen Jahrhunderten. Es hat sich unter der international garantierten Minderheitenschutzwacht nichts geändert. Wir kennen auch die „erprobten Hausmittel": planmäßige Verhetzung der polnischen Bevölkerung durch Behörde, Geistlichkeit und Presse, Androhung von Deutschenprogromen, wenn die deutsche Bevölkerung nicht binnen vierundzwanzig Stunden das „polnische Städtchen" oder „polnische Dörfchen" verlässt, Massenplünderungen und Misshandlungen, Requisitionen und Verhaftungen von missliebigen Konkurrenten, wirtschaftlicher Boykott, Androhung der Liquidation, um den deutschen Besitz kauffrei zu machen, Zwangsverwaltungen, Aufstellung schwarzer Listen, verschleppte Prozessführung, Schließung der deutschen Schulen, Beschlagnahmung der deutschen Kirchen, Auflösung der deutschen Vereine, Schaffung der „vollendeten Tatsachen", die selbst kein Völkerbund und kein Haager Schiedsgericht mehr rückgängig machen können.

Wie erscholl doch die mittelalterliche Klage der deutschen Stadt Posen an die deutsche Stadt Danzig: „O welche Summe von Angriffen, Tumulten, Gewalttätigkeiten, Ermordungen, Schändungen, Beleidigungen und Entehrungen, welche Eingriffe in unsere Rechte, Freiheiten und Privilegien haben sich unsere Bürger gefallen lassen müssen!" – Auch im Beginn des zwanzigsten Jahrhunderts des „Friedens der Gerechtigkeit" und der „neuen Rechtsordnung der Völker" hat sich nichts am System, nichts in den Methoden geändert.

Der Vorsitzende des für die Liquidation des reichsdeutschen Besitzes geschaffenen Liquidationsamtes, Herr Professor Winiarski, äußert sich, nicht in einer Unterredung, die missverstanden sein kann, nein, in einem gedruckten Artikel: „Selbst bei einem sehr ungünstigen Vertrage (er meint den Minderheitenschutzvertrag) kann man bei geschicktem Vorgehen und bei unermüdlichen Bemühungen mit wehrhafter Hand zugreifen. Ein Vertrag ist kein Kopfkissen, auf dem man gut schläft, sondern eine mehr oder weniger günstige Grundlage für eine weitere Arbeit und weitere Anstrengungen zur Wahrung der Volksinteressen." Er meint den „großen historischen Prozess der Entdeutschung". So spricht Polen.

Dieser Prozess beginnt mit dem Raub der deutschen Erde, mit der Enteignung des deutschen ländlichen und bürgerlichen Besitzes. Das Ziel ist, „in einem möglichst kurzen Zeitraum und raschem Tempo" aus „sittlichen Gründen der Wiedergutmachung eines historischen Unrechtes" dieses „künstlich germanisierte" Land zu einem kernpolnischen zu machen. Polen muss durch Augenschein nachweisen können, dass auf der westpreußischen und posenschen Erde nur Polen wohnen.

Wer in den abgetrennten deutschen Provinzen seinen Wohnsitz hat, erwirbt vertragsgemäß die polnische Staatsangehörigkeit; wer sich dort erst nach dem 1. Januar 1908 niedergelassen hat, erwirbt sie nur mit besonderer Ermächtigung. Familien, die seit Jahrhunderten im Lande sitzen, wird die polnische Staatsbürgerschaft abgesprochen, weil Verträge keine Kopfkissen sind, auf denen man in Polen gut schläft. Ein Rittergutsbesitzer hat in Potsdam noch ein Haus: hinaus mit ihm!

Einer ist eine Zeitlang bei der Gesandtschaft am Heiligen Stuhl in Rom tätig gewesen: hinaus mit ihm! Ein Arzt hat auf einer deutschen Universität seine Kenntnisse erweitert: hinaus mit ihm! Ein Lehrer ist eine Zeitlang versetzt gewesen: hinaus mit ihm! Ein Besitzer hat vor den polnischen Banden fliehen müssen: hinaus mit ihm! Ein Molkereibesitzer ist anderweitig militärpflichtig gewesen: hinaus mit ihm! Kranke, seit Jahrzehnten im Lande ansässig, haben deutsche Bäder aufgesucht: hinaus mit ihnen! Polen verlangt für die Erwerbung der polnischen Staatsbürgerschaft den ständigen Wohnsitz. Die Deutschen rufen den Internationalen Gerichtshof im Haag an. Dieser entscheidet: „Die polnische Auffassung heißt nicht mehr den Vertrag auslegen, sondern ihn neu machen." Die Deutschen sind inzwischen abgeschoben, ihr Besitz ist liquidiert. So spricht Polen.

Da ist noch eine höchst unbequeme Bestimmung im Versailler Vertrag: das Recht zur Option. Nicht mit einer sechsjährigen Frist, wie sie die Deutschen den Polen zugebilligt hatten (1815), sondern mit einer zweijährigen. „Allen Personen, die von dem oben vorgesehenen Optionsrecht Gebrauch machen, steht es frei (*auront la faculté*), in den nächsten zwölf Monaten ihren Wohnsitz in den Staat zu verlegen, für den sie optiert haben." Schon im ersten Jahr beginnen die Polen – damals marschieren die Bolschewisten von Wilna bis an die Weichsel – mit Zwangsoptionen. Optieren oder: Deutsche an die polnische Front! Kaum haben die Deutschen für Deutschland optiert, erhalten sie auch schon die polnischen Ausweisungsbefehle. Sie haben die Befugnis zu optieren, mehr nicht. Der polnische Oberprokurator Kierski stellt die polnische Rechtsauffassung eindeutig fest: „die Polen dürfen ihnen die Ausreise nicht verwehren". Polen ist großzügig, Polen verleiht den deutschen Optanten das Recht, hinausgeworfen zu werden. Von 175 000 solcher Optanten befinden sich zwei Jahre nach Ablauf der Optionsfrist noch etwa 26 000 in ihrer alten deutschen Heimat. Nach weiteren zwei Jahren sind auch diese mit „den bewährten Hausmitteln" hinausgetrieben, weil sie von ihrer Befugnis – *la faculté* – Gebrauch gemacht haben. Auch die Mitglieder des Völkerbundrates als Garanten des Minderheitenschutzes haben eine Befugnis: „die Aufmerksamkeit des Rates auf jede Verletzung oder jede Gefahr einer Verletzung irgendeiner dieser Verpflichtungen zu lenken". Sie haben von dieser Befugnis in hunderttausend Fällen keinen Gebrauch gemacht.

Wie in allen Jahrhunderten polnischer Herrschaft beginnt auch unter dem Schutz des Minderheitenrechtes der neue Leidensweg der deutschen Bauern und Bürger. Arbeiteten die polnischen Adligen früher mit ungeheuren Zinslasten, mit Frondiensten, mit völliger Entrechtung und Knechtung, um das Deutschtum auszurotten, so arbeiten die polnischen Wojewoden und Starosten nun mit dem „verwaltungsmäßigen Krieg".

Durch das den Siegermächten zugesprochene Liquidationsrecht ist die Unantastbarkeit des deutschen Privateigentums grundsätzlich aufgehoben. Der amerikanische Senator Borah hat bekanntlich den staatlichen Raub an privatem Eigentum als eine Vergewaltigung der einfachsten Begriffe des internationalen Rechts und der guten Sitten bezeichnet! In einer solchen Frage sei die Ehre der Vereinigten Staaten engagiert. Der neue polnische Staat fühlt seine Ehre nicht engagiert. Ihm ist die „Politik der Beutestücke" wichtiger. Er kann sich auf eine französische Stimme des Historikers Mehee von 1772 berufen: „Alle Kulturstaaten haben einige Hauptgesetze, die allen zivilisierten Ländern gemeinsam sind. Polen allein nimmt an dieser Gemeinschaft nicht teil. Es hat nur Einzelgesetze oder Einzelgebräuche, und die Gesetze aller anderen Länder sind nicht die seinen. Seine Gerichtshöfe bringen nur Kompetenzstreitigkeiten zustande zum größten Schaden der Klienten, vor allem der Fremden, die in Polen Gerechtigkeit verlangen."

Diese Einzelgesetze des polnischen Staates von 1920 sind die verschiedenen Liquidationsgesetze mit ihren Verordnungen und Ergänzungen und Ausführungsbestimmungen, sind das „Annullationsgesetz" und die polnische „Agrarreform". In diesem Netz von Paragraphen, Artikeln, vorläufigen und endgültigen Regelungen wird der deutsche Besitz eingefangen und der deutsche Besitzer abgewürgt. Polen liquidiert die großen und die kleinen deutschen Güter, liquidiert die deutschen gewerblichen und industriellen Betriebe, liquidiert deutsche Waisenhäuser, deutsche Krankenhäuser, deutsche Altersheime, deutsche Schulen, liquidiert den Besitz deutscher Genossenschaften, deutscher Vereine. Ein ununterbrochenes und der Welt so gut wie unbekannt gebliebenes Martyrium unserer deutschen Volksgenossen setzt ein.

Bei den Besitzern, den Verwaltern, den Treuhändern erscheinen polnische Agenten. Diese arbeiten zunächst mit Gerüchten, um die Objekte kaufreif zu machen: Man werde alle Deutschen ausweisen, man werde auf gesetzmäßigem Wege eine entschädigungslose Zwangsenteignung verfügen, es sei eine sehr gefährliche Stimmung unter den Polen, die leicht zu Deutschenpogromen führen kann. Nach den Agenten kommen die polnischen Gendarme, pochen an die Türen der deutschen Landwirte, Bauern, Kaufleute, Handwerker. Bringen Verfügungen in polnischer Sprache, die schon greifbarer und drohender werden. Den deutschen Besitzern wird aus irgendwelchen Gründen die polnische Staatsangehörigkeit abgesprochen oder suspendiert. Es werden kurzfristige Räumungstermine gestellt, kurzfristige freihändige Verkaufstermine. Die öffentliche Versteigerung wird ausgeschlossen, die Zahl der Käufer auf einen sehr kleinen Kreis von Nationalpolen beschränkt. Nun kommen die polnischen Taxatoren. Diese schätzen mit polnischem Maßstab ab, einer immer niedriger als der andere, übersetzen aus polnischen Zeitungen bestellte anonyme Anzeigen wegen schlechter deutscher Verwaltung der betreffenden Objekte. Die Deutschen wissen, was das bedeutet.

Endlich kommen die polnischen, von den Behörden eingesetzten Zwangsverwalter. Manche bringen gleich ihre Familien mit. Sie hausen in den deutschen Stuben, schlafen in den deutschen Betten, fressen und saufen sich an den deutschen Tischen voll. Die Besitzer müssen mit Weib und Kind in die Gesinde- und Bodenkammern. Noch immer nicht kaufreif? Der Pole nimmt dem Deutschen die Feuerung weg, sperrt das Licht, dreht den Wasserhahn ab. Noch nicht kaufreif? Der Pole stellt sich hinter die Tombank des deutschen Kaufmanns, verkauft seine Waren, um sich selbst die Löhne für diese Zwangsverwaltung auszuzahlen, wirft die Möbel auf den Hof, Tisch und Stuhl und Bett, reißt den Deutschen das Brot und die Kartoffeln von den Tellern, erntet die Felder vor den Augen der Bauern ab, verludert die Wirtschaft, schont nicht Kinder, nicht Greise, nicht Frauen im Wochenbett. Noch immer nicht kaufreif? Der Pole greift zur polnischen Knute. Wer sich wehrt, wird der polnischen Gendarmerie als Aufwiegler angezeigt. Es kann Jahre in den polnischen Gefängnissen kosten. Das Objekt ist kaufreif. So spricht Polen.

Aber die polnische Zwangsverwaltung hat Geld, viel Geld gekostet. Auch die Liquidation kostet Geld, viel Geld. Wer seinen Besitz verlässt, muss die polnische Emigrantensteuer – fünfzig Prozent – bezahlen. Dazu kommen Abzüge, viel Abzüge. Dazu kommen Zuschläge, viel Zuschläge. Dazu kommt die sogenannte Sicherheitsleistung. Für jede dieser Methoden hat Polen ein Gesetz. Und schließlich hat der Deutsche seinen Besitz, seine und seiner Väter und Urväter Lebensarbeit verloren und kann noch zufrieden sein, wenn die Rechnung gerade aufgeht. Es gibt auch Fälle, in denen die liquidierten Besitzer noch zuzahlen müssen als Entschädigung für die polnischen Entschädigungsmethoden.

Keine Stimme des Protestes erhebt sich in keiner Kulturnation der Welt. Die Mitglieder des Völkerbundrates als Garanten des Minderheitenschutzes machen keinen Gebrauch von ihrer Befugnis, „die Aufmerksamkeit des Rates auf jede Verletzung oder jede Gefahr einer Verletzung irgendeiner der Verpflichtungen zu lenken". Die Verfassung der polnischen Republik sichert auch weiterhin allen Bürgern ohne Unterschied der Herkunft, Nationalität, Sprache, Rasse oder Religion vollen Schutz des Lebens, der Freiheit und des Eigentums zu.

In den ersten fünf Jahren dieser polnischen Herrschaft werden in den deutschen Provinzen 80 Großgrundbesitzstellen, 1800 kleinere Grundstücke und Ansiedlungen, 779 städtische Grundstücke, 170 industrielle Unternehmungen „liquidiert". Zwei Jahre später zählt man schon 4000 Güter und 8000 städtische und gewerbliche Grundstücke mehr, die aus deutschen in polnische Hände hinübergespielt werden. Das polnische Liquidationsamt zahlt nicht den zehnten Teil des von den polnischen Taxatoren abgeschätzten Wertes der deutschen Güter. Die deutschen Besitzer melden hundertvierzig Millionen Goldmark Verluste bei dem angerufenen Haager Schiedsgericht an. Dieses gibt „den Deutschen in den meisten Fällen recht. Das polnische Liquidationsamt kann nur feststellen, dass sich die zu Unrecht erfolgten Enteignungen in keinem Fall mehr rückgängig machen lassen: die deutschen Besitzer seien bereits außer Landes. So spricht Polen.

Im Oktober 1921 ergehen an alle deutschen Domänenpächter, Pacht- und Rentenansiedler Kündigungsschreiben, bis zum 1. Dezember – mitten im Winter – ihren Besitz zu räumen. Diesen Befehl erhalten unterschiedslos die Reichsdeutschen wie auch die polnischen Staatsbürger deutscher Nationalität. Sie rufen in ihrer Verzweiflung den Völkerbundsrat an. Dieser verweist sie an das Haager Schiedsgericht. Und während Genf berät und Haag prüft, werden die deutschen Ansiedler aus dem Lande gejagt, werden die deutschen Domänenpächter entschädigungslos vertrieben, werden von 29 000 Rentengutsansiedlungen 14 000 in polnische Hände gespielt. Endlich trifft der Spruch des Haager Schiedsgerichtes ein. Er stellt fest, „dass die Haltung der polnischen Regierung nicht im Einklang mit ihren internationalen Verpflichtungen steht." Die polnische Regierung kann nur feststellen, dass sich die zu Unrecht erfolgten Annulationen in keinem Falle mehr rückgängig machen lassen: die deutschen Besitzer seien bereits außer Landes. So spricht Polen.

Ist der „große historische Prozess der Entdeutschung" noch immer nicht abgeschlossen? Polen schafft ein neues Gesetz, nennt es „Agrarreform". Erinnern wir uns, dass unter deutschem Minderheitenschutz ein Jahrhundert lang nicht ein einziger polnischer Besitzer enteignet wurde. Erinnern wir uns, dass unter deutschem Minderheitenschutz die polnischen Kreditinstitute mit deutschem Geld wiederholt gestützt sind, um der verschuldeten polnischen Landwirtschaft aufzuhelfen. Erinnern wir uns, dass unter deutschem Minderheitenschutz allein in der Provinz Posen dreihundert polnische Bauernvereine als „Träger der nationalen Propaganda" erstehen durften. Erinnern wir uns, dass den Kampf um den Boden schließlich die polnischen Parzellierungsinstitute, die gleichberechtigt zugelassen waren, gewonnen. Die polnische „Agrarreform" bringt zweiundneunzig Prozent deutschen Bodens gegenüber acht Prozent polnischen in die Hände der polnischen Parzellierungsinstitute. Enteignet weiterhin 40 000 Hektar deutschen Landes. Legt bei seinen „Parzellierungen" kleine deutsche Güter zu großen polnischen zusammen. Schließt die deutsch-polnischen Staatsbürger vom Bodenmarkt aus. So spricht Polen.

Noch immer aber wurzelt das Deutschtum im alten Heimatboden fest. Das Tempo des großen historischen Prozesses muss beschleunigt werden. Es wird das deutsche Gewerbe, das deutsche Handwerk zerstört. Um die Stätten deutscher Geselligkeit zu vernichten, wird den deutschen Gastwirten die Schankkonzession entzogen. Es wird den deutschen Ärzten, wo es irgend möglich, die Ausübung ihrer Praxis verboten. Durch eine Verfügung des polnischen Finanzministeriums werden die deutschen Spediteure beseitigt. Die polnischen Krankenkassen erdrosseln die deutschen Apotheker. Der polnische Wirtschaftsboykott vernichtet den deutschen Kaufmann. In die deutschen Häuser werden polnische Zwangseinquartierungen gelegt, von den Hauswirten die kostspieligsten Reparaturen verlangt. Man sperrt den deutschen Fabrikanten den Brennstoff für ihre Betriebe, liefert den deutschen Mühlenbesitzern kein Getreide, vergibt keine Aufträge an die deutschen Maurermeister, spricht den deutschen Handwerkern das in Deutschland erworbene Meisterrecht ab, untersagt ihnen das Halten von Lehrlingen. Polnische Streikandrohungen jagen die deutschen Arbeiter und Arbeiterinnen aus den Betrieben. Und helfen alle polnischen Gesetze, Bestimmungen, Verordnungen, Verfügungen nichts, hilft endlich auch hier der Terror. Die polnischen Banden organisieren Deutschenpogrome. So spricht Polen.

Das alles geschieht mal hier, mal dort, nicht zu auffällig, aber nach vorbestimmtem, nie unterbrochenem System, jahraus, jahrein, in Dorf und Stadt, vor den Augen des Völkerbundrates, von dem jedes Mitglied als Garant des Minderheitenschutzes befugt ist, „die Aufmerksamkeit des Rates auf jede Verletzung oder jede Gefahr einer Verletzung irgendeiner dieser Verpflichtungen zu lenken".

Wehe, wenn die Deutschen sich beschweren! Deutsche Eingaben an den Völkerbund werden als „illoyale und strafbare Akte" bezeichnet. „Der Deutschtumsbund zur Wahrung der Minderheitenrechte" wird aufgelöst, seine Führer werden monatelang in die polnischen Gefängnisse gesperrt. „Wenn wir dieses Geschwür am Volkskörper" – gemeint ist die deutsche Minderheit –„mit unseren erprobten und einzig erfolgreichen Hausmitteln herausschneiden, kann das dem Völkerbund gefallen oder nicht. Er kann protestieren oder sich mit dem herausgeschnittenen Geschwür befassen." So spricht Polen.

Hat dieses Polen nicht jahrzehntelang die Welt mit seinen Klagen über die preußische Missachtung ihrer höchsten und heiligsten Güter, ihrer Sprache und ihrer Kirche, erfüllt? Wird das neue Polen nun wenigstens die deutsche Sprache in den deutschen Schulen, die deutschen Gebete in den deutschen Kirchen achten? Hat es sich nicht in feierlichster und bindendster Form vor aller Welt verpflichtet: „Kein polnischer Staatsbürger darf in dem freien Gebrauch einer beliebigen Sprache irgendwie beschränkt werden, weder in seinen persönlichen oder wirtschaftlichen Beziehungen, noch auf dem Gebiete der Religion, der Presse oder bei Veröffentlichungen jeder Art, noch endlich in öffentlichen Versammlungen"? Polnische Knüppelbanden sprengen die deutschen Versammlungen. Kein Stuhl, kein Tisch, kein Fenster bleibt heil. Der polnische Mob stürmt die deutschen Druckereien. Die zerstörten teuren Rotationsmaschinen können als Alteisen verkauft werden. Polen liquidiert den deutschen Schulbesitz, Schulgebäude und Schulgrundstücke, von denen keines bestand, als der Große Friedrich nicht wünschte, dass dieses Land des deutschen Kapernikus noch länger in der polnischen Barbarei verkomme.

Polen ist das Land der Gesetzlichkeit. So schafft es auch neue polnische Schulgesetze als Rechtsbasis für die Vernichtung der deutschen Schulgemeinden. Eine neue Schulgeographie zerschneidet die deutschen Landschulbezirke, nur um die für die deutsche Schulhaltung nötige Anzahl von vierzig deutschen Kindern zu verhindern. Die polnischen Ortsschulräte, die die Genehmigung zur Anlage von deutschen Privatschulen zu erteilen haben, können nirgends ein Bedürfnis feststellen, und vierzehntausend deutsche Kinder müssen in die polnischen Schulen gehen. Auch für staatliche deutsche Mittelschulen ist kein Bedürfnis in einem Lande vorhanden, das eineinhalb Millionen deutscher Menschen zählte. Fast alle werden aufgelöst. Jahr für Jahr müssen die deutschen Lehrer sich ihre Lehrbefugnis bestätigen lassen. Jahr für Jahr werden es weniger. Es geht ihnen noch gut, wenn sie nur brotlos werden. In den polnischen Gefängnissen können sie nicht mehr zum Hass gegen den polnischen Staat aufhetzen, wenn sie mit deutschen Kindern alte deutsche Weihnachtslieder singen. So spricht Polen.

Vernichtet das deutsche Schulwesen, vernichtet bald auch der deutsche Glaube! Wie haben die politischen Vertreter des deutschen Katholizismus für Polen nicht erst von Windthorsts Zeiten an gekämpft?! In Posen raubt die polnisch-katholische Geistlichkeit den deutschen Katholiken die Franziskanerkirche, in Bromberg die Herz-Jesukirche. Ein Befehl ergeht an die polnischen Priester, die Gottesdienste der „christlichen Heiden", wie sie die deutschen Katholiken nennen, immer mehr einzuschränken und schließlich ganz eingehen zu lassen. Die deutschen evangelischen Geistlichen werden beschimpft, überfallen, misshandelt, verjagt. Viele der evangelischen Kirchen und Bethäuser werden den deutschen Gläubigen genommen, Einquartierungen hineingelegt, Gendarmerieposten in ihnen errichtet. Die deutschen Bibelstunden werden als „Volksverführung" verboten, die Kindergottesdienste aufgehoben. Deutsche Lehrer und Lehrerinnen, die die Kinder nicht ganz ohne Religionsunterricht aufwachsen lassen wollen, werden „wegen politischer Tätigkeit" des Amtes entsetzt. Verboten ist die deutsche Liebestätigkeit der deutschen Krippen, Kinderhorte, Schwesternheime. So spricht Polen.

Auch das geschieht mal hier, mal dort, nicht zu auffällig, aber nach vorbestimmtem, nie unterbrochenem System, jahraus, jahrein, im deutschen Dorf, in deutscher Stadt, vor den Augen des Völkerbundrates, von dem jedes Mitglied als Garant des Minderheitenschutzes befugt ist, „die Aufmerksamkeit des Rates auf jede Verletzung oder jede Gefahr einer Verletzung irgendeiner dieser Verpflichtungen zu lenken".

So spricht dieses Polen im Posener Lande, über dem einst der „deutsche Glaube" gleich einem Morgengestirn aufgegangen ist, im westpreußischen Lande, das der Deutsche Ritterorden mit seinem Blut für das Christentum und die europäische Kultur erkämpft hat. Spricht dort in der *einzig* zugelassenen polnischen Amtssprache. Raubt den deutschen Städten ihre deutschen Namen, reißt die deutschen Straßenschilder ab, verbietet den deutschen Geschäften, deutsch zu firmieren, lässt die deutschen Bücher auf den Marktplätzen verbrennen.

In immer schnellerem Tempo geht der große historische Prozess seinem erstrebten Ziele zu. Man soll uns hier nicht mit Redensarten kommen, um diese polnische Ausrottungspolitik abzustreiten. Es gibt eine furchtbare Statistik, die in jeder Zahl Klage und Anklage erheben kann. Wir stellen diese Bevölkerungsstatistik der ganzen zivilisierten Welt vor Augen, jedem Mitglied des Völkerbundrates, das als Garant des Minderheitenschutzes befugt ist, „die Aufmerksamkeit des Rates auf jede Verletzung oder jede Gefahr einer Verletzung irgendeiner dieser Verpflichtungen zu lenken".

Wir geben nur Stichproben. Stellen die Jahre 1910 und 1926 gegenüber. Die heutigen Zahlen der Entdeutschung liegen noch viel tiefer.

Wir runden auch die Tausende nach unten ab, um das Resultat recht eindeutig zu machen.

Stadt	Anzahl Deutscher 1910	Anzahl gebliebener Deutscher 1926	Anzahl vertriebener Deutscher 1926
Löbau	12 000	2000	10 000
Neustadt	16 000	3000	13 000
Preußisch-Stargard	16 000	3000	13 000
Kulm	23 000	7000	16 000
Strasburg	21 000	5000	16 000
Dirschau	22 000	4000	18 000
Konitz	30 000	9000	21 000
Schwetz	42 000	14 000	28 000
Thorn-Stadt und -Land	57 000	9000	46 000
Graudenz-Stadt und -Land	62 000	12 000	50 000
Stadt-Posen	65 000	5000	60 000
Bromberg-Stadt und -Land	105 000	24 000	81 000

Allein aus dem deutschen Ordensland Westpreußen werden durch das Versailler Kriegsdiktat und seine Folgen dreihunderttausend deutsche Menschen vertrieben! Aus den Städten Posens und Brombergs vierhundertdreiundzwanzigtausend! Aus den Posener, Bromberger und westpreußischen Landgemeinden und Gutsbezirken dreihundertfünfunddreißigtausend! Ergibt: *eine Million einhunderttausend deutsche Menschen!*

Man versucht sich diesen Zug der Vertriebenen einmal im Geiste vorzustellen. Aber die Vorstellung versagt, es versagen die Worte, was diese Menschen an Not und Leid und Sorgen und Bitterkeit schuldlos getragen haben. Wir können nur feststellen: Mit jedem deutschen Bauern, der widerrechtlich von seiner Scholle vertrieben, mit jedem deutschen Bürger, der widerrechtlich seines Besitzes, seines Gewerbes beraubt, mit jedem deutschen Arbeiter, der widerrechtlich um Brot und Arbeitsstelle gebracht, mit jedem deutschen Lehrer, jedem deutschen Pfarrer, der widerrechtlich seines Amtes entsetzt, mit jedem deutschen Kind, das widerrechtlich ohne seine deutsche Muttersprache geblieben ist, mit den Hunderttausenden, die widerrechtlich um Haus und Hof, um Schule und Sprache, um Recht und Glauben gebracht und aus dem deutschen Heimatlande verjagt sind, ist der Vertrag von Versailles hunderttausendmal gebrochen. Es wird eine künftige Geschichtsschreibung festzustellen haben, ob dieser letzte „Sieg" Polens über Deutschland wirklich ein Sieg auch für das polnische Volk gewesen ist.

Der polnische König, der als einziger den Namen „der Große" trägt, Kasimir III. ging einen anderen Weg. Den der Verständigung und der Achtung der deutschen Kultur und deutschen Nation. Er schuf ein starkes und im Rate der Völker geachtetes Polen. Sein Ruhm und sein Name „der Große" ist zum zweiten Mal zu vergeben. Von der Politik und von dem Gewissen Polens.

Im Geiste Arndts gesprochen

Das Gedächtnis der Völker für ihre Vergangenheit ist nur in wenigen mächtig. Diese schreiben oder handeln Geschichte. Die geschichtsbildenden Kräfte sind keine objektiven, sondern schöpferische. Sie fluten und bluten durch die Völker hin, reißen sie zu übermenschlichen Taten empor oder stürzen sie in tragische Katastrophen. Genährt von den Opfern heldischer Generationen, brechen sie sich in großen Persönlichkeiten Bahn. Sie setzen auch den historischen Schriftstellern ihre Ziele. Als Schreibende dienen diese Männer den Handelnden. Geben der Geschichtswissenschaft den nationalen Impuls, wecken das Gedächtnis der Lebenden, um aus der Vergangenheit die Verpflichtungen für die Zukunft aufzuweisen. Den Namen eines dieser Männer habe ich mit einem Bekenntniswort meinem Werk vorangestellt: *Ernst Moritz Arndt.*

Er war weder ein universaler noch ein zünftiger Geist. Wir haben dem Range nach größere. Aber wir haben wenige, die sich rühmen können, so wie er mit seiner Feder dem Geist der deutschen Freiheit gedient zu haben. Ihn beseelte nur ein mächtiger Trieb, eine einzige, sein ganzes Wesen durchdringende Tugend: das *Gefühl für die Ehre, Freiheit und Größe seines deutschen Vaterlandes.*

Er war der Zeuge des Wiedererwachens der deutschen Nation und war unter ihren Erweckern. Lebte in der Tatenfülle einer gewaltigen Zeit, wurde ihr furchtloser Wächter und unbestechlicher Stundenweiser. Und so erfüllte er seine europäische Mission als deutscher Mensch. Genauer – und um mit diesem Worte zugleich die Zähigkeit seines Standpunktes zu kennzeichnen – als norddeutscher Mensch. Noch genauer und mit seinen eigenen Worten: „als ein recht sehr nördlicher Norddeutscher aus jenen Gegenden, welches sie das Land der Finsternis und der Barbarei nennen".

Er meinte *Preußen.* Es wurde für Europa das Land, in dem er in den Januartagen des Jahres 1813 „das Schwingen und Klingen und Ringen der neuen Morgenröte der deutschen Freiheit" miterleben durfte. Das war im deutschen Osten, in der Krönungsstadt der preußischen Könige, in Königsberg. Von diesem preußischen Geist des Ostens ergriffen, hat er dieser Freiheit Worte wie Speere und Flügel geschaffen.

Auch wir haben in den Januartagen dieses Jahres 1933 einer neuen deutschen Morgenröte Ringen und Klingen und Schwingen miterlebt. Das prophetische Arndtwort: „Das ganze Deutschland soll es sein!" findet seine letzte völkische Erfüllung. Uns allen ist nun die Aufgabe gestellt, die Arndt damals nur den Preußen zusprach als den „ersten Deutschen, welche in dem neuen Leben und der neuen Kraft des Volkes allen als ein glänzendes Muster der Ehre, der Vaterlandsliebe, der Aufopferung, der Begeisterung voranschreiten: Viel Unglück muss in Glück, viel Schande in Ehre, viel Verwirrung in Ordnung, viel Unzucht in Zucht verwandelt werden, ehe der deutsche Name wieder mit Glanz in der Geschichte steht".

Damals ging es um den Lebenskampf der deutschen Westmark. Es ging um den Rhein. Ihn für Deutschland zu retten, schrieb Arndt seine gewaltige Schrift: „Der Rhein Deutschlands Strom, nicht Deutschlands Grenze". Vier Zeugen rief er auf, um zu beweisen, dass unser alter herrlicher Rheinstrom deutsch ist. Diese Zeugen waren: das Recht, die Politik, die deutsche Ehre und die deutsche Treue. Das Recht gründete sich auf die deutsche Geschichte. Die Politik bewies, dass Deutschlands Selbständigkeit und Europas Sicherheit nicht bestehen können, wenn Frankreich den Rhein und seine westlichen Länder behält. Die deutsche Ehre sprach als das heiligste Gebot unserer Größe und Sicherheit das Bekenntniswort, das ich dieser Schrift vorangestellt habe. Und die deutsche Treue vermahnte so: „Wie, ihr deutschen Fürsten und Völker? Eure Brüder wollt ihr so leichtsinnig und herzlos verlassen als den Raub eines fremden Volkes und fremder Sprache, Sitten und Gesetze? Ihre Kinder und Enkel –denn auch das Heiligste vergisst und verlöscht sich endlich – sollen von euch, vom deutschen Namen, von deutscher Freiheit und Ehre nichts mehr wissen? Das wolltet ihr dulden, dass es diesen widerfahre? Diesem Lande? Diesem Volke? Und welchen Männern? Und wie nahe verwandten Männern? Oder kennt ihr diese nicht? Wisset ihr nicht, wie sehr sie eure Brüder sind?"

Wir hören diese Stimme von hundertzwanzig Jahren her und brauchen vor ihr nicht zu erröten. Den deutschen Rhein und das deutsche Rheinland haben wir gegen Napoleon und gegen alle alliierten und assoziierten Mächte der Welt behauptet.

Und die Weichsel? Und das Weichsel- und Wartheland? Wir haben den deutschen Strom und das deutsche Land und unsere deutschen Brüder dort preisgegeben und verloren. Wem preisgegeben? An wen verloren? An Polen. An das polnische Volk.

Kein Deutscher wird dem polnischen Volk das Recht auf ein eigenes, freies und unabhängiges Vaterland absprechen. Aus seinem selbstverschuldeten Untergang erwuchsen auch ihm Helden und Dichter. Niemand wird dem neuen polnischen Staat seine natürlichen Grenzen verweigern. Diese Grenzen können nur innerhalb der Grenzen seines Volkstums liegen. Wenn ein Volkstum stark und gesund ist, braucht es diese Grenzen nicht auf Kosten fremden Volkstums zu überschreiten.

Das deutsche und das polnische Volk haben im letzten großen Weltringen nicht gegeneinander gestanden. Die Vorsehung hat ihnen bestimmt, künftighin zur Erfüllung gemeinsamer Kultur-Aufgaben nachbarlich zusammenzuleben. Das kann nicht geschehen, solange der blutige Schnitt von Versailles sie trennt. Der Ruf nach der *Selbstbestimmung der vergewaltigten deutschen Ostmark* wird im deutschen Volke nie verstummen. Was ist dieser Ruf denn anderes als die Sprache ihrer Erde, ihrer Burgen, ihrer Städte? Was anderes als die Stimme Europas, die Westpreußen schon einmal vom Untergang errettet und die Klage Posens zum Verstummen gebracht hat? Was anderes als die Stimme des neunzehnten Jahrhunderts, das eines der größten kulturellen Aufbauwerke aus deutschen Händen hier erstehen sah? Vor der göttlichen Gewalt solcher Stimmen wird die Sprache von Versailles hinwegwehen, als wäre sie nie gesprochen.

Die Weltgeschichte blättert für ihren Richterspruch keine Denkschriften nach, noch lässt sie sich von irgendwelchen Diktaten bestimmen. Sie fragt die Völker nicht nach ihren Worten. Worte sind billig und trügerisch. Sie ruft als Zeugen die Taten und nichts als die Taten auf.

Ein Jahrtausend deutscher Geschichte unserer Ostmark hat zu uns gesprochen. Ein Chor von Stimmen, die Taten wurden. Schöpferische Stimmen, schöpferische Taten des Heldentums deutscher Arbeit. Sie künden unbestechlich und unbeirrbar zu allen Zeiten: *die Weichsel ist Deutschlands Strom, das Weichselland und Wartheland deutsches Land.*

Man kann auch ohne Waffen aufklären. Es sind heute in Deutschland überall Männer des Wortes und der Feder an solchem Werk. Ich stelle mich als Ostmärker, als Westpreuße an ihre Seite.

Und so hören wir Männer des Ostens noch einmal die deutsche Treue zu ganz Deutschland im Geiste Arndts sprechen: „Wie, ihr Deutschen am Rhein, an der Nordsee, an der Donau, an der Elbe, ihr Deutsche in den Marschen und in den Bergen, in allen Städten und Dörfern im Süden und Westen und im Herzen unseres gemeinsamen deutschen Vaterlandes?! Könnt ihr jemals vergessen, dass man eure deutschen Brüder in Ostpreußen und Westpreußen und Posen und Schlesien einem fremden Volke mit fremder Sprache, fremden Sitten, fremden Gesetzen preisgegeben hat? Ihre Kinder und Enkel sollen von euch, vom deutschen Namen, von deutscher Freiheit und Ehre nichts mehr wissen? Habt ihr vergessen, dass es eure Stammesbrüder waren, Rheinländer und Flamen, Niedersachsen, Westfalen, Thüringer und Märker, Schwaben und Bayern und Österreicher, Männer aller Stämme, aller Stände, die in härtester Bauernarbeit das Weichsel- und Wartheland fruchtbar gemacht? Habt ihr vergessen, dass hier die größte Kulturtat des deutschen Mittelalters geschehen ist, die Staatsgründung des Deutschen Ordens als Schwert und Schild christlich-abendländischer Mission? Dass alle seine Städte dort, alle seine Dörfer von Deutschen nach deutschem Recht gegründet, ihre Schulen und Kirchen und Rathäuser aus deutschem Geist geschaffen wurden? Dass trotz jeder Art von Gewalt und Rechtsbruch diese deutsche Wacht an Warthe und Weichsel dem slawisch-polnischen Ansturm jahrhundertelang standgehalten hat und immer noch standhält? Wisst ihr nicht, dass von diesem Osten für euch das Licht der deutschen Freiheit einst angebrochen ist? Kennt ihr nicht dieses Land? Diese Menschen? Wisset ihr nicht, wie sehr sie eure Brüder sind?!"

Die Stimme der Nation ist auch für den deutschen Osten heute erwacht. Sie appelliert nicht an das Schwert, sondern an die Vernunft und das menschliche Gewissen. Dort, wo bisher die deutschen Parteien standen, stehen nun das deutsche Recht, die deutsche Ehre, die deutsche Treue. Sie sprechen auch mit dieser Schrift:

Nicht am Rhein, an der Weichsel liegt heute Deutschlands, ja Europas Schicksal.

www.ingramcontent.com/pod-product-compliance
Lightning Source LLC
Chambersburg PA
CBHW021944240426
43668CB00037B/725